FOR BOOK
弗布克HR全解手册系列

提供全方位一站式的培训管理解决方案

# 培训管理全解手册

弗布克管理咨询中心◎编著

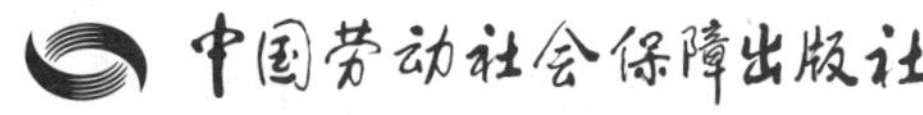

**图书在版编目(CIP)数据**

培训管理全解手册/弗布克管理咨询中心编著. -- 北京：中国劳动社会保障出版社，2021

(弗布克 HR 全解手册系列)

ISBN 978-7-5167-5026-1

Ⅰ.①培… Ⅱ.①弗… Ⅲ.①企业管理-职工培训-手册 Ⅳ.①F272.92-62

中国版本图书馆 CIP 数据核字(2021)第 177120 号

**中国劳动社会保障出版社出版发行**

(北京市惠新东街 1 号　邮政编码：100029)

*

三河市潮河印业有限公司印刷装订　　新华书店经销

787 毫米×1092 毫米　16 开本　15.25 印张　251 千字

2021 年 10 月第 1 版　　2021 年 10 月第 1 次印刷

**定价：49.00 元**

读者服务部电话：(010) 64929211/84209101/64921644

营销中心电话：(010) 64962347

出版社网址：http://www.class.com.cn

版权专有　　侵权必究

如有印装差错，请与本社联系调换：(010) 81211666

**我社将与版权执法机关配合，大力打击盗印、销售和使用盗版图书活动，敬请广大读者协助举报，经查实将给予举报者奖励。**

**举报电话：(010) 64954652**

# 丛书序

工作有重点才能做到有的放矢，有技巧便能做到事半功倍，有工具即可提高效率，有模板使得做事有所参照。“弗布克 HR 全解手册系列”旨在帮助企业人力资源管理者快速提高执行力，提升管理效率。

“弗布克 HR 全解手册系列”丛书共计四本，包括《岗位分析与招聘管理全解手册》《培训管理全解手册》《绩效与薪酬管理全解手册》《员工管理全解手册》。这套丛书结合“互联网+”这一时代背景，从管理事项、关键点、管控风险这三个维度对每一工作事项进行深度解析，详细介绍了各个具体工作事项的执行、流程、技巧等内容，为人力资源管理人员的工作开展提供了系统化的解决方案和实用的工具与模板。

本系列丛书主要有以下三大特色。

**1. 呈现精细化**

本套丛书从企业人力资源管理工作的实际出发，对招聘、培训、绩效与薪酬、员工管理四大模块的工作进行了系统梳理，将其分解为 N 项工作。书中还进一步对分解出的工作模块分别从管理事项、关键点、风险点、流程、注意事项等进行了全方位的解析，为企业人力资源管理者提供了全面、精准、高效的工作指导。

**2. 执行规范化**

本套丛书从实务的角度，针对人力资源管理的四个模块，从操作流程、工作要求、企业实例等方面对人力资源工作进行了要点式的展示，为人力资源工作的规范化管理提供最有效的指导范本。

**3. 模板实用化**

本套丛书给出并细化了人力资源关键模块的工作模板，包括制度、方案、表单、计划书等，便于人力资源管理人员随时参阅和参照使用。

“弗布克 HR 全解手册系列”丛书为读者提供了一套完善的管理方法、工作技巧和执行工具，集知识、技能与工具于一体，是一套实用性很强的人力资源管理工具书。

# 前 言

“互联网+”时代的到来，各行各业都面临着升级换代的任务。人力资源管理作为现代企业管理的关键环节之一，也必须进行升级换代。那么，人力资源管理升级换代的方向在哪里呢？方向就在于注重精细化、专业化和技术化的管理。

在人力资源管理的诸多事项中，培训无疑是不可或缺的一环。如何通过培训来提升企业的竞争力？本书给出了一套完备的解决方案。

《培训管理全解手册》从强化培养岗位技能、掌握实用技术的角度出发，结合企业培训工作的实际，对培训需求分析与确认、培训计划制订、培训课程的开发与设计、培训方法的选择与应用、培训讲师的选择与管理、培训计划的实施与控制、培训评估及转化共计七大工作事项进行了详细介绍和实例展示。书中着重强调了各项工作的重点、关键点和风险点的操作标准，是一本便于企业管理者开展培训工作的实用指导手册。

《培训管理全解手册》从一个全新的视角为企业管理者创造了一套工作方法，并提供了很多实用的操作方法和工作技巧。具体而言，本书具有以下三大特点。

**1. 建体系搭框架，提供精准指导**

培训管理是一项系统工作，为达到预期的培训效果，首要问题就是要科学搭建工作框架。本书以培训工作流程为主线，从培训需求分析与确认开始，以培训效果评估与转化作为收尾，构建起一套行之有效的工作体系，其中每一单元模块下，又从管理事项、风险管控这两个维度对其进行解析，从整体到部分、从纵向到横向对企业的培训工作进行了精细化的指导。

**2. 明重点晰关键，培养实操技能**

本书针对培训需求分析与确认、培训计划制订、培训课程的开发与设计等七大工作任务，结合移动互联网技术对培训工作带来的改变，详细地阐述了每项任务的管理事项、风险管控，为企业广大培训工作者提供了解决问题的方案。

**3. 举实例加模板，提供参照范本**

本书结合企业培训工作实际，给出了诸多量表、工作方案、范例等工具，以方便读者能够“拿来即用”或者“稍改即用”。

# 目　录

# 第1章 员工培训管理

# 1.1 员工培训管理体系构建

## 1.1.1 员工培训责任体系

员工培训不仅仅是人力资源部门的事情，需要多方共同参与、有力配合才会取得预期的效果。对此，企业需对各级主体在培训工作中的职责予以清晰地划分。表 1-1 是一则培训责任划分示例，仅供参考。

表 1-1 培训责任划分

| 主体 | 职责 |
| --- | --- |
| 总经理 | （1）对本企业培训工作负领导责任<br>（2）负责审批各部门年度培训计划 |
| 人力资源部/培训部 | 负责企业员工培训活动的计划、实施和控制<br>（1）培训需求分析<br>（2）确定培训目标<br>（3）设计培训项目/内容<br>（4）员工培训实施<br>（5）培训效果评价 |
| 各业务部门 | （1）协助人力资源部进行培训的实施、评价<br>（2）对本部门员工培训工作负组织管理责任 |
| 培训讲师 | （1）了解员工培训需求<br>（2）编制培训讲义与课件<br>（3）进行授课，灵活运用各种培训方法，确保员工掌握培训的内容 |
| 员工 | （1）有积极参与培训的意愿<br>（2）自我学习<br>（3）将培训的成果主动运用到工作中<br>（4）对参与的培训课程提供反馈意见 |

## 1.1.2 培训运营实施体系

（1）培训前运营体系设计

培训前运营体系设计指的是在开展培训前，企业人力资源部应做好充分的准备，在细节上加强对培训的把控，确保培训有序进行。其内容主要包括培训场所布置、现场准备、培训纪律制定等。

（2）培训中运营体系设计

培训中运营体系设计指的是在培训期间，企业人力资源部需及时跟进培训计划的实施情况，其内容包括培训进度开展情况、培训记录完备情况、培训期间的效果反馈等。这些工作的成效将直接影响培训的效果。

（3）培训后运营体系设计

培训后运营体系设计指的是在培训结束后，企业人力资源部需对培训的开展情况进行整体评估，其主要工作事项包括培训效果追踪、培训考核与评估、培训总结与反馈等。

## 1.1.3 培训预算控制体系

培训预算管理的主要工作包括培训预算编制、培训预算执行、培训预算分析与调整三个方面，具体内容见图 1-1。

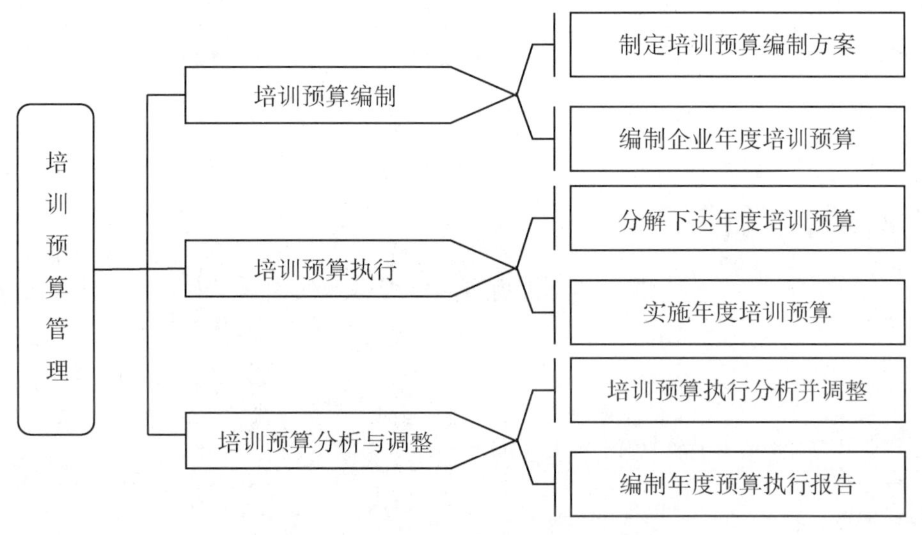


**图 1-1 培训预算管理任务分解**

## 1.1.4 企业培训评估体系

培训评估是运用科学的方法，从培训项目中收集数据，确定培训项目的价值和质量的过程。建立培训评估体系有助于检验培训的最终效果，规范培训运营团队的行为。

建立一套完善的评估体系，企业至少需做好四个方面工作，具体内容见表 1-2。

表 1-2　培训评估体系的内容（部分）

| 内容 | 内容说明 |
|---|---|
| 阶段 | 培训前评估→培训期间评估→培训结束后评估 |
| 内容 | 学习成果、培训组织管理、培训讲师水平、经济效益 |
| 方法 | 测试、实操、观察等 |
| 工具 | 培训评估成绩记录表、柯氏评估模型、测试题等 |

# 1.2　岗位应知应会

## 1.2.1　人力资源专业知识

人力资源管理者主要负责企业的人力资源规划、员工招聘选拔、绩效考核、薪酬福利、培训开发、劳动关系协调等工作。判断其合格的标准是懂得人力资源管理的专业知识，能够完成人力资源的实际管理工作，还能不断开发人力资源并且创造价值。其中，懂得人力资源管理的专业知识是最基本的要求，具体说来，人力资源管理工作者至少需具备表 1-3 所示的七个方面专业知识。

表 1-3　人力资源管理专业知识

| 专业知识 | 内容说明 |
|---|---|
| 人力资源规划 | 根据企业的发展规划，诊断企业当前人力资源状况；结合企业经营发展战略，考虑未来的人力资源需求和供给状况，制订各项人力资源工作计划 |
| 招聘与配置 | 了解招聘的渠道、面试的方法，知晓招聘管理各个环节中的关键要素等 |
| 培训与开发 | 培训与开发是人力资源管理的一项重要职能和手段，人力资源管理者需了解传统的培训方式、新兴的培训方式等内容，熟练掌握培训评估的方法及各项培训技巧等 |
| 薪酬管理 | 掌握薪酬设计与管理的一般原理和方法、绩效奖励计划、年终奖设计方法等 |
| 绩效管理 | 掌握绩效管理的一般原理和方法，以及目标管理、关键绩效指标考核体系、平衡计分卡、绩效辅导与面谈等 |

续表

| 专业知识 | 内容说明 |
| --- | --- |
| 员工关系管理 | 了解有关激励、企业文化、组织设计等管理学知识 |
| 劳动法律法规 | 包括劳动法、劳动合同法、就业促进法等法律法规以及社会保险政策等 |

### 1.2.2 人力资源管理技能

人才是企业发展的源动力，而这一源动力就“拿捏”在人力资源管理者手中。人力资源管理者在企业中扮演着如此举足轻重的角色，因此除了需掌握本行业的专业知识外，他们还必须掌握更多的管理技能。表1-4列举了人力资源管理者需掌握的管理技能。

表1-4 人力资源管理者需掌握的管理技能

| 技能 | 相关说明 | 方法/技巧 |
| --- | --- | --- |
| 识人技能 | 将合适的人配置到合适的岗位上，是实现企业和个人效能最大化的关键，而这就需要人力资源管理者练就一双“慧眼” | • 人才评价技术，包括一些测评软件的运用，如迈尔斯布里格斯类型指标（MBTI）职业性格测试工具等<br>• 深邃的洞察力 |
| 育人技能 | 为员工设定清晰的目标，并激励员工达成绩效目标 | • 绩效管理方法与各种考核工具<br>• 培训课程开发技术，如能力本位教育培训（CBET）模型的使用等<br>• 员工激励方法 |
| 管人技能 | 能与员工进行有效的沟通，积极倾听员工的心声，构建积极的工作氛围，为实现企业的目标创建良好的环境 | • 沟通的技巧<br>• 倾听与反馈的技巧 |

## 1.3 岗位技能快速学

### 1.3.1 通过关键事项学

阿基米德曾经说过，给我一个支点，我就能撬动地球。因为他找到了解决力学问题的关键——杠杆原理。那么在我们的工作中，要提高工作效率，要提高解决问题的效能，都必须要找到工作中的关键点。这个关键点犹如阿基米德所说的支点，只要我们找到了这个支点，那么所有问题都会迎刃而解。

在员工培训管理工作中，企业管理者也要找到各个事项或流程中的关键点，这样才能确保各项事宜能顺利完成。

## 1.3.2 通过风险管控学

人力资源管理也存在着风险。因此，找到这些风险点并掌握其解决方法非常重要。围绕员工培训，本书的每一小节从实际工作中遇到的问题入手，列出每一事项的风险点，对其进行解析，并给出解决办法或意见，具有简明、实用的指导作用，这对于企业培训工作者快速提高工作效能具有重要的作用。

# 第2章

# 培训需求分析与确认

# 2.1 工作事项与风险管控

## 2.1.1 图解三大关键事项

企业在规划与设计培训活动之前，需要采取各种办法和技术，对企业及其成员的目标、知识、技能等方面进行系统的鉴别与分析，从而确定培训的必要性及培训内容，这个过程就是培训需求分析与确认。企业进行培训需求分析与确认可具体分为如图 2-1 所示的三大关键事项。

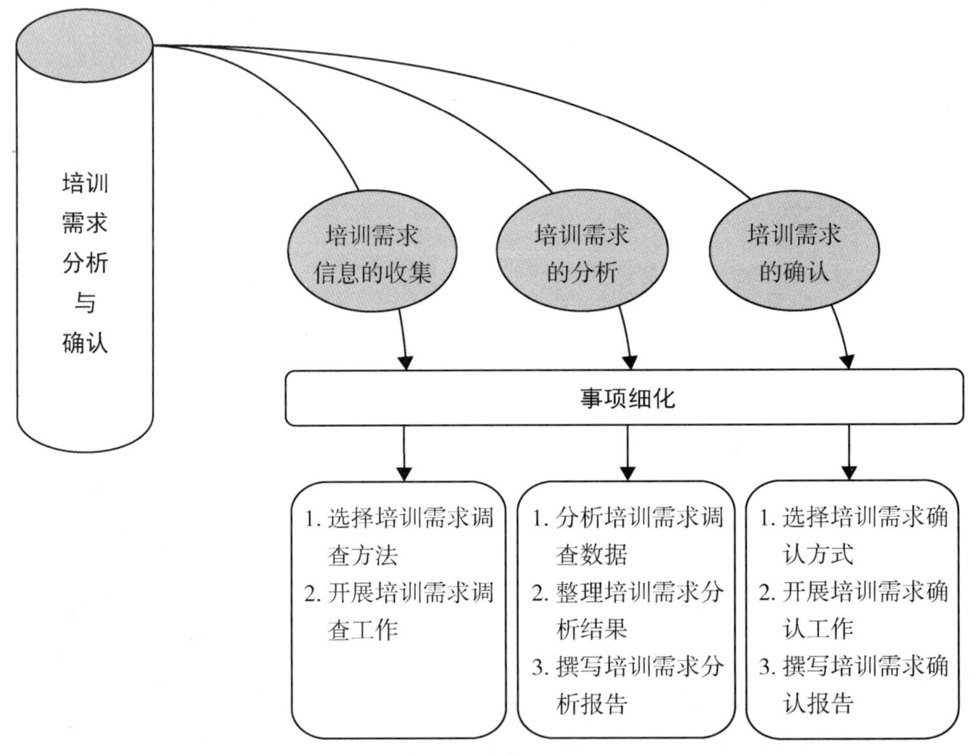


图 2-1 培训需求分析与确认三大关键事项

## 2.1.2 风险管控三个要点

培训需求分析与确认是达成良好培训效果非常关键的一步。在进行企业培训需求分析与确认时，需要特别注意如图 2-2 所示的三项风险管控工作。

| 风险点 | 管控措施 |
| --- | --- |
| 管理层对培训需求分析是否重视 | 企业要想获得有效的培训效果，管理层必须加强对培训需求分析的重视程度。管理层在培训需求分析中应承担重要责任，要善于发现员工的培训需求，分析要围绕企业目标和员工职业生涯规划目标进行，只有将二者有机融合，才能和谐发展，否则就会造成矛盾 |
| 培训需求调查的方法是否合理 | 收集培训需求信息的方法有很多，主要有问卷调查法、观察法、访谈法、集体（小组）讨论法、关键事件法等。在具体收集培训需求信息时，不能只片面地使用一种方法，要结合使用两种以上的方法，从而避免得到的信息不全面或不真实 |
| 报告能否客观反映培训需求 | 培训需求分析与确认报告作为培训计划制订的依据，报告中对各项情况的分析和说明必须有出处、有依据，不能凭空臆造；报告内容要全面真实，表述要简明清晰，尤其是成果部分的表述要准确无误，避免发生歧义 |

图 2-2　培训需求分析与确认工作中的风险管控

## 2.2　培训需求分析

### 2.2.1　培训需求的来源

对培训需求形成原因的客观分析直接关系到培训的针对性和实效性。培训需求产生的原因大致可以分为五类，具体内容见图 2-3。

### 2.2.2　需求分析的层面

培训的成功与否在很大程度上取决于需求分析是否准确、有效。培训需求分析，可以分为三个层面：组织层面、职务层面和个人层面。

（1）组织层面分析

组织层面分析是通过对组织的目标、资源、环境等因素的分析，准确找出组织存

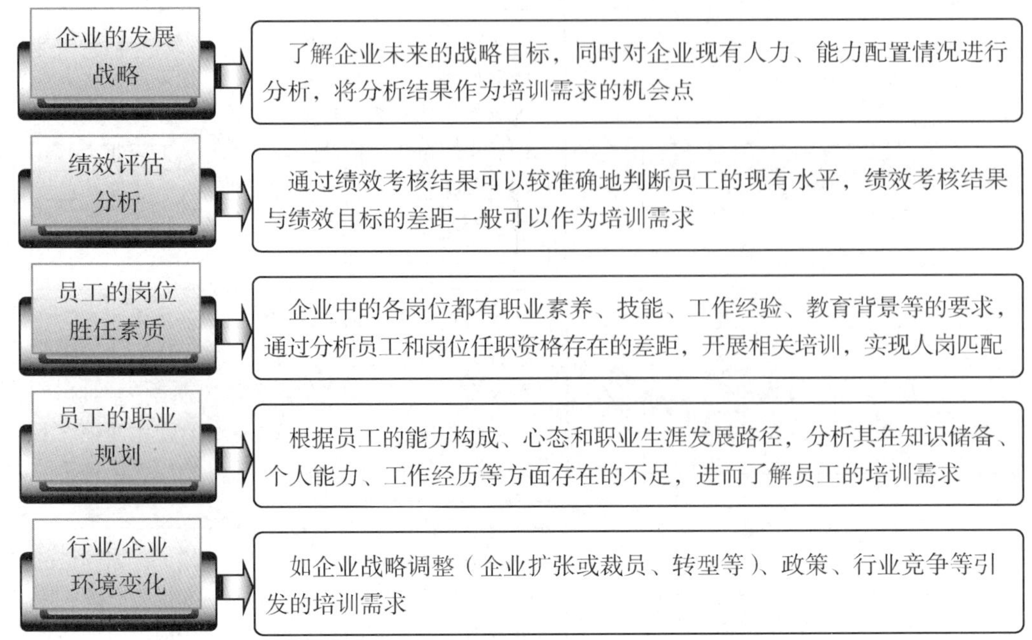


图 2-3　培训需求产生的原因

在的问题，并确定借助培训解决这些问题的可行性和有效性。

培训如果违背组织目标的发展要求，置组织实际情况于不顾，就会导致组织虽投入了大量的时间和金钱开展培训，其员工仍无法掌握适应组织发展的知识和技能的情况。

1）组织层面培训需求分析的内容

组织层面培训需求分析的具体内容见表 2-1。

表 2-1　组织层面培训需求分析的内容

| 分析内容 | 分析内容细化说明 |
|---|---|
| 组织目标 | 明确的组织目标是确定培训目标的关键，如果组织目标不清晰，或无法对其进行有效界定，最终会影响培训的实施和培训的效果分析 |
| 组织资源 | 组织资源包括：<br>（1）资金资源，即组织为支持培训工作开展所能承担的经费<br>（2）时间资源，即组织业务开展方式和经营管理特点能否确保有足够的时间来开展培训<br>（3）人力资源，包括组织目前人力资源状况的分析，也包括未来人力资源状况的需求 |

续表

| 分析内容 | 分析内容细化说明 |
| --- | --- |
| 组织环境 | 主要从组织内部环境与外部环境两方面进行分析。组织内部环境包括企业文化，企业的软、硬件设施，企业经营运作的方式，各种规章制度等；外部环境包括企业所在地的经济、社会及人文气息等 |
| 员工素质结构 | 员工素质结构主要包括：<br>（1）员工所受教育水平，即分析员工所受教育程度对岗位工作的影响<br>（2）专业结构分析，即分析员工所学的专业知识与岗位技能的匹配度<br>（3）年龄结构分析，即分析不同岗位的年龄特点以及员工年龄层次的分布情况<br>（4）性格结构分析，即分析不同岗位的工作特点对岗位任职者性格特征的要求 |

2）组织层面常见培训需求事项

组织层面的常见培训需求事项如图 2-4 所示。

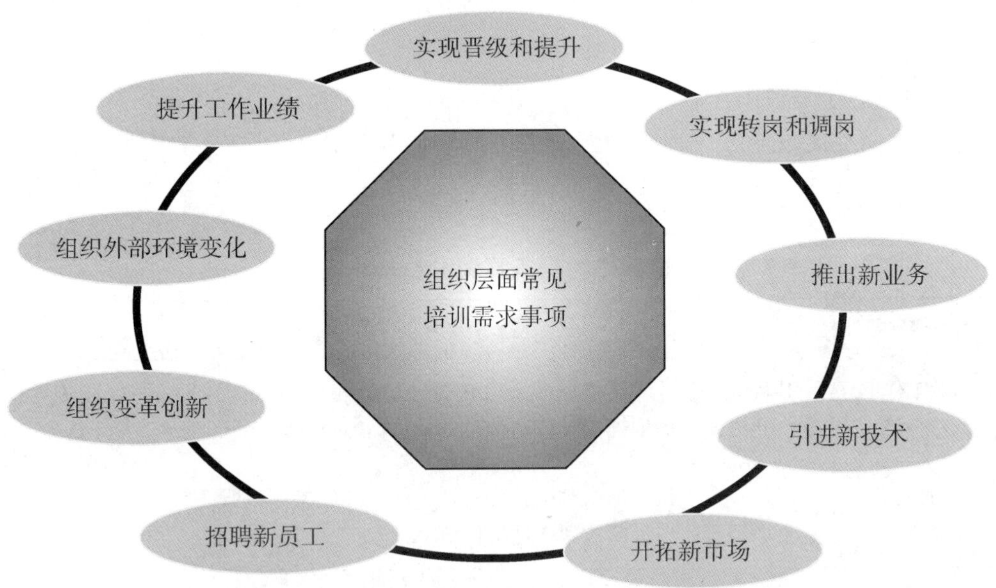


**图 2-4　组织层面常见培训需求事项**

（2）职务层面分析

职务层面分析是对员工现任职务的任职要求和业绩指标进行评价，由此导出该职务对现任员工所应掌握的知识和所拥有技能的要求，同员工的实际知识和能力进行比较，进而产生培训需求。

1）职务层面分析的依据

进行职务层面分析的依据如图 2-5 所示。

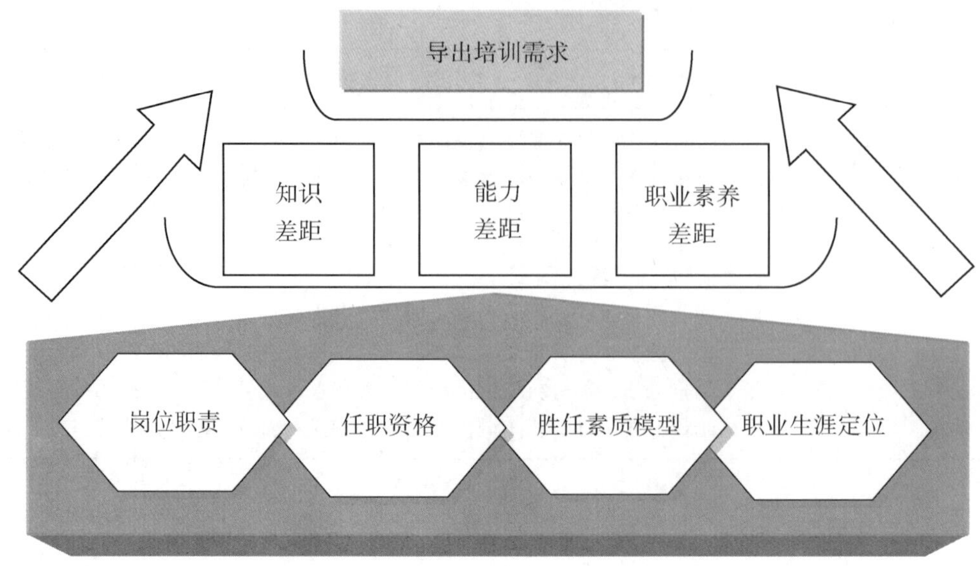


**图 2-5　进行职务层面分析的依据**

2）职务层面分析的内容

①员工所在岗位的工作特征分析。员工所在岗位工作特征分析的内容主要包括如表 2-2 所示的六个方面。

**表 2-2　职务层面分析的内容**

| 分析的内容 | 内容说明 |
|---|---|
| 一般工作内容分析 | 其目的在于让非岗位任职人员快速了解该工作的工作性质、主要职责与权限等，并以此作为培训需求分析的基础 |
| 工作的复杂程度分析 | 以每一个工作要项为基础，分析其工作标准、特点，所需的知识技能、安全注意事项等，为培训需求和评估提供依据 |
| 工作任务的饱和度分析 | 主要是对工作量的大小、主要工作所消耗时间等方面进行分析。如行政部的工作特点是事小、多且繁杂，但是工作的时间都相对比较短；而人力资源部的工作则是工作量相对较少，但是对工作的细致程度却要求较高。那么在对两部门人员进行培训时，培训的重点就会各不相同 |
| 所在岗位发展趋势的分析 | 主要是考虑到企业的发展，该岗位所在部门或者岗位本身的工作量是否会加大、工作任务是否会变得繁重、工作难度是否会增强等。在培训前，要注意针对这些问题进行前瞻性和预见性设计 |
| 管理权限分析 | 主要是针对企业管理类岗位的分析，从而可以确定该岗位任职人员所接受培训的程度以及培训的节奏 |

续表

| 分析的内容 | 内容说明 |
| --- | --- |
| 岗位任职资格分析 | 主要是依据岗位说明书的信息，分析岗位必备的知识、技能并找出岗位任职人员欠缺之处，从而提取培训需求信息 |

②工作中存在或需解决的问题分析。培训主要解决的是岗位任职人员的技能和能力问题，了解员工目前工作中存在的最需要通过培训来解决的问题，有针对性地对员工所欠缺的工作技能、知识进行培训，可以改善培训的效果，从而达到提高员工工作绩效的目的。

（3）个人层面分析

培训是针对具体的员工和具体的岗位所进行的，所以，在企业整体员工素质结构分析基础上，进行对被培训个体的素质分析，是整个培训需求分析的核心，对培训效果起着决定性的作用。

对员工个人层面的分析，主要从两个维度进行：一是员工所具备的知识和技能分析，二是员工个人的工作态度和职业素养。

针对员工所具备的知识水平、技术技能、职业素养、工作态度等方面进行分析，可对培训对象进行区域划分。在明确了个人岗位的任职资格要求后，找出员工目前状态和应有状态之间的差距，从而确定培训需求。培训对象区域划分按照才和德两项指标，可得出四种不同的结果，具体如图 2-6 所示。

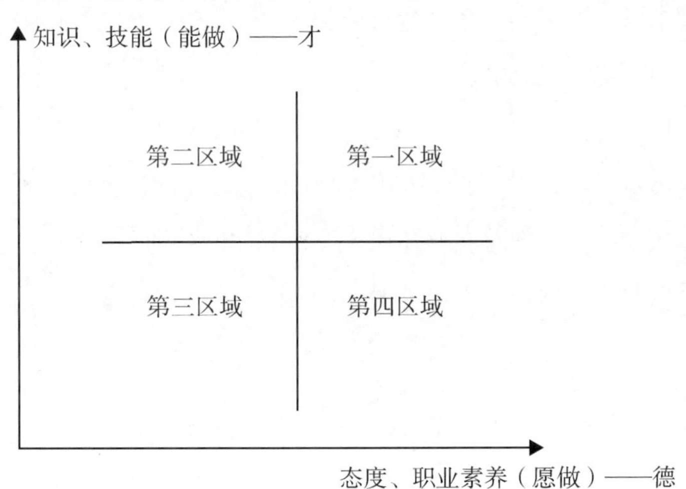


**图 2-6　培训对象区域划分图**

关于图 2-6 的具体说明见表 2-3。

表 2-3　培训对象区域划分说明

| 区域 | 员工特征 | 培训实施说明 |
|---|---|---|
| 第一区域 | 德才兼备，各方面都过硬，已是或将成为企业的核心员工或业务骨干 | 这类员工是企业重点培养的对象和培训工作的重点。培训部（隶属于企业的人力资源部）的职责就是督促这些员工规划自己的职业发展，安排一些提升培训，不断加以引导，使其从操作层向管理层发展 |
| 第二区域 | 知识和技能过硬，但工作态度不好，职业素养不高 | 针对这类员工的培训要解决的是其工作态度和职业素养的问题，培训部可以安排其参加企业文化培训、团队协作精神训练、职业素养提升培训等，并加大绩效考核的力度 |
| 第三区域 | 知识和技能不符合岗位要求，工作态度也不好 | 对于这一区域内的员工，人力资源管理者可以与其进行个别谈话，了解其想法；向其直属领导了解实情，要求这类员工在有限的时间内适应岗位的要求，否则予以转岗或辞退。企业可以安排这类员工接受各项培训，当然，这会花费很大的人力、物力和财力 |
| 第四区域 | 知识和技能不符合岗位要求，但工作态度好 | 培训部需要安排这些员工参加专业知识培训和技术操作训练，使其尽快达到岗位的硬性要求，从而更好地为企业服务 |

## 2.2.3　培训需求的类别

员工培训需求可以按不同的角度进行分类。

（1）依据培训对象的范围划分

1）普遍培训需求

普遍培训需求是指全体员工的共同培训需求，包括职业素养、通用管理技能、个人发展的培训需求，属于不涉及专业知识、专业技能的培训。

普遍培训需求的具体内容见表 2-4。

表 2-4　普遍培训需求的具体内容

| 普遍需求分类 | 需求内容 |
|---|---|
| 增强企业认同的内容 | 企业文化、企业发展历程、企业关键事件、企业基本规章制度 |
| 提升员工素质的内容 | 员工工作态度、工作方法、人际关系、职业生涯管理 |
| 提升员工技能的内容 | 基本计算机操作技能和外语技能 |

2）个别培训需求

个别培训需求由于部门不同、层级不同、岗位不同、资历不同而产生，体现出部分人或个别人的培训需求，各类专业技能培训就属于此类内容。

个别培训需求的具体内容见表 2-5。

**表 2-5 个别培训需求的具体内容**

| 个别需求分类 | 需求内容 |
| --- | --- |
| 工作经验 | 新入职员工、新任管理人员等的培训需求 |
| 工作部门 | 人力资源部门、行政部门、生产部门、质量管理部门、采购部门、营销部门等的培训需求 |
| 工作形式 | 项目、跨部门、部门内团队等的培训需求 |

（2）依据培训时间的长短划分

1）短期培训需求

短期培训需求大多是指企业在未来一年内的培训需求，包括年度培训需求、季度培训需求、月度培训需求等。

短期培训需求包括突发情况的解决、引进技术的普及、政策行规的学习，侧重于对具体问题的解决和对具体事项的处理，适用于由不满意到满意、由不合格到合格、由不胜任到胜任这一范畴的培训。

2）长期培训需求

长期培训需求指企业在未来一年以上（不含一年）的培训需求，这类培训需求的产生并不是基于现状，而是基于企业未来发展的要求，长期培训需求确定的依据是企业的未来发展战略目标和经营管理目标。

（3）依据培训表现的方式划分

1）显性培训需求

显性培训需求指当前状态下培训对象要在专业知识、技能水平和工作能力等方面进行提高的需求，是基于当前的企业需要和个人期望的培训需求。

显性培训需求的信号比较容易识别，具体包括以下六种情况。

①企业员工基本技能欠缺；

②员工工作岗位或领域发生变化；

③员工原岗位工作内容改变；

④企业新产品投产；

⑤企业客户要求；

⑥企业发展及人才培养需要。

2）隐性培训需求

隐性培训需求指当前状态下尚未被企业普遍认同、未直接显示出来的，且是企业客观形势发展而存在的培训需求。

隐性培训需求来源于显性培训需求，并且与显性培训需求有着密切的联系，很多情况下隐性培训需求是显性培训需求的延续。隐性培训需求的特点具体如图 2-7 所示。

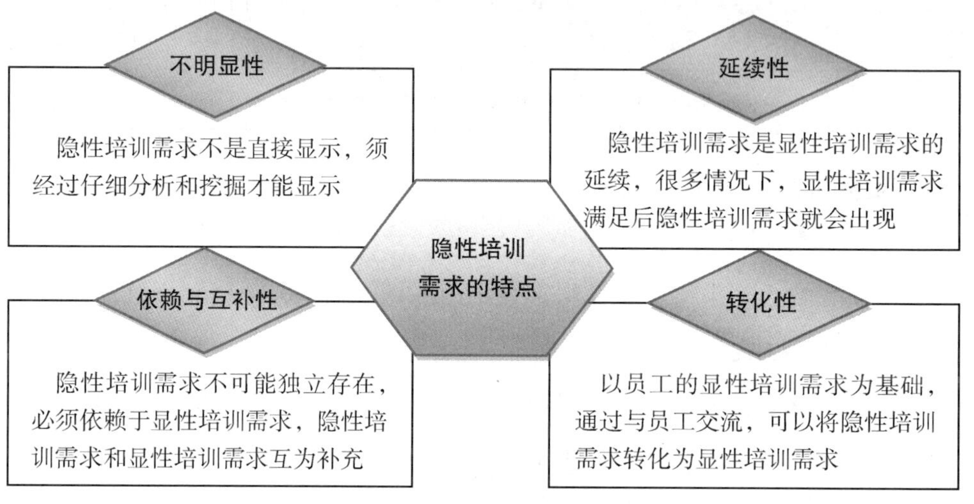


**图 2-7　隐性培训需求的特点**

一般来说，隐性培训需求的信号包含但不限于以下六个方面，具体如图 2-8 所示。

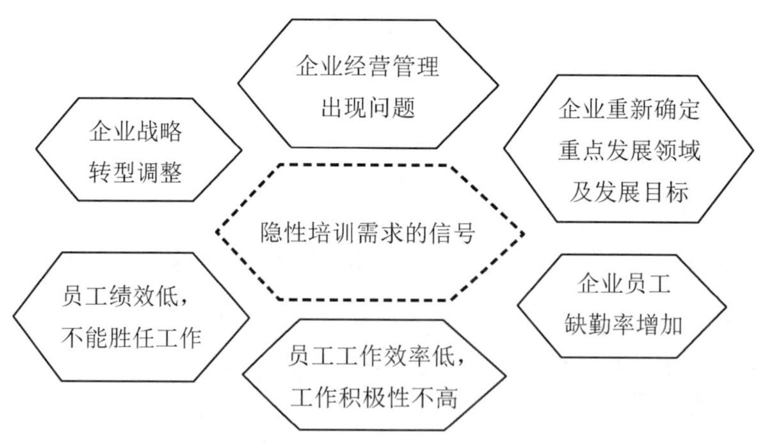


**图 2-8　隐性培训需求的信号**

### 2.2.4 需求分析的方法

（1）观察法

运用观察法收集培训需求信息，即培训人员通过到工作现场，观察员工的工作表现，发现问题，进而获取信息的一种分析方法。

为了提高观察的效果，培训人员要事先设计出一份观察记录表（见表 2-6），用来记录员工的工作表现，以此作为培训信息分析的依据。

表 2-6 观察记录表

| 观察对象 | | 观察地点 | | 观察时间 | |
|---|---|---|---|---|---|
| 观察内容 | | 工作记录 | | 评价 | |
| 工作纪律遵守情况 | | | | | |
| 工作态度是否积极主动 | | | | | |
| 工作的熟练程度 | | | | | |
| 工作时间分配是否合理 | | | | | |
| 工作方法是否恰当 | | | | | |
| 工作成果是否达到绩效标准 | | | | | |

采用观察法了解员工的培训需求，应注意如图 2-9 所示的五个事项。

1. 观察提纲力求简便
2. 观察人员要理解观察对象的工作
3. 观察时不能干扰被观察者的正常工作
4. 观察法适用范围有限，一般适用于易被直接观察和了解的工作，不适用于技术要求较高的复杂性工作
5. 必要时可请陌生人进行观察，如请人扮演顾客观察终端销售人员的行为表现是否符合企业的要求

图 2-9 采用观察法的注意事项

（2）工作任务分析法

工作任务分析法是指培训管理者以具体的工作作为分析对象，分析员工所要完成的任务及成功完成这些任务所需要的知识、技能和能力，进而确定培训内容的一种分

析方法。其优点为通过将岗位资料分析和员工现状进行对比得出员工的素质差距，结论可信度较高；缺点为需要进行资料的详细分析，花费的时间和费用较多。

通过工作任务分析法收集培训需求分析信息时，可以按照如图 2-10 所示的流程进行。

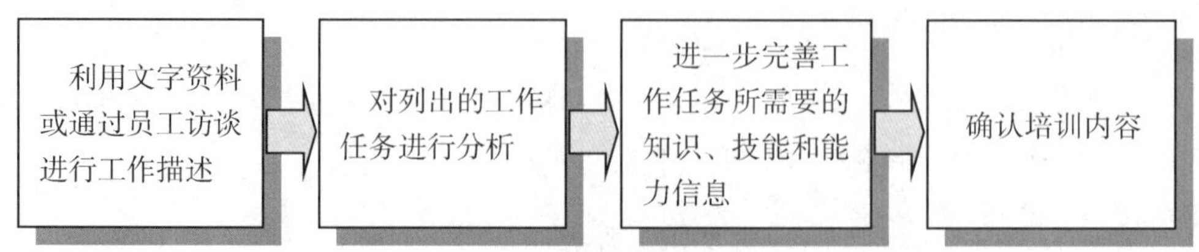


**图 2-10 工作任务分析法收集信息的流程图**

（3）关键事件分析法

关键事件分析法是指培训管理者通过分析企业内外部对员工或者客户产生较大影响的事件，及其暴露出来的问题，从而确定培训需求的一种分析方法。这种方法适用于客户投诉、重大事故等产生较大影响的事件出现的情况。其优点为易于分析和总结；缺点为事件具有偶然性，易以偏概全。

通过关键事件分析法收集培训需求分析信息时，可以按照如图 2-11 所示的流程进行。

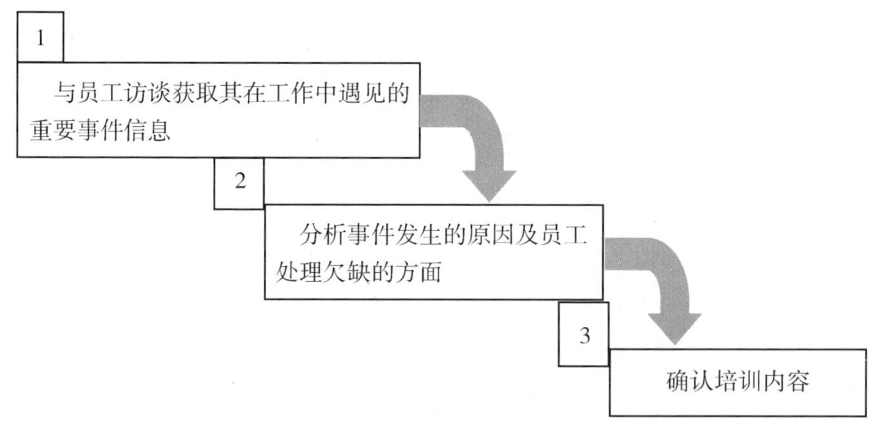


**图 2-11 关键事件分析法收集信息的流程图**

（4）绩效差距分析法

绩效差距分析法是指培训管理者在分析企业员工以及员工现状与其理想状况之间差距的基础上，分析和确认造成这一差距的原因，最终确定培训需求的一种分析方法。这种方法适用于员工绩效与理想状况出现差距的情况。

绩效差距分析法的优缺点如图 2-12 所示。

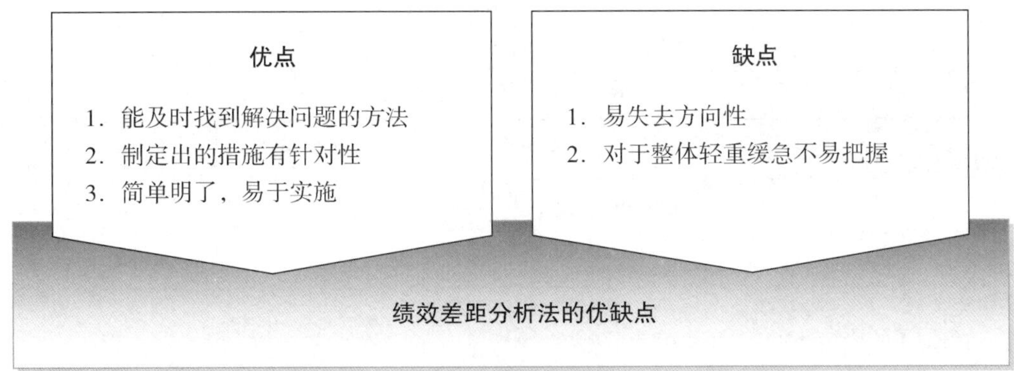


**图 2-12 绩效差距分析法的优缺点**

通过绩效差距分析法收集培训需求分析信息时，可以按照如图 2-13 所示的流程进行。

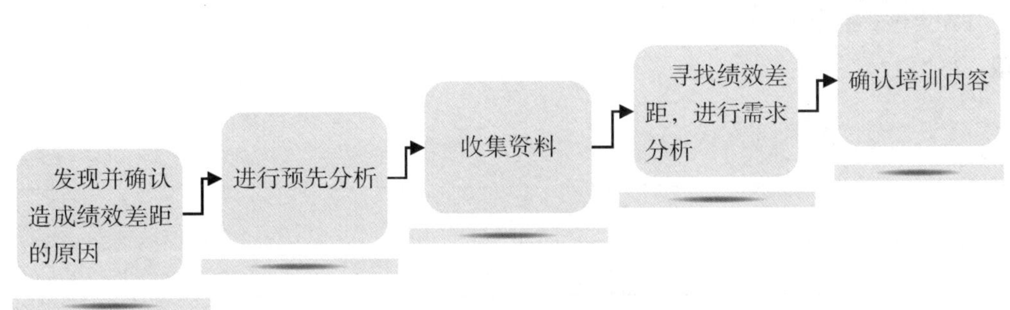


**图 2-13 绩效差距分析法收集信息的流程图**

（5）访谈法

培训需求分析的访谈法是很多企业都会用到的方法，这种方法是通过与被访谈者进行面对面的交谈来获取培训需求信息。应用过程中，培训管理者可以与企业管理层面谈，以了解企业对员工的期望；也可以与有关部门的负责人面谈，以便从专业和工作的角度分析培训需求。其实施流程如图 2-14 所示。

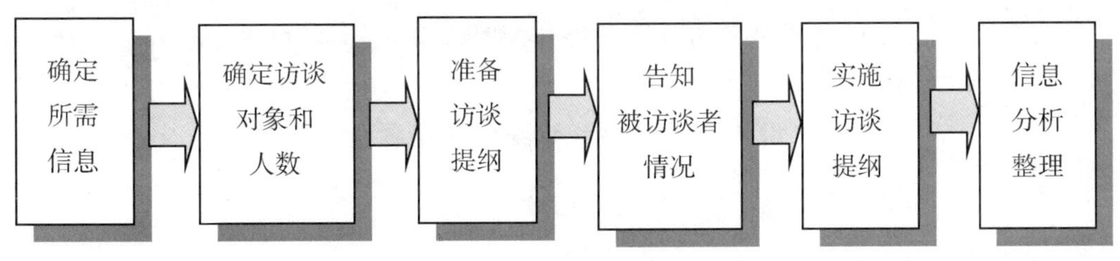


**图 2-14 访谈法收集信息的流程图**

在运用访谈法进行培训需求分析时，培训管理者需对访谈的信息进行记录（示例见表 2-7）。

表 2-7 访谈清单

| 访谈问题 | 访谈记录 |
|---|---|
| 员工在工作中比较突出的表现有哪些 | |
| 为达到公司的绩效标准，员工当前的知识技能是否具备 | |
| 员工对本职工作的态度是否积极 | |
| 员工需要提升哪些知识技能 | |
| 对该员工今后实施培训的建议 | |
| 其他需要说明的问题 | |

采用访谈法了解员工的培训需求，应注意如图 2-15 所示的四个事项。

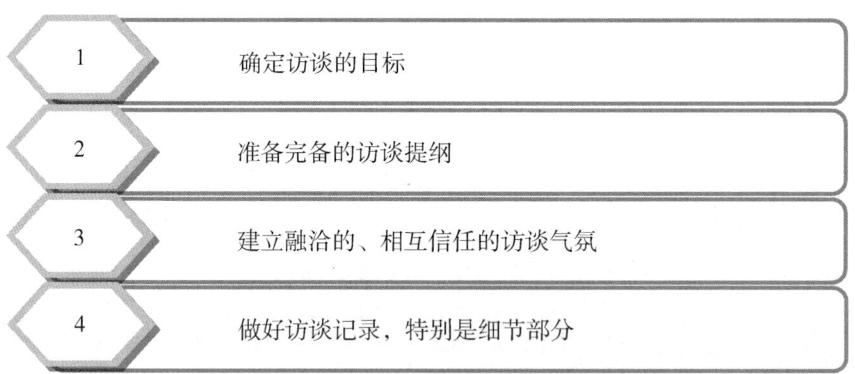


图 2-15 采用访谈法的注意事项

# 2.3 培训需求确认

## 2.3.1 培训需求确认的方法

培训部门对通过各种方法所获得的培训需求信息进行汇总、整合、分类后，形成企业或员工的初步培训需求。初步的培训需求是否切合企业或员工的实际培训需求，需要进行培训需求的确认。

（1）面谈确认

面谈确认是针对某种个别培训需求，同培训对象面对面进行交流，听取培训对象对于培训需求的意见，在此基础上对培训需求进行确认。

（2）主题会议确认

主题会议确认往往针对某种普遍培训需求而实施，它通过就某一培训需求进行主题会议讨论，了解参会人员的意见和看法，进而完善培训需求，确保培训需求的普遍性和真实性，为培训决策和培训计划制订提供信息支持。

（3）正式文件确认

在对培训需求达成共识后，为了便于以后各部门培训的组织实施，减少推诿或扯皮，最后需要用一份正式的文件进行确认。具体实施可采用培训需求确认会签表的形式，培训需求确认会签表的样例见表 2-8。

表 2-8 培训需求确认会签表

| 培训部门 | 个别培训 | 短期培训 | 长期培训 | 目前培训 | 未来培训 |
|---|---|---|---|---|---|
| | | | | | |
| | | | | | |
| | | | | | |

## 2.3.2 培训需求报告的撰写

在完成了员工培训需求调查和确认后，就要将培训需求调查分析的结果用文字描述出来，形成正式的书面报告，以此作为开展培训和培训申请的正式文件。培训需求分析报告一般包括以下七个方面的内容（见图 2-16）。

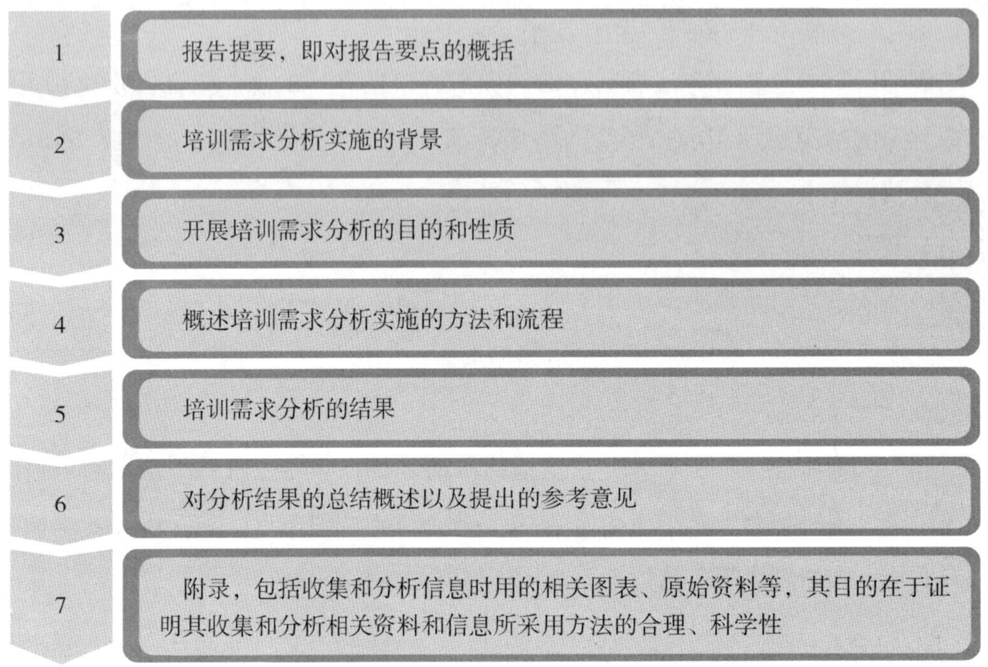


图 2-16 培训需求分析报告的要点

# 第3章

# 培训计划制订

# 3.1 工作事项与风险管控

## 3.1.1 图解三大关键事项

培训计划是从企业的战略出发，在全面、客观的培训需求分析基础上做出的，对培训内容、培训时间、培训地点、培训师、培训对象、培训方式和培训费用等内容的预先设定。企业制订培训计划所做的具体工作可细分为如图 3-1 所示的三大关键事项。

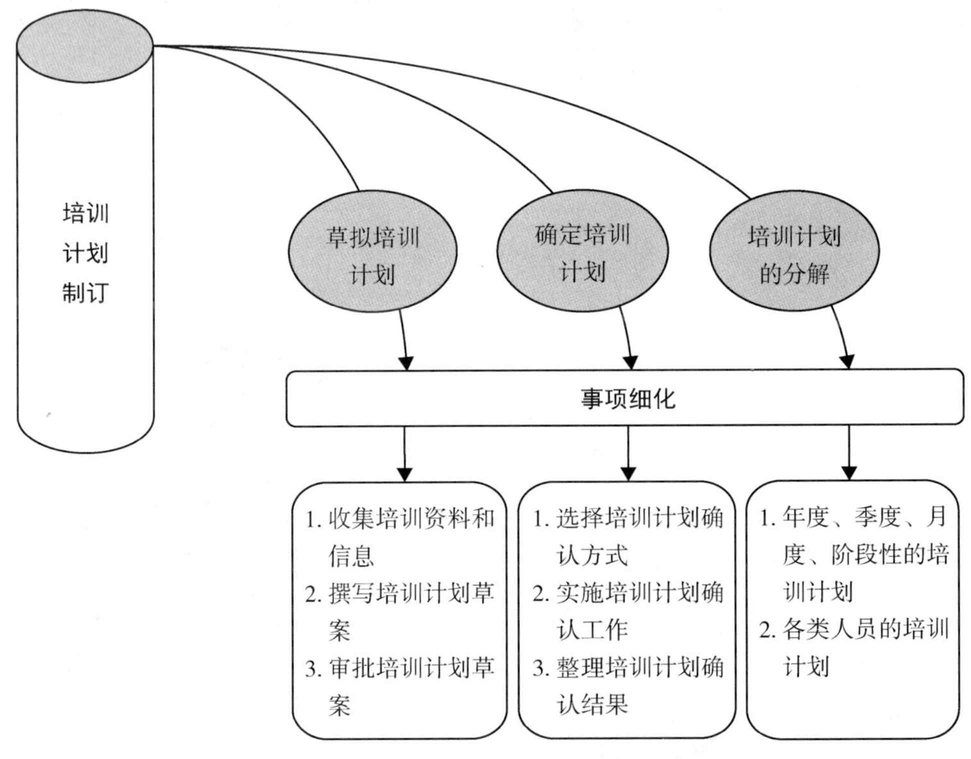


图 3-1 培训计划制订的三大关键事项

## 3.1.2 风险管控三个要点

培训计划具有承上启下的作用，它不仅关系到培训需求分析结果的落实，也关系到员工整个培训过程的顺利实施和运行。培训计划的准确性、实用性和可行性，即精密详细、科学合理的程度，决定了人力资源培训和开发的成败。在制订培训计划的过程中至少需要做到如图 3-2 所示的三项风险管控工作。

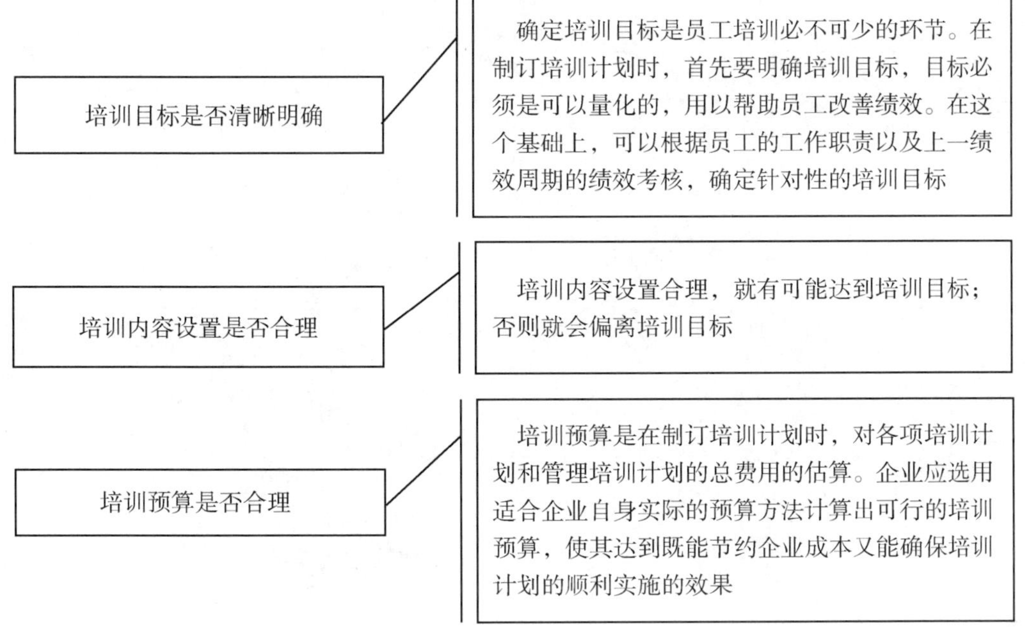


图 3-2 培训计划制订工作中的风险管控

## 3.2 培训计划编制管理

### 3.2.1 培训计划的内容

（1）年度培训计划的内容

年度培训计划编制是每年度伊始人力资源部必须开展的管理工作之一，年度培训计划也是人力资源部年度工作计划的重要组成部分。而年度培训计划既关乎团队整体素质的提升，也关乎员工个人的职业发展。

年度培训计划主要包括八项内容，具体如图 3-3 所示。

1）培训目标

企业的培训目标一般分为端正员工态度、更新员工知识和提高员工业务技能三种。确立培训目标的意义在于，明确培训要达到的效果，并为培训效果的评估提供切实可行的标准。

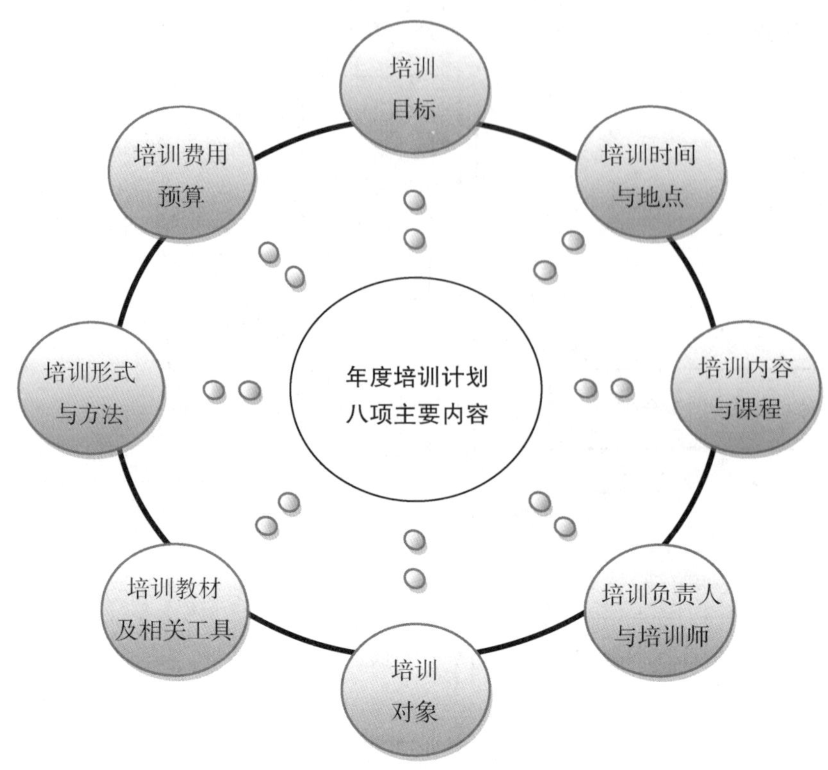


图 3-3　年度培训计划的主要内容

2）培训时间与地点

合理安排培训时间，有助于培训师在整个培训过程中按部就班地完成培训任务。培训地点的选择要依据培训方式和培训内容而定。

3）培训内容与课程

培训目标是培训内容与课程设置的出发点。不同的培训对象、不同阶段，其培训内容是不一样的。比如新员工入职培训与在职员工培训的培训内容就需要分别设置，具体见表 3-1。

表 3-1　不同培训类别培训内容一览表

| 培训类别 | 培训对象 | 培训内容 |
| --- | --- | --- |
| 职前培训 | 新员工、新岗位任职人员 | 企业文化、企业发展状况、相关规章制度等 |
| 专业技能提升培训 | 在职人员 | 生产、制造、研发、营销等专业知识 |
| 管理能力培训 | 基层、中层和高层管理人员 | 管理能力提升 |

企业根据培训内容设置具体、适用的培训课程。

4）培训负责人与培训师

培训负责人，即培训工作的组织者，一般是企业的培训部门工作人员，专门负责企业的培训工作。

对于培训师的选择一般要考虑三方面问题，如图3-4所示。

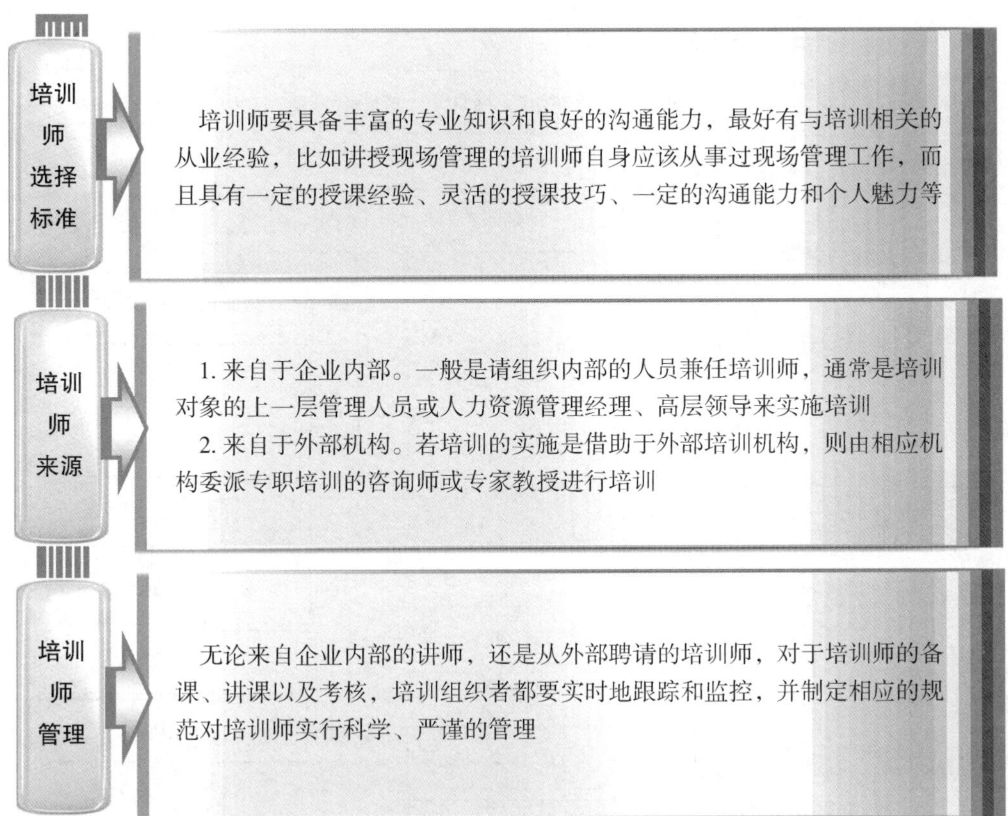


图3-4 选择培训师应考虑的三方面问题

5）培训对象

根据培训需求调查分析的结果并结合企业发展战略，确定需要接受培训的人员。

6）培训教材及相关工具

培训教材是指印刷材料和视听材料，印刷材料主要包括书籍、手册、指南、图表、试卷等，视听材料主要包括录像带、光盘、录音等。

相关工具是指投影仪、笔记本电脑、音响、录像机等培训辅助设备。

7）培训形式与方法

培训形式与方法有很多，可以根据培训手段确定，也可以根据对象特征和兴趣动机确定。图 3-5 展示了根据人员是否在岗、入职时间、职位级别的不同，采用的不同培训形式。

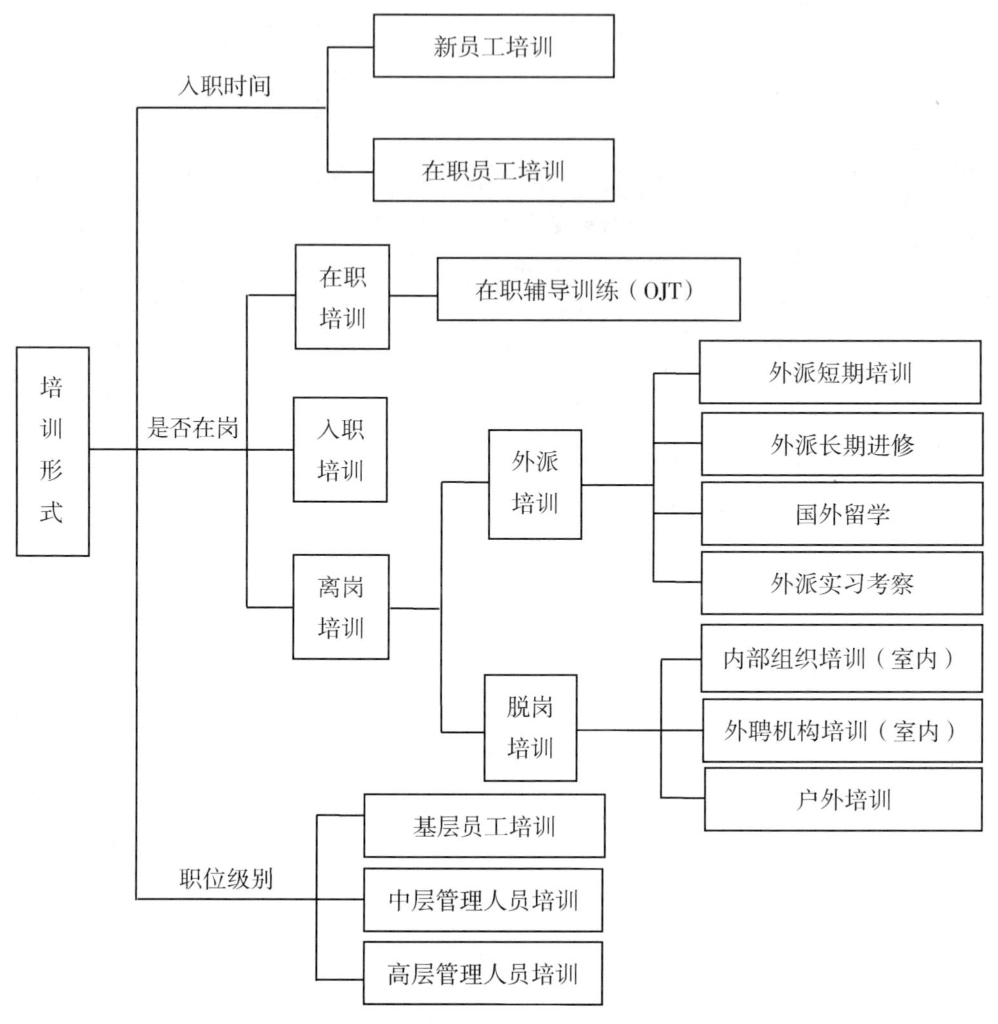


**图 3-5　培训形式分类图**

培训方法有很多种，使用频率较高的有课堂讲授、工作轮换、工作指导、基于移动网络平台的学习等，企业应根据培训内容具体选择适合自己的培训方法。

8）培训费用预算

企业为了更好地控制成本，就要做整个培训项目的预算。培训预算费用应该定多少，是由企业所属的行业特点、企业财务状况等诸多因素决定的。

表 3–2、表 3–3、表 3–4 为年度培训计划样表，仅供参考。

**表 3–2 年度培训计划表（一）**

编号： 制表日期：

| 预计日期 | 培训部门 | 培训内容 | 培训对象 | 受训人数 | 培训机构 | 培训方式 | 培训地点 | 培训讲师 | 预期效果 | 所需资源 | 费用预算 |
|---|---|---|---|---|---|---|---|---|---|---|---|
| | | | | | | | | | | | |
| | | | | | | | | | | | |
| | | | | | | | | | | | |
| | | | | | | | | | | | |

制表人： 审核人： 审批人：

**表 3–3 年度培训计划表（二）**

| 编号 | 培训课程 | 预定培训月份 | | | | | | | | | | | | 培训对象 | 费用预算 |
|---|---|---|---|---|---|---|---|---|---|---|---|---|---|---|---|
| | | 1 | 2 | 3 | 4 | 5 | 6 | 7 | 8 | 9 | 10 | 11 | 12 | | |
| | | | | | | | | | | | | | | | |
| | | | | | | | | | | | | | | | |
| | | | | | | | | | | | | | | | |
| | | | | | | | | | | | | | | | |

制表人： 制表日期：

**表 3–4 年度培训计划表（三）**

编号：

| 序号 | 培训内容 | 培训目标 | 培训对象 | 计划人数 | 计划天数 | 培训时间 | 责任部门 | 协助部门 | 所需资源 | 考核方式 | 备注 |
|---|---|---|---|---|---|---|---|---|---|---|---|
| | | | | | | | | | | | |
| | | | | | | | | | | | |
| | | | | | | | | | | | |
| | | | | | | | | | | | |

制表人： 制表日期：

（2）部门培训计划的内容

各部门应结合本部门年度工作计划、工作目标责任书，专业知识及专业领域的新态势、新发展，人才队伍建设的需要，认真制订本部门培训计划，有针对性地开展内容丰富、形式多样的培训活动，努力形成具有本部门特色的培训项目。

部门培训计划包括的主要内容如下。

1）培训目的

从部门的角度出发，明确培训计划要解决的问题或者要达到的目的。

2）培训需求

在部门运营和管理过程中，明确哪些方面存在差距，确实需要培训来弥补。

3）培训目标

明确培训计划中的培训项目需要达到的培训结果。

4）培训对象

明确培训计划中的培训项目是针对什么岗位的任职人员进行的，他们的学历、经验、技能状况怎么样。

5）培训内容

明确培训计划中每个培训项目，如岗位技能培训、管理技能培训等的具体内容。

6）培训方式

明确培训计划中每个培训项目所采用的培训形式和培训方式，如是外派培训还是内部组织培训，培训师是由内部培训讲师还是由外部培训讲师担任，是半脱产培训、脱产培训还是业余培训等。

7）培训费用预算

明确部门整体培训计划的执行费用预算，以及每个培训项目实施的费用预算。

8）培训计划变更或调整方式

明确培训计划变更或者调整的程序，以及权限范围等。

9）部门培训计划的制订工具

各部门在制订本部门培训计划时，可以参照表3-5所示的部门月度培训计划表和表3-6所示的部门年度培训计划表。

### 表 3-5 部门月度培训计划表

编号： 制表人： 制表日期：

<table>
<tr><th>部门</th><th colspan="3"></th><th>月份</th><th colspan="2"></th></tr>
<tr><th>日期</th><th>培训内容</th><th>受训人员</th><th>培训时间</th><th>培训地点</th><th>培训方式</th><th>培训讲师</th></tr>
<tr><td></td><td></td><td></td><td></td><td></td><td></td><td></td></tr>
<tr><td></td><td></td><td></td><td></td><td></td><td></td><td></td></tr>
<tr><td></td><td></td><td></td><td></td><td></td><td></td><td></td></tr>
<tr><td colspan="7">受训人员共计____人</td></tr>
<tr><td>备注</td><td colspan="6"></td></tr>
<tr><td>部门经理意见</td><td colspan="6">签字： 日期：</td></tr>
<tr><td>总经理意见</td><td colspan="6">签字： 日期：</td></tr>
</table>

### 表 3-6 部门年度培训计划表

部门（盖章） 编号：

| 月份 | 培训内容 | 培训对象 | 培训课时 | 培训地点 | 培训讲师 | 所需资源 | 协助部门 | 备注 |
|---|---|---|---|---|---|---|---|---|
| 1 | | | | | | | | |
| 2 | | | | | | | | |
| 3 | | | | | | | | |
| 4 | | | | | | | | |
| …… | | | | | | | | |
| 12 | | | | | | | | |

制表人： 审批人： 制表日期：

### 3.2.2 培训计划制订流程

企业培训计划的制订需遵循一定的流程，图 3-6 提供了一个示例。

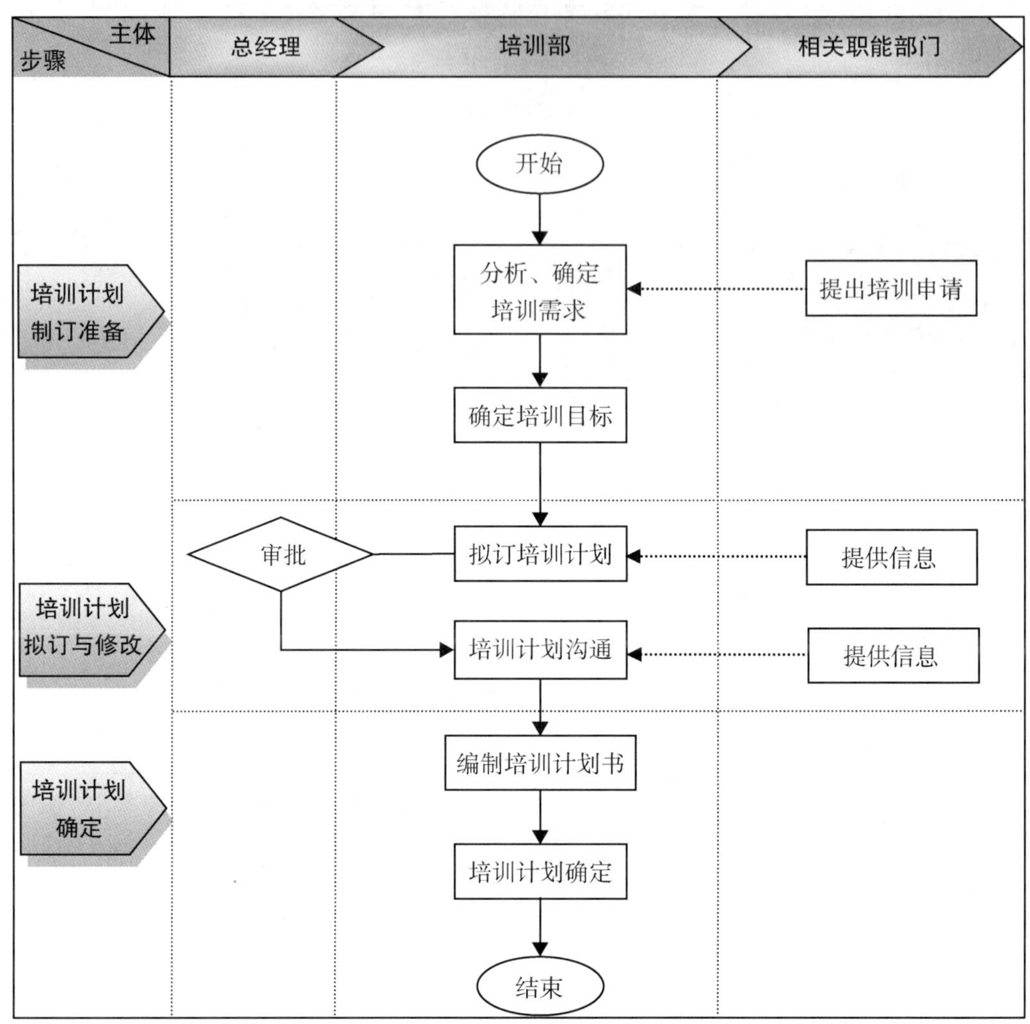


图 3-6 培训计划制订的流程

### 3.2.3 培训计划制订的要点

培训计划制订要点主要包括七个方面，具体如图 3-7 所示。

培训计划制订要点说明见表 3-7。

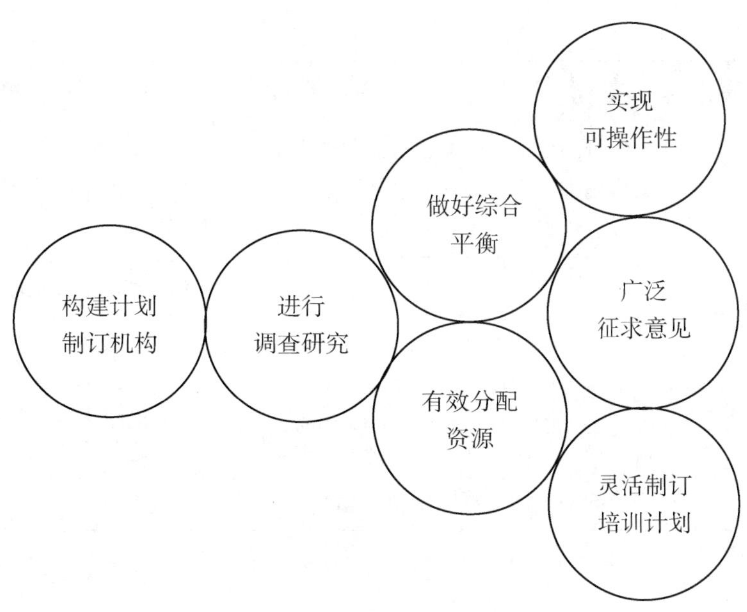


**图 3-7 培训计划制订要点**

**表 3-7 培训计划制订要点说明一览表**

| 培训计划制订要点 | 培训计划制订要点说明 |
| --- | --- |
| 构建计划制订机构 | 培训计划的制订，不仅仅是培训部门的事情，它涉及企业内部的许多部门，是一个系统工程。因此企业应构建一个培训计划制订机构，以便协调各个部门进行部门培训计划的制订 |
| 进行调查研究 | 调查研究的内容主要包括四个方面<br>（1）预测出本企业短、中期内的生产和技术的发展情况<br>（2）预测出本企业在短、中期计划期内对各种人员的需要数量<br>（3）做好本企业员工素质方面的普查，切实了解员工在政治思想、行为表现、文化、技术和管理等方面的现有水平；明确员工个人对培训与发展的要求<br>（4）调查本企业在培训方面的条件，如培训师资、培训资料和教材、培训设备及培训经费等 |
| 做好综合平衡 | 在制订培训计划时应做好综合平衡，注意员工发展与师资来源的平衡，培训与组织生产、经营正常运转的平衡，组织培训需求与学员要求的协调平衡，培训发展与培训投资的平衡等 |
| 有效分配资源 | 根据各分项目标的轻重缓急分配资源，以保证各项目标都有相应的人力、物力和财力 |

续表

| 培训计划制订要点 | 培训计划制订要点说明 |
|---|---|
| 实现可操作性 | 制订的培训计划应有可操作性，制定各分段目标或具体分项目标培训计划的实施细节，主要包括总体计划及各分项目标计划实施的过程、时间跨度、阶段、步骤、方法、措施、具体要求和评估方法等 |
| 广泛征求意见 | 经过充分的讨论和集中修改，经组织的最高管理层审核批准，并下达到有关的基层单位实施 |
| 灵活制订培训计划 | 灵活运用制订培训计划的各个步骤，不应平均用力，不能绝对统一。有的步骤多一些，有的则少一些。同时，各个步骤之间也会有交错进行的情况。既要注意向别人学习，借鉴别人的经验，也绝不能盲目照抄，一定要结合本组织的实际情况来进行 |

# 3.3 培训计划书的编制

## 3.3.1 年度培训计划书的编制

根据上述培训计划制订步骤的说明及培训计划的内容，下面给出一份培训计划书的示例，仅供参考。

<table>
<tr><td rowspan="2">计划名称</td><td rowspan="2">××公司年度培训计划书</td><td>编号</td><td></td></tr>
<tr><td>受控状态</td><td></td></tr>
<tr><td colspan="4">
一、目的<br>
培训是公司发展壮大的需要，培训是留住人才的手段，培训项目也是公司大笔投资之一。上一年度的培训工作整体完成情况良好，各项培训计划完成率达到 100%，培训目标基本达成。值此辞旧迎新之际，本年度的培训工作即将展开，本年度的培训计划要实现以下四个目标。<br>
1. 应对公司内部环境和外部环境所带来的变化，提高核心竞争力。<br>
2. 实现本年度人力资源规划培训方面的目标。<br>
3. 建立一支精锐的内部培训队伍，确保培训师的胜任能力和培训的实际效果。<br>
4. 注重对管理层的储备和培养，帮助员工明确自身的职场定位和职业生涯规划。<br>
只有加强对培训工作的管理，提高培训工作的计划性、有效性和针对性，才能实现培训工作有效促进公司生产率提升、销售额大幅度提高的目标。<br>
二、本计划编制依据<br>
根据年度培训需求报告得出如下结论。
</td></tr>
</table>

1. 公司工作人员____人，其中大专以上学历____人，平均年龄____岁，整体呈年轻化趋势，但人员流动性偏大。为了减少人力资源流失给公司造成的隐形损失，应该从技术岗和管理岗方面建立员工储备制度。

2. 公司在技术革新工作方面存在一定的问题，应该加强技术方面的培训。

3. 管理层和基层日常沟通不畅，日常工作不到位。

4. 内部培训讲师胜任能力不够，应强化培训讲师训练。

5.《员工手册》在培训奖罚方面的措施不明确。

**三、年度培训工作原则**

建立“全面培训与重点培训相结合、自我培训与讲授培训相结合、岗位培训与专业培训相结合”的全员培训机制，促进员工发展和公司整体竞争力的提升。

1. 以公司经营战略和员工职业发展为主线。

2. 以提高员工实际岗位技能和工作绩效为重点。

3. 坚持理论和实践相结合，内训和外训相结合。

4. 实现员工素质提升和能力培养双提升。

**四、年度培训工作目标**

针对各部门的培训需求，全年安排了成本管理知识、质量管理知识、管理与控制、安全教育、压力容器操作、财务管理软件、化验技能、特殊工种、维修操作技能等46种培训工作。开展这些培训工作的主要目标在于调动和发挥员工学习的积极性，建立员工学习的长效机制，推进员工教育培训工作的落实。具体目标说明如下。

1. 建立专业的内部培训讲师队伍，提升公司整体的培训能力。

2. 提升公司管理人员的管理意识、管理技能、管理能力与领导水平。

3. 加强公司各级各类员工职业素养，打造高绩效团队。

4. 提高培训质量，使在岗员工平均培训数达到12课时。

5. 助力生产部门技术革新，使新技能、新知识得到普及，为公司节约生产成本。

6. 使销售部门进行商务谈判和营销策略的能力得到提升，增加公司营业额和净利润。

**五、年度培训工作基本要求**

1. 年度计划编制包括年度培训计划及培训预算编制。

（1）年度培训计划要按月推进，每月进行培训计划提报，于每月月初____日内提报月度培训计划，于月底____日前提报月度培训台账。

（2）人力资源部会进行相关月度和年度考核，强化计划执行率和目标管理。

2. 人力资源部应强化员工培训档案的管理，要求纸质档案和电子档案双齐备。

（1）纸质档案：课表、培训签到表、培训讲师评估表、培训评估总结等。

（2）电子档案：幻灯片、培训照片、培训录像、案例分析、教授方法、培训改善报告等。

3. 严格执行培训制度，目前下发的培训制度包括：公司培训管理制度、公司培训班管理规定、公司培训档案管理办法，要求各职能部门严格执行遵守。同时，外派培训员工要签署“外派培训管理协议”，避免造成公司在商业机密和人力资源方面的损失。

**六、年度培训计划**

本年度培训计划是根据年度培训需求报告，结合公司经营目标和各职能部门的工作需要来拟订的，同时辅助员工个人职业成长。参照上一年度的培训工作总结和培训费用，制订出本年度的培训计划，具体参见表1。

**表1 公司年度培训计划总表**

编号： 编制日期： 年 月 日

| 序号 | 培训主题 | 培训课程及内容 | 培训对象 | 培训方式 | 培训形式 | 课时 | 需求部门 | 培训人数 | 培训地点 | 培训讲师 |
|---|---|---|---|---|---|---|---|---|---|---|
| 1 | 中高层管理提升培训课堂 | 风险管理知识（政策理论、识别工具方法、评估），内部控制知识（政策理论、控制工具方法、自我评价） | 中高级管理层 | 外派 | 课堂讲授 | | 董事会 | | 外部培训学校 | 外部培训讲师 |
| 2 | “好管家”计划员系列培训 | 生产计划管理（流程、注意事项，异常信息处理程序，财务基础知识） | 生产调度人员 | 内训 | 课堂讲授 | | 生产部 | | 公司大会议室 | 内部培训讲师 |
| 3 | “金钥匙”财务培训 | 全面预算管理 | 预算涉及人员 | 内训 | 课堂讲授 | | 财务部 | | 财务部办公室 | 外部培训讲师 |
| 4 | 班组长能力提升训练营 | 班组现场管理 | 一线班组长 | 内训 | 课堂讲授 | | 生产部 | | 公司会议室 | 内部培训讲师 |
| 5 | 精英培训系列课堂 | 特种作业人员资格培训 | 特定对象 | 外派 | 课堂讲授 | | 生产部 | | | |
| 6 | 公司教练角色训练营 | 公司内训师 | 内部培训师 | 外派 | 课堂讲授 | | 人力资源部 | | 外部培训学校 | 外部培训讲师 |
| 7 | 精“检”质量培训 | 成品检验 | 检验员 | 内训 | 课堂讲授 | | 质量部 | 全员 | 公司会议室 | 内部培训讲师 |
| 8 | 新员工拓展训练营 | 军训与户外拓展 | 新员工 | 内训 | 拓展 | | 人力资源部 | 新员工全员 | 外部培训学校 | 外部培训讲师 |
| 9 | 销售技能提升培训 | 销售人员的沟通技巧 | 业务员 | 内训 | 课堂讲授 | | 销售部 | 业务员全员 | 公司会议室 | 内部培训讲师 |

编制：人力资源部 批准： 批准日期： 年 月 日

**七、年度培训预算**

年度培训预算根据表1合计____万元，具体项目费用见表2。

**表2　年度培训预算列表**

年　　月　　日

| 课程编号 | 培训课程 | 培训时间 | 培训人数 | 经费预算 | 受训方式 | | 备注 |
|---|---|---|---|---|---|---|---|
| | | | | | 内训 | 外训 | |
| 001 | 风险管理知识 | 月　日至　月　日 | ××人 | ××万元 | | √ | |
| 021 | 生产计划管理流程 | 月　日至　月　日 | ××人 | ××万元 | √ | | |
| 030 | 全面预算管理 | 月　日至　月　日 | ××人 | ××万元 | √ | | |
| 022 | 班组现场管理 | 月　日至　月　日 | ××人 | ××万元 | √ | | |
| 023 | 特种作业人员资格培训 | 月　日至　月　日 | ××人 | ××万元 | | √ | |
| 040 | 公司内训师 | 月　日至　月　日 | ××人 | ××万元 | | √ | |
| 024 | 成品检验 | 月　日至　月　日 | ××人 | ××万元 | √ | | |
| 042 | 军训与户外拓展 | 月　日至　月　日 | ××人 | ××万元 | √ | | |
| 051 | 销售人员的沟通技巧 | 月　日至　月　日 | ××人 | ××万元 | √ | | |
| 合计 | | | | ××万元 | | | |

核准：　　　　　　　　　　复核：　　　　　　　　　　经办：

**八、计划外培训项目**

计划外的培训项目是指不在年度计划内的培训项目。本公司员工参与计划外的培训项目需要办理审核审批手续，具体要求如下。

1. 培训项目以及培训内容符合公司业务或员工专业技能提高的需要。
2. 一般应提前____天申请，且培训费用没有超出预算。

**九、培训效果评估（略）**

| 编制人员 | | 审核人员 | | 审批人员 | |
|---|---|---|---|---|---|
| 编制时间 | | 审核时间 | | 审批时间 | |

## 3.3.2　部门培训计划书的编制

在企业年度培训计划的指引下，各部门负责人应结合本部门的年度工作计划、目标责任书，专业知识及专业领域的新动态，部门人才梯队建设的需要，编制本部门的培训计划，以便有针对性地开展内容丰富、切合实际的培训活动，努力打造有本部门特色的培训项目。

部门年度培训计划一般由部门负责人制订，需要结合部门员工目前的技能水平、岗位知识、技能要求与相应要求之间的差距来进行。依此制订的培训计划会更有针对性。

部门培训计划书的框架示例如下。

<table>
<tr><td rowspan="2">计划名称</td><td rowspan="2" colspan="3">××部门年度培训计划（框架）</td><td>编号</td><td></td></tr>
<tr><td>受控状态</td><td></td></tr>
<tr><td colspan="6">一、培训对象分析<br>（从部门人员岗位性质、岗位级别、任职资格、技能水平等角度来分析受训对象。）<br>二、部门培训需求分析<br>（对部门培训需求调查结果进行分析，从企业层面、部门层面、员工个人层面逐层分析本部门的培训需求。值得注意的是，对部门培训需求的分析，不能仅仅从部门层面分析，否则会造成需求分析的遗漏。）<br>三、部门以往培训情况<br>（部门往年培训工作开展情况、所达成的培训效果、培训过程中发现的待改善的问题，从而对本年度的培训计划有借鉴意义。）<br>四、本年度部门培训目标<br>（结合前三项的分析和总结，从培训人次、培训场次、学员受训成绩、预期培训效果等层面确立本年度的培训目标。）<br>五、部门现实与培训目标的差距分析<br>（描述部门现在面临的现实情况，并与培训目标进行对比，找出差距，以便进一步明确需要培训的内容、参加培训的人员等问题。）<br>六、部门培训对象、培训主题、培训形式的确立<br>（培训对象、培训主题，要解决的就是哪些员工需要接受培训、接受什么方面内容的培训；而培训形式则要分析前述所涉及的培训是脱产、半脱产还是业余的。）<br>七、部门年度培训内容体系的建立<br>（略）<br>八、部门培训时间及日程的安排<br>（略）<br>九、部门培训所需要的资源<br>（包括培训师资、培训辅助人力、培训场所、培训设备、培训耗材，以及所需的资金支持。）<br>十、培训效果预估与培训效益分析<br>（略）</td></tr>
<tr><td>编制人员</td><td></td><td>审核人员</td><td></td><td>审批人员</td><td></td></tr>
<tr><td>编制时间</td><td></td><td>审核时间</td><td></td><td>审批时间</td><td></td></tr>
</table>

### 3.3.3 季节性培训计划书的编制

季节性是指一些行业在某些月份前后发生的生产淡季或生产旺季的情况。每个行业都有属于自己的淡季和旺季。

（1）生产制造型企业旺季培训计划书的编制

生产制造型企业会因为产品订单的多少而呈现淡季和旺季。季节性培训就是指针对生产淡季和生产旺季应运而生的培训计划。

生产制造部门是这类企业的核心部门之一，生产型员工则是创造企业产品价值的主体。

生产旺季正是订单最多的时候，这个时候企业最容易出现“用工荒”。生产部门经理应按照经验预估所需生产人员的数量，如预计人数不足，应提前和人力资源部沟通，让后者招聘新员工，从而避免缺工给生产带来不必要的麻烦。

此时会出现新员工对工作不了解或不熟练的情形，因此培训就显得尤为重要。在制订生产旺季新进生产人员培训计划时，侧重点要放在生产技术培训和安全教育方面。

| 计划名称 | 生产旺季新进生产人员培训计划 | 编号 | |
|---|---|---|---|
| | | 受控状态 | |

**一、目的**

为了缓解即将到来的生产旺季的生产压力，公司特招聘一批新员工加入生产工作。鉴于新进生产人员对公司和岗位工作的不熟悉，特安排此次培训，希望可以通过培训帮助生产部门顺利地应对生产高峰，保质保量地完成生产任务，为公司创造更多的利润。

1. 为新员工提供准确的岗位信息，使其明确自身工作职责和内容。
2. 促使新员工明确岗位工作流程，快速进入工作角色，承担工作任务。
3. 向新员工宣传公司企业文化，使其快速融入公司工作氛围，减少入职初期紧张情绪。
4. 向新员工展示岗位远景规划，给予新员工工作信心，促进其明确发展路径。
5. 防范新员工因操作不当，引发安全事故。

**二、培训内容及方式**

（一）培训内容

生产旺季新进生产人员的培训内容体系见下表。

**生产旺季新进生产人员的培训内容一览表**

| 培训主题 | 主题细分 | 具体培训内容 |
|---|---|---|
| 基础知识培训 | 公司简介 | 公司发展概况、企业文化、经营理念、未来前景、组织架构等内容 |
| | 规章制度 | 员工手册、厂规厂纪等 |

续表

| 培训主题 | 主题细分 | 具体培训内容 |
| --- | --- | --- |
| 基础知识培训 | 规范要求 | 工作礼仪规范、财务手续、“5S”活动规范等 |
| 专业知识培训 | 基本技能 | 对机器、工具、劳保用品、防护工具、消防器材等工具的使用 |
| | 产品知识 | 产品生产线、工序原理、服务范围、物料调配等 |
| 三级安全教育培训 | 厂级安全教育 | 安全意识和安全保护的重要性，国家安全生产的相关法律法规及各项政策、规范，公司安全工作发展史、生产特点、设备分布、安全生产规章制度、公司安全生产管理机构等，公司区域内特殊位置、危险位置及安全规定，公司内历年典型的安全事故案例和教训、工伤事故案例等 |
| | 车间安全教育 | 车间的概况、车间的主要工种及相关专业安全要求，车间危险区域、特种作业场所、有毒或有害岗位的情况，车间劳动保护规章制度、劳动保护用品的使用规范及注意事项，车间涉及的安全技术基础知识，车间事故多发部位、原因及相关特殊规定和安全要求，车间常见事故与典型事故案例解析 |
| | 班组安全教育 | 岗位安全操作规程、岗位之间工作衔接配合的安全与职业卫生事项，本班组机械设备、设备的性能、设备的维护及防护装置的使用技巧，有关事故案例等 |

（二）培训方式

1. 集中培训。将所有新员工集中在一起，进行基本技能知识的培训，由人力资源部负责讲授。

2. 模拟岗位培训。针对新员工各自岗位，由生产部门经验丰富的老员工进行指导，并进行模拟操作和演练，使新员工尽快掌握本岗位知识，做到应知应会。

**三、新进生产人员培训实施流程**

1. 人力资源部根据生产部门的人力需求计划统筹，参照生产部门新进生产人员的人数确定培训时间并拟订培训具体方案，并制作新进生产人员培训计划书报送培训经理。

2. 人力资源部与生产部门协调，做好培训全过程的组织管理工作，包括经费申请、人员协调组织、场地的安排布置、课程的调整及进度推进、培训质量的监控保证以及培训效果的考核评估等。

3. 人力资源部在新进生产人员培训结束后一周内，提交该期培训的总结分析报告，报培训经理审阅。

4. 人力资源部在新进生产人员接受培训期间，应不定期派专人实施监控，通过一系列观察测试考查受训者在实际工作中对培训知识和技巧的运用，综合、统计、分析培训为公司业务增长带来的影响和回报的大小，以评估培训结果，调整培训策略和培训方法。

**四、培训考核与反馈**

（一）培训考核

1. 基础知识考核由人力资源部组织，在集体培训的最后一天进行。基础知识考核以笔试为主。

2. 专业知识考核由生产部门自行组织，在新进生产人员正式上工操作前完成。专业知识考核采取笔试和实务操作相结合的方式开展。

（二）反馈

1. 考核结果以公告形式反馈给新进生产人员，并记入员工档案，作为新进生产人员考查的重要资料保存，人力资源部应及时对新进生产人员的异议给予答复。

2. 基础知识考核不及格的员工，人力资源部决定是否对其采取补考、重新培训或劝退。

3. 专业知识考核不及格的员工，生产部门负责人对其进行约谈，并决定是否对其重新培训或劝退。

**五、培训时限要求**

所有培训要在新进生产人员入职半个月内完成，以确保新进生产人员认同公司的企业文化，端正工作态度，并达到工作岗位所要求的各项标准。

| 编制人员 | | 审核人员 | | 审批人员 | |
|---|---|---|---|---|---|
| 编制时间 | | 审核时间 | | 审批时间 | |

（2）生产制造型企业淡季培训计划书的编制

根据生产制造型作业及生产型员工的上述特点，人力资源部可以利用生产淡季，对生产人员开展企业文化、技能提升、安全教育等方面的集中或脱产培训，以提升生产人员综合素质和工作技能。

| 计划名称 | 生产淡季人员培训计划 | 编号 | |
|---|---|---|---|
| | | 受控状态 | |

**一、目的**

为了丰富员工精神文化需求，缓解员工日常工作压力，提升工作技能，增加员工的凝聚力，强化员工安全生产意识，避免安全事故的发生，特制订本计划。

1. 提升员工工作技能，提高工作效率。
2. 强化员工安全意识，减少人员伤亡和财产损失。
3. 缓解日常紧张的工作压力。
4. 强化各部门的团队协作与沟通能力。
5. 全面提高员工综合素质，提升员工对企业的忠诚度。

**二、培训目标**

1. 帮助员工对本岗位上下游的岗位技能甚至所在车间所有岗位所需的技能有所了解。
2. 研究新技术，进行技术革新，以进一步提升生产率、降低次品率。
3. 扭转员工的安全态度，提升员工的安全知识和安全技能。
4. 增加各班组的联络，活跃生产气氛。

5. 降低人员流失率，加强企业文化宣传。

**三、培训对象**

生产部门全员。

**四、培训时间和培训地点**

培训时间是____月____日至____月____日，为时六天，将占用一个休息日。

培训地点是：某景区度假村多功能厅。

**五、生产淡季培训计划**

本培训计划是根据淡季培训需求报告进行拟订的，用以缓解员工日常工作的疲劳，改善员工机械式上下班，工作、生活没有激情的现状。本计划参照本年度培训计划和本年度培训费用预算执行。

**淡季生产人员培训计划表**

编号：　　　　　　　　　　　　　　编制日期：　年　月　日

| 序号 | 课程名称 | 培训内容 | 培训方式 | 培训时间 | 费用金额 |
|---|---|---|---|---|---|
| 1 | 团队建设 | “金鹰团队”组建 | 小组讨论 | 月　日 | 元 |
| 2 | 企业文化培训 | “爱国、守法、敬业、奉献”文化建设 | 课堂讲授 | 月　日 | 元 |
| 3 | 绩效培训 | 岗位业绩指标考核办法 | 课堂讲授 | 月　日 | 元 |
| 4 | 安全培训 | 安全知识、安全操作规程 | 讲授、小组讨论 | 月　日 | 元 |
| 5 | 操作技能培训 | 现场作业流程和看板管理 | 讲授、小组讨论 | 月　日 | 元 |
| 合计 | | | | | 元 |
| 备注 | 本次培训采取内训和外训相结合的学习方式，中间可能穿插一些培训辅助活动，户外拓展或者爬山，锻炼员工的合作精神和毅力 | | | | |

核准：　　　　　　　　复核：　　　　　　　　经办：

| 编制人员 | | 审核人员 | | 审批人员 | |
|---|---|---|---|---|---|
| 编制时间 | | 审核时间 | | 审批时间 | |

(3) 销售企业旺季培训计划书的编制

在销售旺季，为了更好地扩大销售规模，有些销售企业会招聘促销人员来解决人员不足的问题。

对于新进促销人员，不接受培训他们是无法上岗直接面对消费者的。此时培训工作的重点就是让他们掌握企业产品的特点特性以及一定的现场陈列技巧和服务礼仪，熟练使用现场促销话术和技能。制订新进促销人员培训计划时要紧紧围绕这些重点。

<table>
<tr><td rowspan="2">计划名称</td><td rowspan="2">促销旺季新进促销人员培训计划</td><td>编号</td><td></td></tr>
<tr><td>受控状态</td><td></td></tr>
</table>

**一、目的**

强化公司产品的销售，扩大品牌知名度，保证年度计划销售额达标，实现销售增长的目的，公司特此新招一批促销员。为避免新进促销人员对产品不熟悉，在销售过程中出现尴尬，特安排本次培训，以顺利达成下列四项主要目的。

1. 提高新进促销人员的商品专业知识。
2. 增强新进促销人员的自信心，激发他们的工作热情。
3. 使新进促销人员学会建立客户关系，促成现场最终成交。
4. 实现公司销售额增加的目标。

**二、培训对象**

全体新进促销人员。

**三、培训形式**

采取课堂讲授、角色扮演、情景演练、小组讨论等培训形式进行培训，充分调动现场的气氛和培训人员的积极性。

**四、培训实施计划**

本次培训计划是公司第____期促销人员培训计划书，具体内容见下表。

**促销人员培训计划书**

编号：　　　　　　　　　　　　　　　　　　编制日期：　　年　　月　　日

| 序号 | 课程名称 | 培训内容 | 培训方式 | 培训时间 |
|---|---|---|---|---|
| 1 | 产品知识培训 | 品牌创始人、品牌定位等知识 | 课堂讲授 | 月　日 |
| 2 | 服务礼仪培训 | 促销人员应具备的形象礼仪和言行 | 角色扮演 | 月　日 |
| 3 | 陈列技巧培训 | 商品陈列与美学 | 课堂讲授 | 月　日 |
| 4 | 销售培训 | 销售沟通和销售达成 | 情景演练 | 月　日 |
| 5 | 心态培训 | 职场心态和心态调节 | 课堂讲授 | 月　日 |
| 备注 | 1. 培训为期六天，培训时间是前五天每天上午 8：30—12：00、下午 1：30—5：30，最后一天下午进行理论考试<br>2. 本期培训的联系人和负责人是人力资源部的王某 | | | |

**五、培训讲师的安排**

产品知识和陈列技巧由督导进行讲授，服务礼仪由优秀促销人员代表进行讲授，销售培训和心态培训由销售经理和年度最佳促销人员进行讲授。

**六、培训纪律**

1. 每一位参加培训的新进促销人员在情景演练时都必须参与演练。
2. 全体新进促销人员无特殊原因必须参加培训，无故缺席作旷工处理，有紧急事务的应提前一天和培训负责人沟通。
3. 本次培训结束前将对参训人员进行考核，考试形式多样，如有不达标者，扣除其当月绩效工资。

| 七、培训考核办法<br>1. 在促销人员受训期间，培训讲师需穿插开展各培训科目的考试工作。考试方式不定，可以是笔试、口试，也可以是情景演练。<br>2. 培训结束后，进行综合考评。综合考评采取出勤情况、考试情况及课堂表现相结合的方式进行。<br>3. 考评结果将进入促销人员培训档案，为以后临时促销人员续约、转正等人事决策提供参考。<br>4. 对于本期培训效果，还可在本轮促销工作结束后，根据促销人员在促销期间对培训内容的应用情况、促销目标的达成情况、顾客对促销人员的投诉情况来进行间接评估。 | | | | | |
|---|---|---|---|---|---|
| 编制人员 | | 审核人员 | | 审批人员 | |
| 编制时间 | | 审核时间 | | 审批时间 | |

# 3.4 三类人员培训计划书的编制

## 3.4.1 应届毕业生培训计划书的编制

| 文书名称 | 应届毕业生培训计划书 | 编号 | |
|---|---|---|---|
| | | 受控状态 | |

一、培训目的

1. 使应届毕业生能够迅速适应工作环境，快速转换角色与心态，认同公司的企业文化，初步完成职场定位。

2. 使应届毕业生系统了解公司和各部门情况，熟悉公司产品知识与工作流程以及各岗位操作规范。

3. 减少应届毕业生初进公司时的紧张情绪，让应届毕业生体会到归属感。

4. 培养应届毕业生的职业意识，规范应届毕业生的职业行为，帮助应届毕业生掌握基本的工作技能和专业技能，尽早达到公司期望的工作绩效。

二、培训程序

应届毕业生的培训程序如图 1 所示。

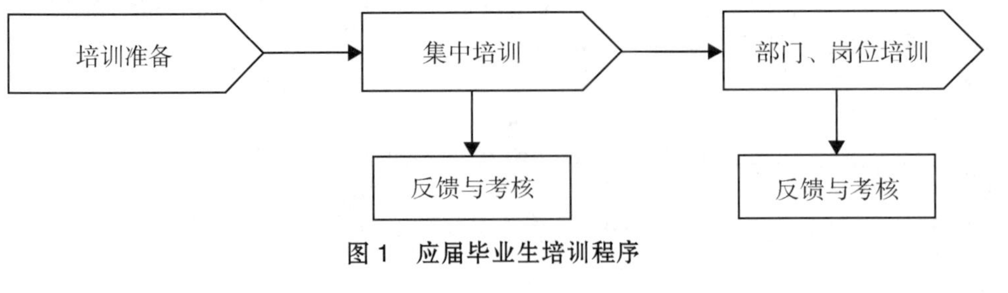


图 1 应届毕业生培训程序

三、培训内容

对应届毕业生这一群体，公司设置的培训内容如表 1 所示。

**表 1　应届毕业生培训内容一览表**

| 项目（负责人） | 时间 | 培训内容 |
|---|---|---|
| 培训准备（人力资源部） | 入职前 | （1）为应届毕业生安排好办公场所，并准备办公用品<br>（2）准备好应届毕业生所在部门内训资料<br>（3）指定一名资深员工作为应届毕业生的部门指导老师（部门经理负责） |
| 集中培训（人力资源部） | 入职后第 1 天 | （1）向应届毕业生致欢迎辞<br>（2）公司发展史、组织架构、企业理念与企业文化、主营业务、发展战略、愿景等<br>（3）公司制度与办事流程<br>（4）公司各部门职能介绍、公司培训计划与程序<br>（5）公司整体培训资料的发放<br>（6）回答应届毕业生提出的问题 |
| 部门、岗位培训（部门经理/部门指导老师） | 入职后第____天 | （1）到部门报到，部门经理代表全体部门员工表示欢迎<br>（2）部门指导老师向应届毕业生介绍本部门员工，带领应届毕业生熟悉部门工作环境<br>（3）部门指导老师向应届毕业生讲解部门结构与功能以及部门内的特殊规定 |
| | 入职后第____天 | （1）部门指导老师与应届毕业生沟通或座谈一次，对其心理动态进行跟踪<br>（2）对应届毕业生在此期间的表现作出评估，并为其确定一些短期的绩效目标<br>（3）为应届毕业生设定下次绩效考核的时间 |
| | 入职后第 30 天 | 部门经理与应届毕业生面谈，讨论一个月来的表现，填写评价表 |
| | 入职后第____天 | 人力资源部与部门经理、部门指导老师一起讨论应届毕业生能否胜任目前的岗位，填写“试用期考核表”，并与应届毕业生就试用期考核表现谈话，告知其公司绩效考核要求和体系 |

四、培训材料

1. 应届毕业生培训须知。
2. 公司集中培训教材。
3. 各部门内训教材。

应届毕业生培训须知如下所示。

**应届毕业生培训须知**

各位学员：

欢迎您参加××公司第____期应届毕业生培训课程！

为了加强您与公司之间的相互了解，促进您对公司企业文化的认同，帮助您提高综合素质以适应新的环境和岗位，特组织您参加本次培训。我们真诚地希望这次培训能对您有所帮助。为使这次培训达到预期的效果，现将有关事宜说明如下，请您务必遵守！

一、培训情况将被纳入实习期工作表现评估，培训期间不得无故缺席。

二、培训期间严禁吸烟、喝酒、赌博和打架。累计违反两次者，取消培训资格。

三、认真遵守作息时间，上课不迟到、不早退，不随便出入教室。

四、上课时关掉通信工具或将其调至静音状态。

五、认真听讲并做好笔记，积极参与讨论、发表观点，积极参与各项活动。

六、讲文明、讲礼貌，服从安排，尊敬师长，爱护公物，维护公共卫生。

七、严格按照培训安排就餐、住宿。

××公司人力资源部

____年____月____日

**五、培训费用估算**

估算培训费用是培训计划中一项很重要的内容，其作用是控制培训成本和合理分配培训预算。本次应届毕业生培训费用估算如表2所示。

**表2　应届毕业生培训费用估算表**

| 培训课程名称 | | 培训日期 | | 培训地点 | |
|---|---|---|---|---|---|
| 培训费用估算 | 培训费用项目 | | 费用估算明细 | | |
| | 教材开发费用 | | ____元/本×____本=____元 | | |
| | 培训讲师劳务费 | | ____元/小时×____小时=____元 | | |
| | 培训场地租金 | | ____元/日×____日=____元 | | |
| | 培训设备租金 | | ____元/日×____日=____元 | | |
| | 教学工具租金 | | ____元 | | |
| | 其他费用 | | ____元 | | |
| | 合计 | | ____元 | | |
| 申请人（部门） | | 财务经理 | | 总经理 | |

**六、培训项目实施步骤**

公司依照如图2所示的步骤实施应届毕业生培训项目。

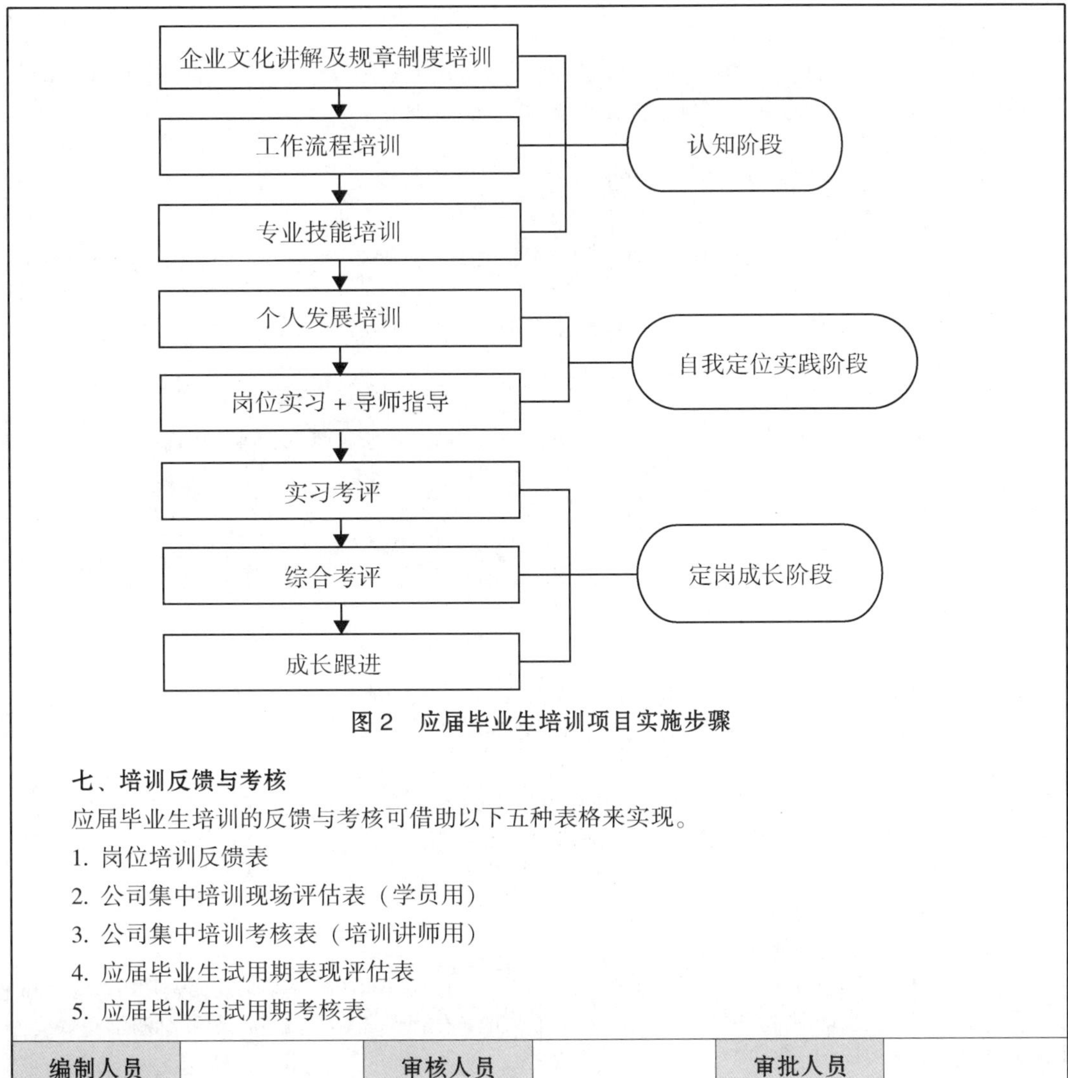


**图2　应届毕业生培训项目实施步骤**

**七、培训反馈与考核**

应届毕业生培训的反馈与考核可借助以下五种表格来实现。

1. 岗位培训反馈表
2. 公司集中培训现场评估表（学员用）
3. 公司集中培训考核表（培训讲师用）
4. 应届毕业生试用期表现评估表
5. 应届毕业生试用期考核表

| 编制人员 | | 审核人员 | | 审批人员 | |
|---|---|---|---|---|---|
| 编制时间 | | 审核时间 | | 审批时间 | |

## 3.4.2　技能人才培训计划书的编制

| 文书名称 | 技能人才培训计划书 | 编号 | |
|---|---|---|---|
| | | 受控状态 | |

**一、背景说明**

技能人才培养是提高企业员工整体素质，提高企业核心竞争力，实现企业发展的重要一环。技能人才是企业发展的基础，先进的生产设备必须通过技能人才的掌握和应用，才能发挥其应有的效能，形成生产力。因此，只有加快技能人才的培养步伐，才能为企业快速发展提供可靠的人力资源保障，为此特根据实际情况制订本计划。

**二、培训目标**

通过培训，帮助技能人才掌握实用的岗位技能，提高其工作执行能力，使其职业素养和操作技能达到一定水平，从而达成提升企业整体运营能力、提高企业竞争力的目的。

**三、培训原则**

企业的培训坚持按需施教、务求实效的原则。

**四、培训对象**

技能人才培训工作涉及的范围包括取得初级工、中级工、高级工、技师、高级技师职业资格及具备相应技能水平的人员。

**五、培训时间**

____月____日至____月____日，为期____天。

**六、培训内容**

以部门为单位，由各部门主管组织本部门员工进行各岗位的技能培训，具体培训内容如下。

1. 岗位的专业知识。
2. 岗位的工作技巧和方法。
3. 工作技能的实际操作。
4. 岗位相关的新工艺、新材料、新工法、新概念的应用。

**七、培训教材与考核**

1. 培训教材

教材选用应坚持“统一规范、实际适用、先进创新”的原则。在培训工作中，主要使用劳动部门组织编写的技能鉴定等系列培训教材，作到参训学员人手一册教材。

2. 考试与考核

（1）培训结束后，学员都要参加摸底考试，对考试不及格者进行复训和补考；考试合格者，向其颁发培训结业证书，并安排其参加全国职业技能鉴定考试。

（2）本着培训和技能鉴定相结合的原则，各主管部门应协助人力资源部积极做好相关工作，保证90%以上的学员都能获得职业技能鉴定证书。

**八、培训教育的组织管理和实施**

此项工作由各部门按照人力资源部制定的培训工作进度要求组织开展培训。要做好培训管理和人员日常管理，加强培训过程的控制，建立培训效果的评估反馈机制，发现问题及时调整和解决，保证培训质量和效果。

| 编制人员 | | 审核人员 | | 审批人员 | |
|---|---|---|---|---|---|
| 编制时间 | | 审核时间 | | 审批时间 | |

## 3.4.3 电商客服人员培训计划书的编制

| 文书名称 | 电商客服人员培训计划书 | 编号 | |
|---|---|---|---|
| | | 受控状态 | |

**一、目的**

为加强电商客服人员对专业知识和工作技能的学习，提高电商客服人员的服务质量，提升客户满意度，培养一支服务精神佳、业务技能精、文化素养高的电商客服队伍，特制订本培训计划。

**二、培训要求**

1. 所有参训人员没有特殊情况不得请假。如要请假，必须通过书面形式提交相关领导审批。培训结束后，由人力资源部负责汇总培训前和培训中的书面请假条。

2. 每位学员至少撰写三篇培训日记。

3. 培训负责人要针对本次培训写出不少于600字的培训总结。

4. 培训负责人需收集课件、照片、视频等资料并整理归档。

**三、培训对象**

全体电商客服人员。

**四、培训形式**

本次培训采用课堂讲授、案例分析、角色扮演、情景演练等培训形式，以充分调动现场的气氛和培训学员的积极性。

**五、培训实施计划**

电商客服人员培训实施计划见表1。

**表1 电商客服人员培训实施计划**

编号： 编制日期：____年____月____日

| 序号 | 课程名称 | 培训内容 | 培训方式 | 培训时间 |
|---|---|---|---|---|
| 1 | 产品介绍 | 产品的相关知识 | 课堂讲授 | ____月____日 |
| 2 | 网上交易流程及规范 | 网上交易规则 | 案例分析 | ____月____日 |
| 3 | 常用工具软件 | 办公软件的应用 | 课堂讲授 | ____月____日 |
| 4 | 客服规范用语总结 | 客户服务网上应答技巧 | 角色扮演 | ____月____日 |
| 5 | 销售培训 | 如何提升客服询单转化率 | 情景演练 | ____月____日 |
| 6 | 职业规划 | 如何进行职业生涯规划 | 课堂讲授 | ____月____日 |
| 7 | 心态培训 | 职场心态和心态调节 | 课堂讲授 | ____月____日 |
| 备注 | （1）本次培训为期____天，培训时间是每天的____点至____点，最后一天下午进行理论考试<br>（2）本次培训的联系人和负责人是人力资源部的张某 | | | |

**六、培训讲师的安排**

产品介绍和网上交易流程及规范由电商客服部经理进行讲授，常用工具软件和客服规范用语总结由优秀电商客服人员代表进行讲授，销售培训由销售经理和业绩最高的电商客服人员进行讲授，职业规划和心态培训由人力资源部外聘老师进行讲授。

**七、培训纪律**

1. 全体电商客服人员必须参与情景演练。

2. 全体电商客服人员无特殊原因必须参加培训，无故缺席将被视为旷工，有紧急情况的必须提前一天和培训负责人沟通。

3. 本次培训结束后将组织考核，考核不达标者，将被扣除当月绩效工资。

**八、培训考核办法**

1. 电商客服人员受训期间，培训讲师需穿插开展各培训科目的考试工作。考试方式不定，可以是笔试、口试，也可以是情景演练。

2. 培训结束后进行综合考评。综合考评将结合出勤情况、考试情况及课堂表现予以打分。

3. 考评结果将记入电商客服人员培训档案，为以后电商客服人员的晋升、加薪等人事决策提供参考。

4. 对于本期培训效果，还可在培训结束后，根据电商客服人员对培训内容的应用情况、工作目标的达成情况、客户对电商服务人员的投诉情况等来进行间接评估。

| 编制人员 | | 审核人员 | | 审批人员 | |
| --- | --- | --- | --- | --- | --- |
| 编制时间 | | 审核时间 | | 审批时间 | |

# 第4章 培训课程的开发与设计

# 4.1 工作事项与风险管控

## 4.1.1 图解三大关键事项

培训课程的开发与设计是一种运用系统方法分析社会、企业和员工的发展需求，根据一系列的需求，对培训课程的实质性结构、课程基本要素的性质，以及这些要素的组织形式或安排的设计。企业培训课程设计与开发是围绕公司的发展战略展开的，其目的是提高员工素质，为实现企业发展战略目标提供强有力的支持。概括来说，培训课程的开发与设计工作可细分为如图 4-1 所示的三大关键事项。

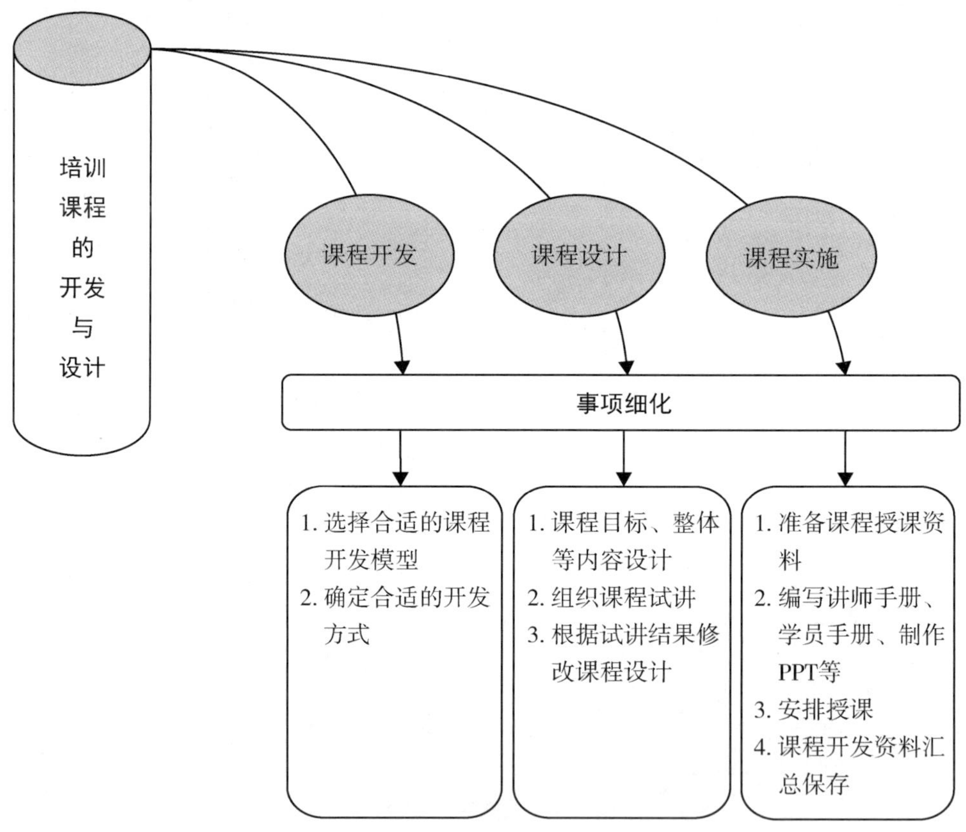


图 4-1 培训课程开发与设计工作中的三大关键事项

### 4.1.2 风险管控三个要点

培训课程质量的高低直接影响培训效果的好坏。因此，企业在培训课程的开发与设计过程中至少需要做好如图 4-2 所示的三项风险管控工作。

|  |  |
| --- | --- |
| 课程目标是否切实可行 | 课程目标可以理解为培训结束后学员应达到的预期行为。设定的课程目标一定是要合理可行的，高不可攀就失去了意义 |
| 课程内容设计是否符合培训需求 | 课程内容设计是根据从培训需求调研中发现的突出问题，来确定本培训课程的主要内容。课程设计时重点要从员工的需求、课程的安排、培训形式的需要、资源的情况几个方面考虑，特别要注意课程为培训计划的总目标服务 |
| 课程结束后如何落实培训效果 | 在培训课程结束后，要对培训的效果进行总结性的评估或检查。通过评估来了解培训课程是否达到了原定的目标和要求，找出不足，总结教训，不断改进 |

图 4-2 培训课程开发与设计工作中的风险管控

## 4.2 培训课程的开发

### 4.2.1 培训课程开发的六种模型

（1）教学系统设计模型

教学系统设计（instructional system design，ISD）是以传播理论、学习理论、教学理论为基础，运用系统理论的观点和知识，分析教学中的问题和需求并从中找出最佳答案的一种理论和方法。

1）ISD 模型示意图

ISD 模型注重对培训活动的有效分析、设计、规划和安排。ISD 模型示意图如图 4-3 所示。

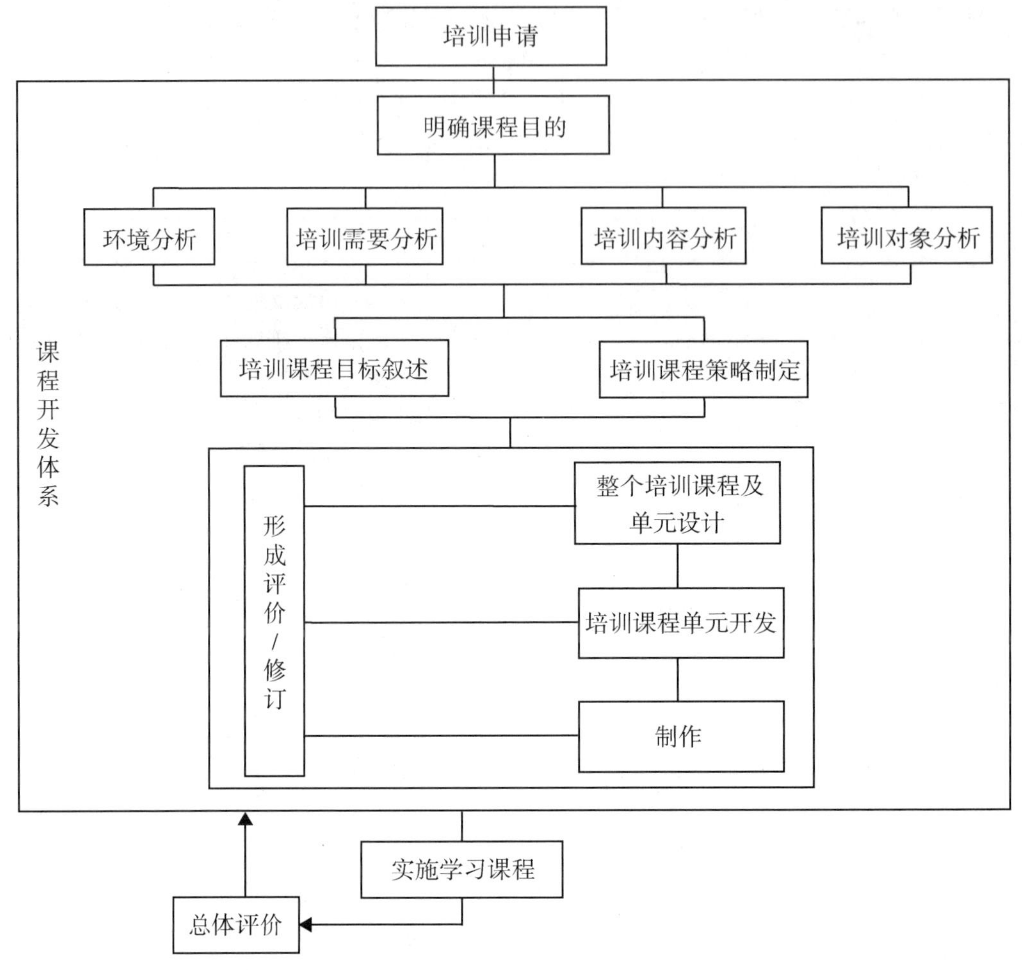


图 4-3　ISD 模型示意图

2）ISD 模型应用流程

ISD 模型可以通过其所有组成成分的协调工作来达到学习目的，从而为设计有意义、有效的培训课程提供示例。

该模型包括五步流程，即分析、设计、开发、实施和评价（见图 4-4）。

3）ISD 模型应用工具

ISD 模型应用工具包括如表 4-1 和表 4-2 所示的两个表格。

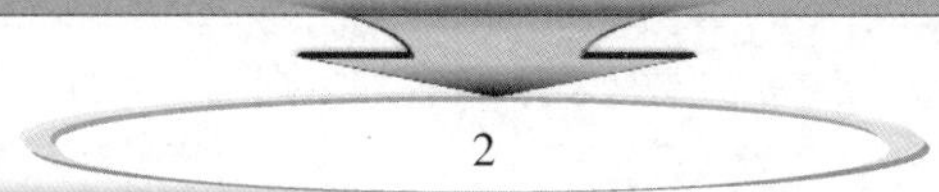


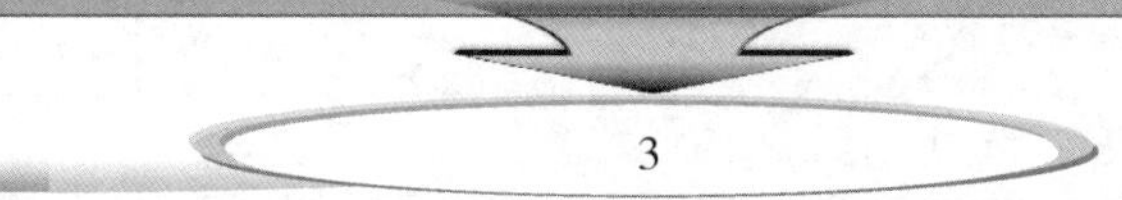


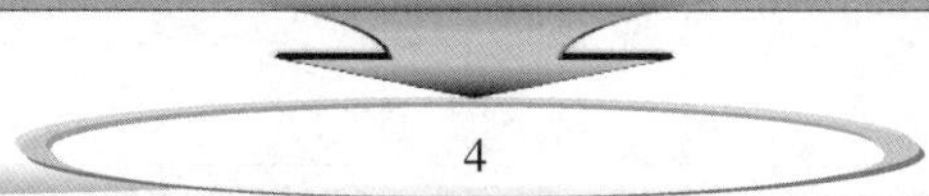


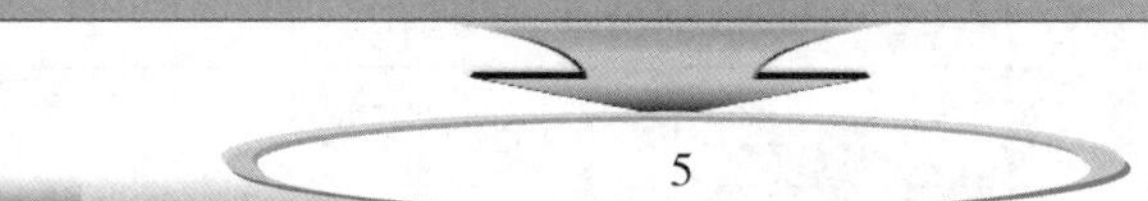


图 4-4　ISD 模型应用流程图

**表 4-1　培训需求确认记录表**

| **部门名称** | | **部门经理** | |
|---|---|---|---|
| 一、部门培训目标概述 | | | |
| | | | |
| 二、培训内容 | | | |
| 项目 | 要求具备的 | 现已具备的 | 应被开发的 |
| 知识 | | | |
| 技能 | | | |
| 态度 | | | |
| 行为方式 | | | |

续表

| 部门名称 | | 部门经理 | |
|---|---|---|---|
| 三、培训对象与培训形式 | | | |
| 培训对象岗位名称 | 计划参加人数 | 参加培训项目名称 | 培训形式 |
| | | | |
| | | | |
| | | | |
| 四、培训时间、地点与培训讲师 | | | |
| 培训项目名称 | 计划培训时间 | 计划培训地点 | 培训讲师来源 |
| | | | |
| | | | |
| | | | |

**表 4-2　培训课程开发方案评价表**

<table>
<tr><th>培训课程编号</th><th></th><th colspan="3">培训课程名称</th><th colspan="2"></th></tr>
<tr><th>培训课程开发者</th><th></th><th colspan="3">培训对象</th><th colspan="2"></th></tr>
<tr><td colspan="2" rowspan="2">评价项目</td><td colspan="4">评价标准</td><td rowspan="2">得分</td></tr>
<tr><td>优<br>（5 分）</td><td>良<br>（4 分）</td><td>中<br>（3 分）</td><td>差<br>（2 分）</td></tr>
<tr><td colspan="2">培训课程目标的表述</td><td></td><td></td><td></td><td></td><td></td></tr>
<tr><td colspan="2">对培训对象特征的分析</td><td></td><td></td><td></td><td></td><td></td></tr>
<tr><td colspan="2">培训知识和能力结构框架的建立</td><td></td><td></td><td></td><td></td><td></td></tr>
<tr><td colspan="2">各知识点目标体系的结构</td><td></td><td></td><td></td><td></td><td></td></tr>
<tr><td colspan="2">培训课程重点和难点的确定</td><td></td><td></td><td></td><td></td><td></td></tr>
<tr><td colspan="2">培训材料的编制</td><td></td><td></td><td></td><td></td><td></td></tr>
<tr><td colspan="2">培训对象学习活动的安排</td><td></td><td></td><td></td><td></td><td></td></tr>
<tr><td colspan="2">符合课程标准的要求</td><td></td><td></td><td></td><td></td><td></td></tr>
<tr><td colspan="2">信息技术在培训课程设计中的体现</td><td></td><td></td><td></td><td></td><td></td></tr>
</table>

续表

<table>
<tr><td rowspan="2">评价项目</td><td colspan="4">评价标准</td><td rowspan="2">得分</td></tr>
<tr><td>优<br>（5 分）</td><td>良<br>（4 分）</td><td>中<br>（3 分）</td><td>差<br>（2 分）</td></tr>
<tr><td>对培训对象创新思维和创造能力的培养</td><td></td><td></td><td></td><td></td><td></td></tr>
<tr><td>培训课程设计方案在培训过程中的实践</td><td></td><td></td><td></td><td></td><td></td></tr>
<tr><td>培训课程设计方案的实践效果</td><td></td><td></td><td></td><td></td><td></td></tr>
<tr><td>得分合计</td><td colspan="4">—</td><td></td></tr>
<tr><td>培训课程设计方案的特点</td><td colspan="5">您认为该设计方案最有价值和最吸引人的方面有哪些？</td></tr>
<tr><td>对培训课程设计方案的改进意见</td><td colspan="5">1. 您认为该设计方案不足之处有哪些？<br><br>2. 对此您有什么建设性意见？</td></tr>
<tr><td>对培训课程设计方案的总体评价</td><td colspan="5">您的总体感受和建议有哪些？</td></tr>
</table>

（2）人员绩效技术模型

人员绩效技术（human performance technology，HPT）模型，是通过确定绩效差距，设计有效益和效率的干预措施，从而获得所期望的人员绩效。HTP 模型不再局限于对绩效因素的分类，而是致力于消除绩效差距。

1）HTP 模型示意图

HTP 模型示意图如图 4-5 所示。

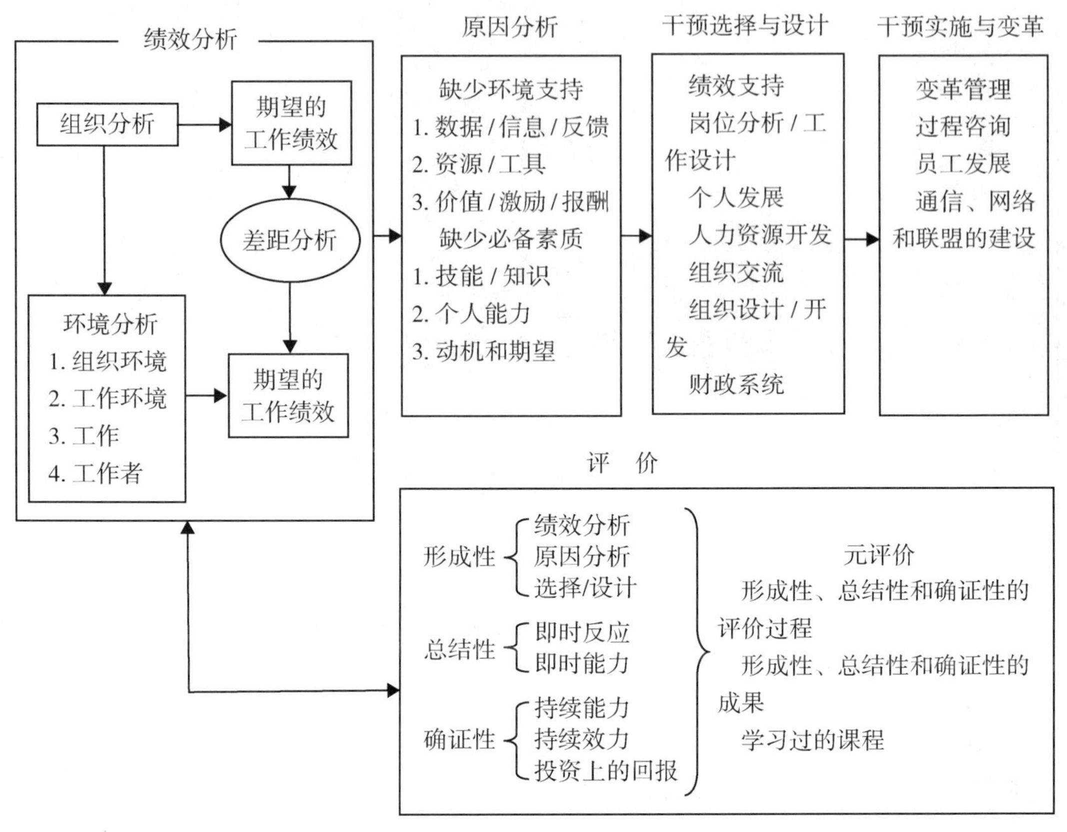


**图 4-5　HTP 模型示意图**

2）HPT 模型应用流程

HPT 模型展现了绩效改进的整个流程，以模块的形式将绩效改进的分析、设计、开发、实施和评价都加以规划，还用箭头指明了解决问题的脉络，使负责绩效管理的人员在实施时更加有章可循。HTP 模型的应用流程如图 4-6 所示。

（3）能力本位教育培训模型

能力本位教育培训（competency based education and training，CBET）模型，是以某一工作岗位所需的能力作为开发课程的标准，并将使培训对象获得这种能力作为培训的宗旨来实施培训的一种培训课程开发模型。

这里的能力是指人的综合能力。它可以是人的动机、特性、技能、自我形象、社会角色的一个方面或人所使用的知识整体。能力是人履行岗位职责所需的素质准备，

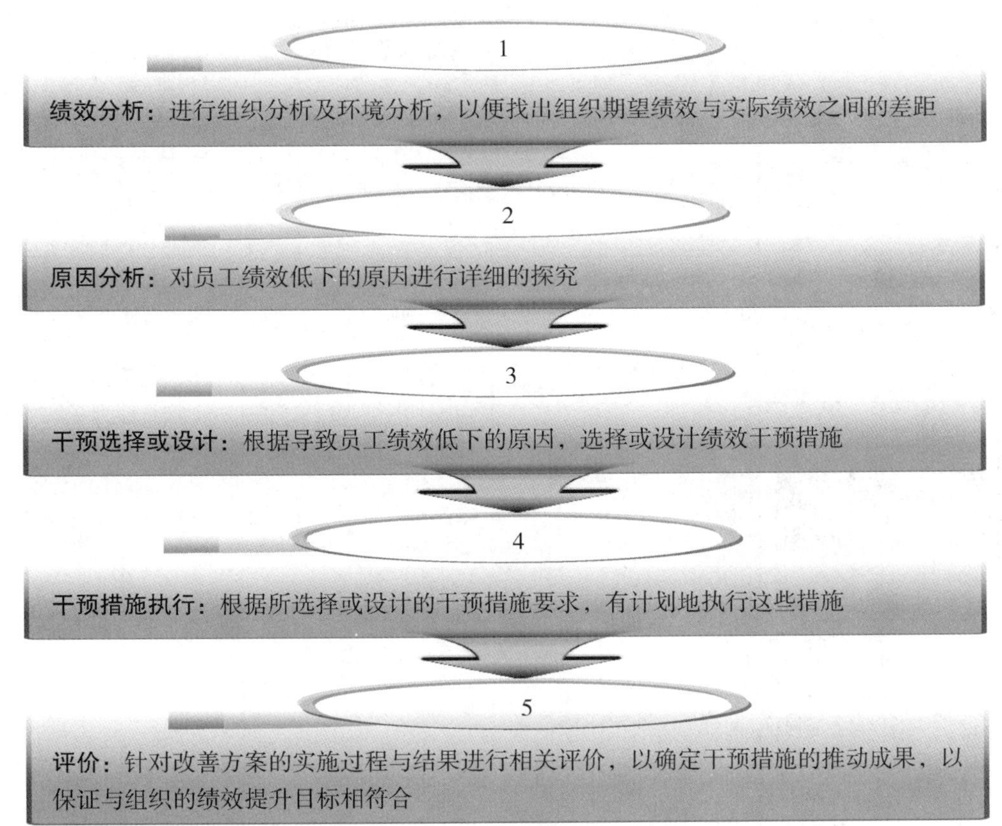


图 4-6 HPT 模型应用流程图

而培训可以使人的潜能转化为能力。

能力本位指的是从事某项工作所必须具备的各种能力系统，一般由 1~12 项综合能力构成，而每一项综合能力是由若干专项能力构成的，一项专项能力又由知识、态度、经验和反馈构成。

1）CBET 模型示意图

CBET 模型的实质是以能力为基础的培训，是以能力培养为中心的培训体系。CBET 模型示意图如图 4-7 所示。

2）CBET 模型应用流程

CBET 模型是在对岗位所要求能力进行分析的基础上，进行培训课程的开发，然后实施培训，最后对培训的各个环节进行评价。CBET 模型的应用流程如图 4-8 所示。

（4）持续性接近开发模型

伴随着信息化社会的发展，知识的更新速度加快，各种教学设计模型也大量涌现，这为课程开发人员提供了有力的理论支持，其中，持续性接近开发模型由于在课程开

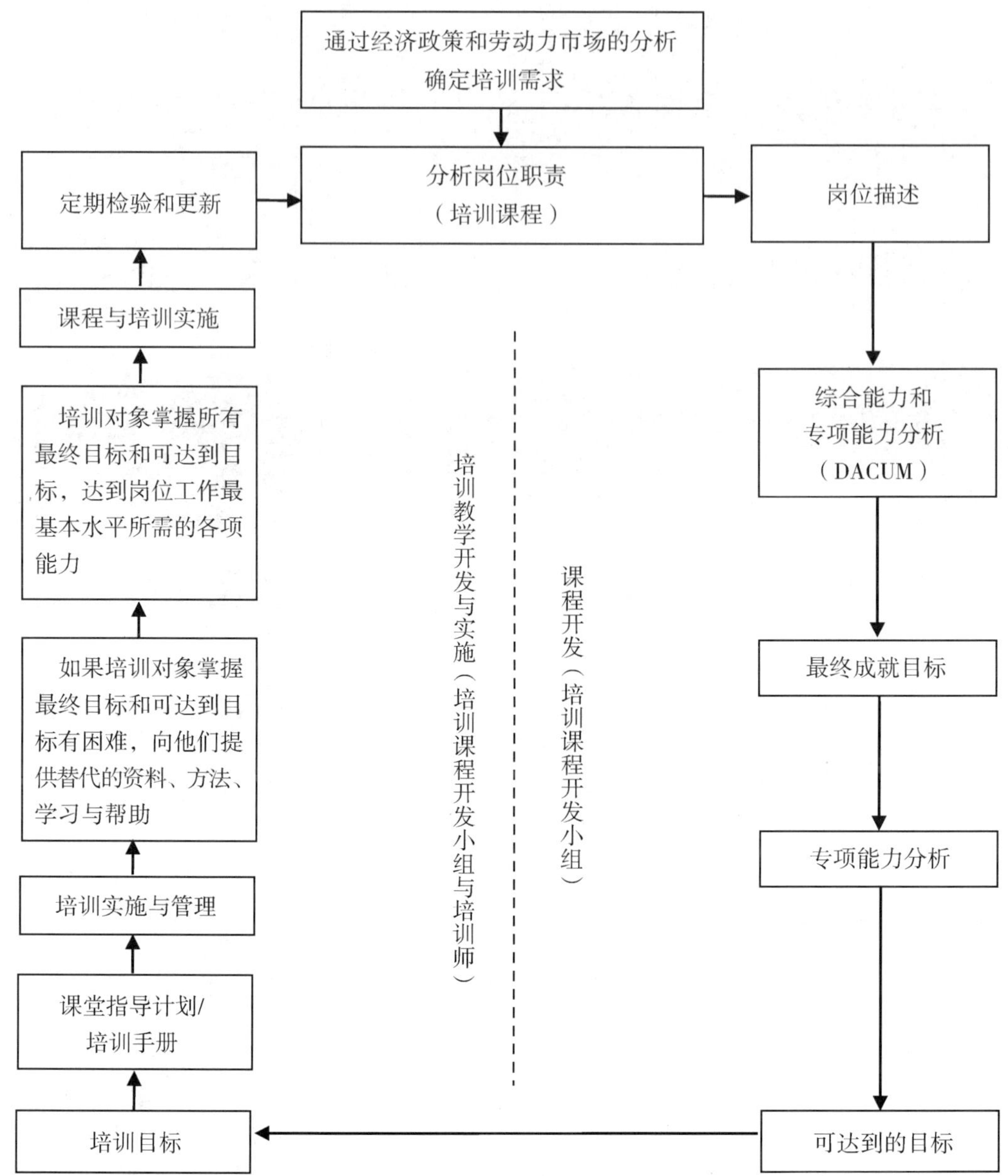


**图 4-7　CBET 模型示意图**

发中引入了迭代的概念，受到了大量企业培训课程开发人员的关注。

持续性接近开发模型（successive approximation model，SAM）是将课程拆分成碎片，采取较小的步骤，通过快速试验的方式找到正确的课程解决方案并证实预期的设计效果，然后通过各阶段不断循环来持续优化设计，最终实现新型课程开发的一种技术。

同其他课程开发模型相比，SAM 最为突出的特点是将评估置于课程实施之前的设

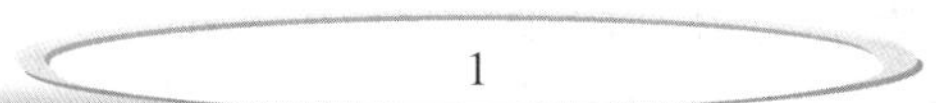


**成立培训课程开发小组：**相关人员召集在企业长期从事某项职业工作、具有丰富实践经验的优秀管理人员、技术人员或相关专家组成培训课程开发小组

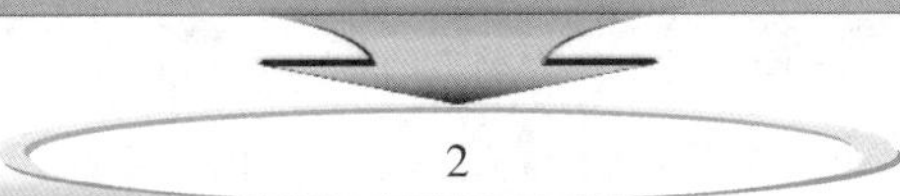


**培训课程调查与分析：**培训课程开发小组开展对某职业培训课程的开发调研，调研的主要对象就是从事该项工作的人员

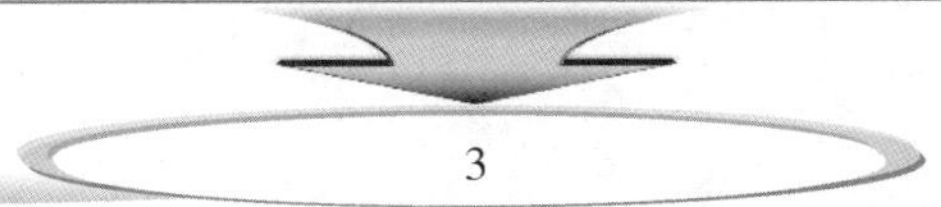


**确定综合能力：**培训课程开发小组通过调研与分析，列出某职业所需要的综合能力

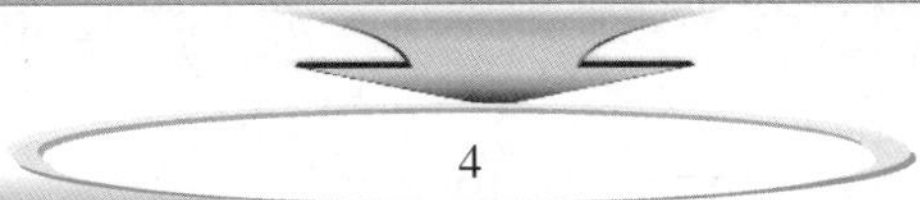


**分解综合能力：**培训课程开发小组借助教学计划开发（DACUM）表将每项综合能力分为多项专项能力

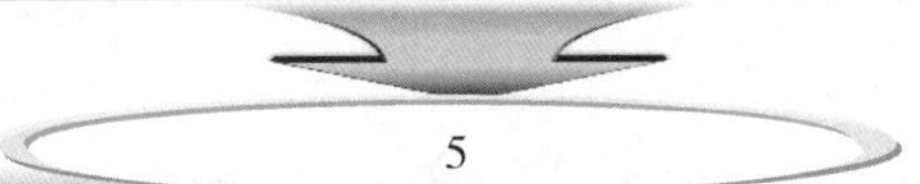


**分析专项能力：**列出 DACUM 表后，将每一项专项能力分解为学习步骤、必备知识、所需材料、要掌握的特殊技巧、工作态度、注意事项等

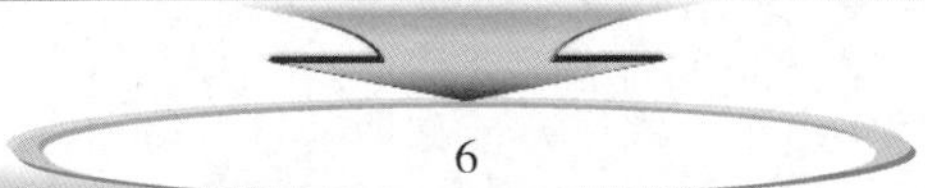


**开发培训课程：**依据 DACUM 表，设计和开发学习内容，编制培训课程标准

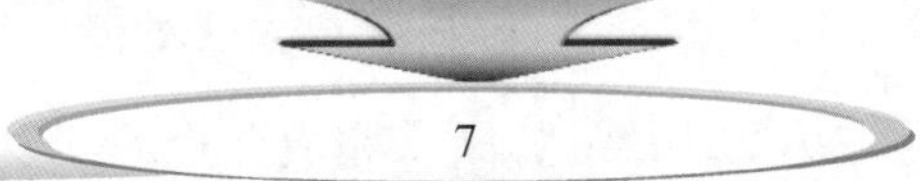


**实施培训：**根据已开发的培训课程，培训课程开发小组组织相关人员实施培训

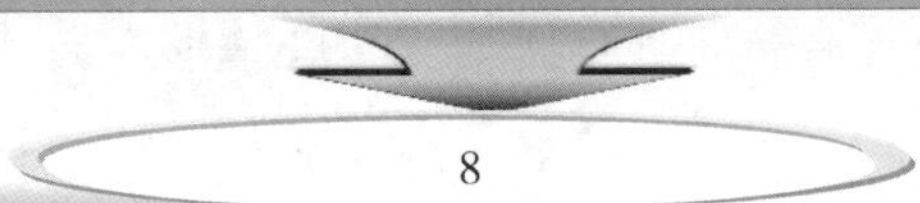


**进行能力本位评价：**收集培训对象的受训信息，并根据其进步状况，最终判断其是否已具备某职业所要求的能力

图 4–8 CBET 模型应用流程图

计阶段，借助团队协同的优势，通过每一个步骤的小型迭代，完善每一个步骤的项目，最终开发出接近最佳课程设计标准的课程。

1）SAM 示意图

SAM 遵循具有迭代、支持合作、有效率、便于管理的特征，将课程开发设计分为三个阶段、八个步骤、七项小任务，该模型示意图如图 4-9 所示。

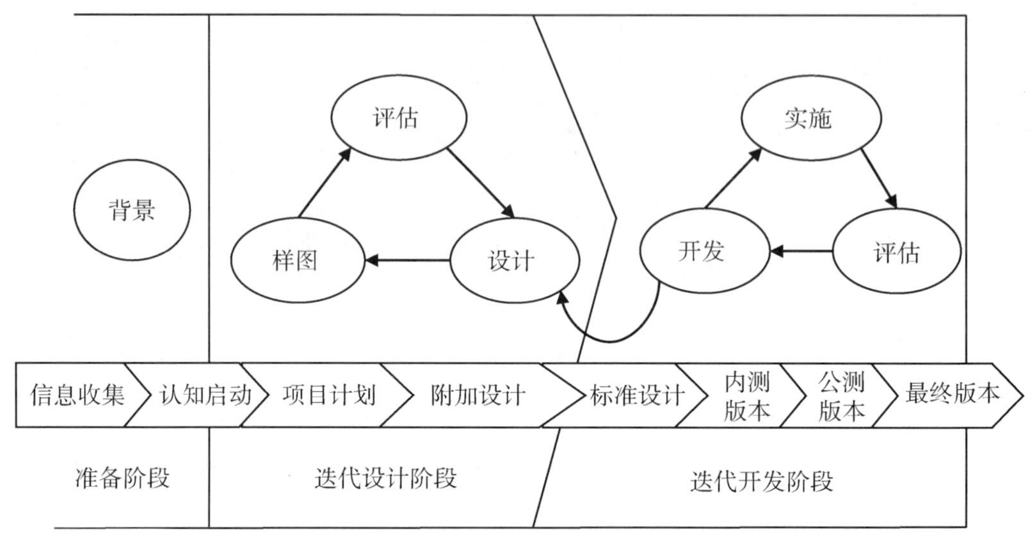


图 4-9　SAM 示意图

SAM 运用迭代的方式不断创新认知，更加精准地把握培训的要求。采用这种相对快捷的方式进行课程的开发，能够提高课程开发的速度。因此，SAM 更适合创新、多变、快速的课程开发。

2）SAM 应用流程

SAM 分为两个部分：一个是按照八个步骤依次对课程进行设计和开发；另一个是自认知启动阶段开始，采用小型迭代的方式来完成课程的开发工作。

①八个步骤流程。按照八个步骤进行的 SAM 的应用流程如图 4-10 所示。

②小型迭代流程。为了避免课程在应用于实际培训以后才发现存在设计偏差的问题，SAM 在认知启动阶段以后的每一个步骤的具体操作中，都采用了快速迭代的方式进行课程的设计和开发。

快速迭代是指在进行某一步骤的课程设计与开发时，采用团队协作的方式，在预期的时间和预算内高效地进行评估、设计、开发、再评估，如此不断循环，直至产生最终产品的过程。一次基本迭代包括评估、设计、开发三个部分。完成快速迭代至少

**信息收集：**收集项目背景信息，明白过去做过什么、现在有什么，弄清谁负责、目标对象是谁等内容

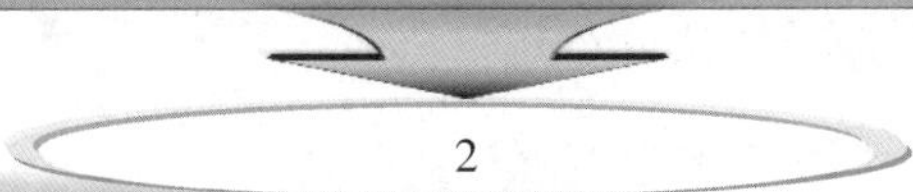


**认知启动：**建立认知启动团队，召开认知启动会议，通过评估背景信息，讨论解决方案，生成初步创意

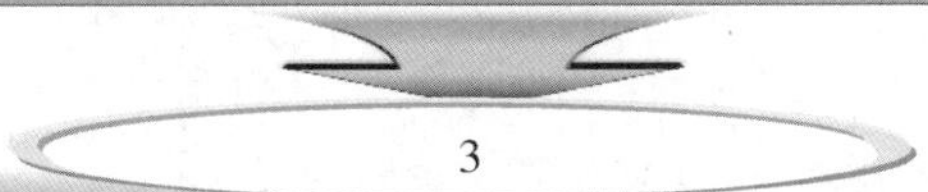


**项目计划：**基于认知启动的结果，起草内容开发计划，讨论时间表，并对余下内容进行估计

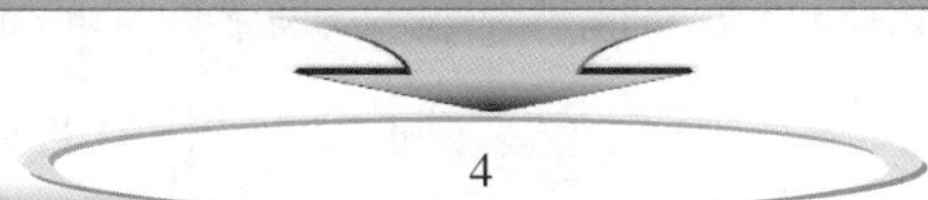


**附加设计：**附加设计团队对认知启动会议中产生的创意利用迭代方法细化设计，制作各类专用样图

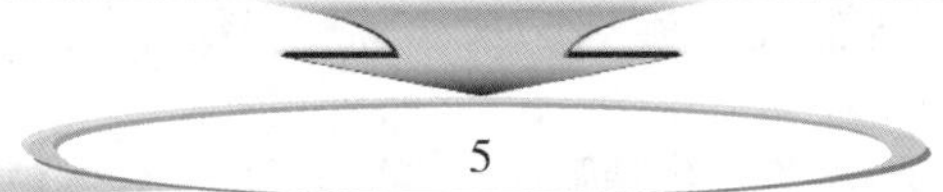


**标准设计：**根据设计阶段编制的标准，制作最终样图，若不合格则返回设计阶段重新设计

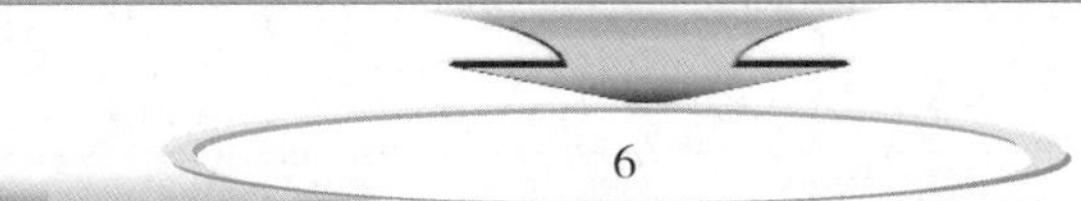


**内测版本：**根据标准设计，开发教学应用的第一个完整版设计，并对版本进行评估，发现偏差

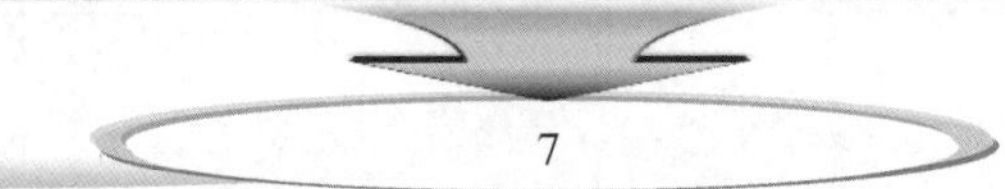


**公测版本：**在对内测版本进行评估的基础上，对其进行改进，并进行公开评估

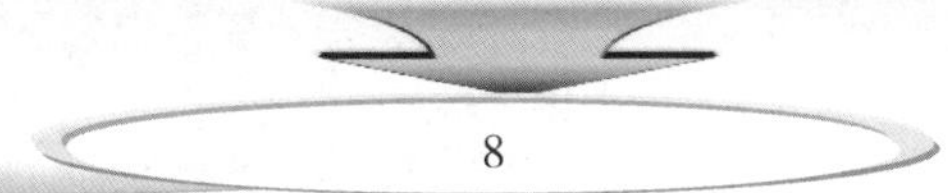


**最终版本：**在对公测版本进行评估的基础上，对其进行改进，形成最终应用版本

图 4-10　SAM 应用流程图

需要进行三次基本迭代。快速迭代的过程如图 4-11 所示。

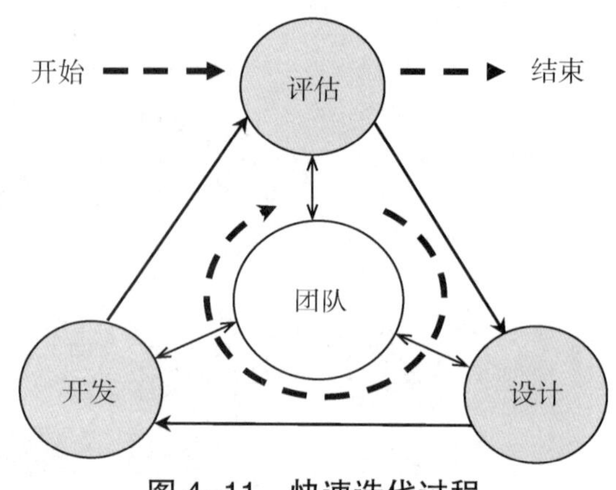

图 4-11 快速迭代过程

3）SAM 的应用要点

①发挥团队协作的优势。从认知启动阶段开始，所有的设计与开发都是团队协作产生的。虽然此前论述的模型也都是由团队开发的，但这样的团队成员一般只有课程开发的技术人员和授课的讲师，缺乏培训对象的及时反馈以及其他参与者的互动，这导致课程的设计与期望会存在差距。采用 SAM 时，主办方、专家、培训对象都被纳入团队中，由主办方提供组织需求，培训对象提出个人需求，专家对课程内容的前瞻性和专业性进行把握。同时，项目组对整个团队进行全局把控，控制课程开发的总体节奏，从而确保完成课程开发任务。

在保证团队成员结构不变的情况下，团队的具体成员可以根据需要进行调换，其目的是为了更好地解决不同阶段出现的各种问题，具体见表 4-3。

表 4-3 SAM 在各阶段需解决的问题

| 阶段 | 需解决的问题 |
| --- | --- |
| 准备阶段 | 培训资源不充足，课程目标把握不准确 |
| 迭代设计阶段 | 课程内容是否专业，逻辑是否严谨，是否符合培训对象的需求 |
| 迭代开发阶段 | 课程结构是否完整、科学，是否存在衔接不合理的地方 |

②运用迭代方式进行培训课程的设计与开发。SAM 最大的特点就是快速迭代开发。在使用 SAM 进行课程开发时，每个阶段都要根据该阶段的要求进行迭代开发。

迭代设计和开发还要避免完美主义的想法。迭代是为了更好地进行课程的快速开发，而不是一味地追求最佳想法。最佳想法的出现往往带有很大的偶然性，因此等待和依靠最佳想法的做法是与快速迭代的初衷相背离的。根据 SAM 的要求，迭代应在可控的次数内依次进行，过长时间停留在某一阶段的做法是不可取的。如果想要产生最佳想法，可以在流程之外，利用绩效数据和反馈再进行更多的迭代。

③正确使用评估。SAM 将评估纳入设计环节，减少了开发出现失误的情况，有效

地控制了开发成本。最主要的一点就是让培训对象加入课程的设计环节，参与设计的评估。

（5）ADDIE 模型

ADDIE 是 analysis（分析）、design（设计）、development（发展）、implementation（实施）、evaluation（评价）五个英文单词的缩写。该模型是一种交互式的课程设计程序，任何一处的形成性评价都将引起课程开发者返回到前一个阶段，每个阶段形成的结果都是另一个阶段开始新内容的条件。

1）ADDIE 模型示意图

ADDIE 模型包括了三方面内容，即要学什么（学习目标的制定）、如何去学（学习策略的应用）、如何去判断学习者已达到学习效果（学习考评实施）。

①ADDIE 模型分析阶段示意图。ADDIE 模型分析阶段示意图如图 4-12 所示。

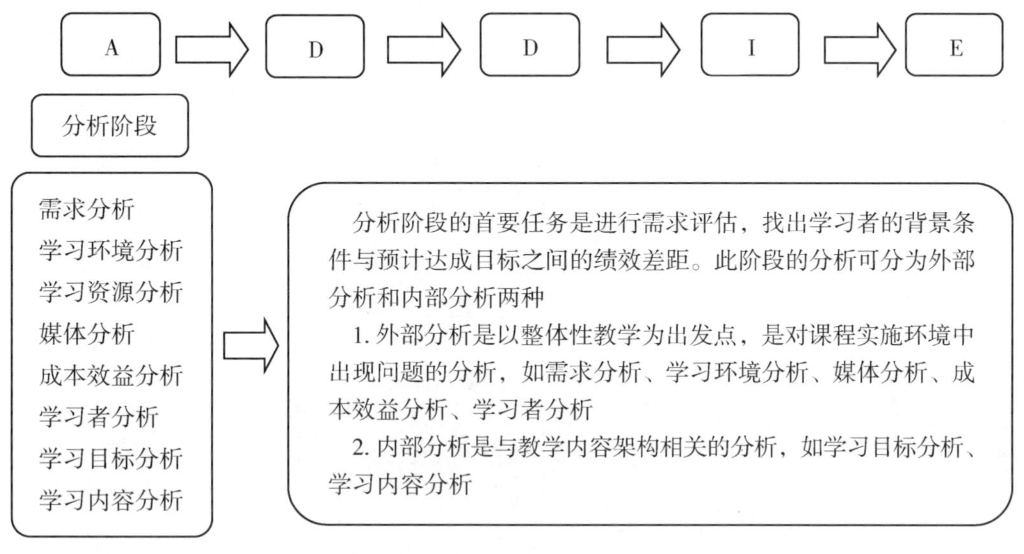


**图 4-12 ADDIE 模型分析阶段示意图**

②ADDIE 模型设计阶段示意图。ADDIE 模型设计阶段示意图如图 4-13 所示。

③ADDIE 模型发展阶段示意图。ADDIE 模型发展阶段示意图如图 4-14 所示。

④ADDIE 模型实施阶段示意图。ADDIE 模型实施阶段示意图如图 4-15 所示。

⑤ADDIE 模型评价阶段示意图。ADDIE 模型评价阶段示意图如图 4-16 所示。

2）ADDIE 模型应用流程

ADDIE 模型包括了五步流程，即分析、设计、发展、实施、评价，具体如图 4-17 所示。

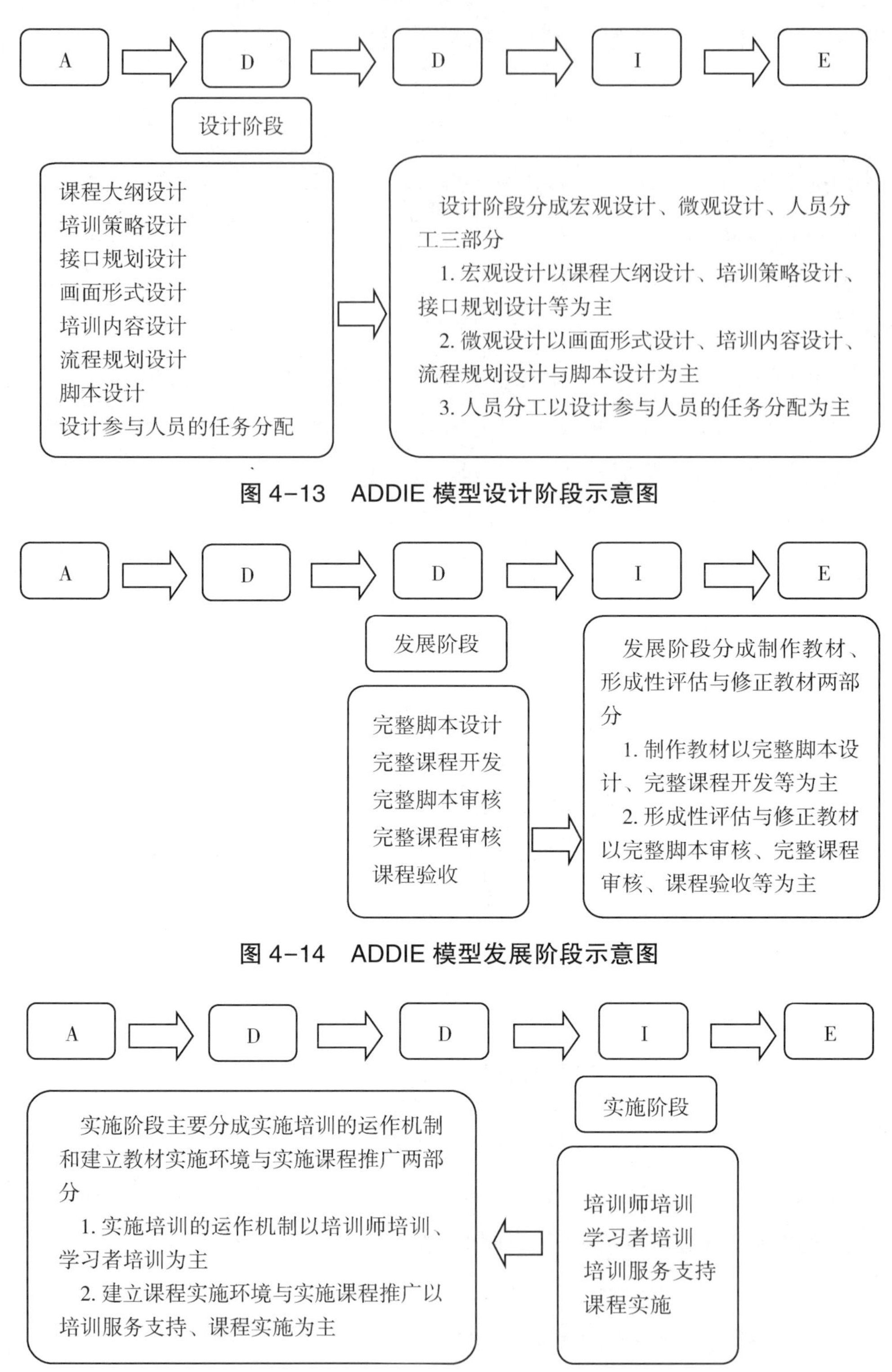


图 4-13 ADDIE 模型设计阶段示意图

图 4-14 ADDIE 模型发展阶段示意图

图 4-15 ADDIE 模型实施阶段示意图

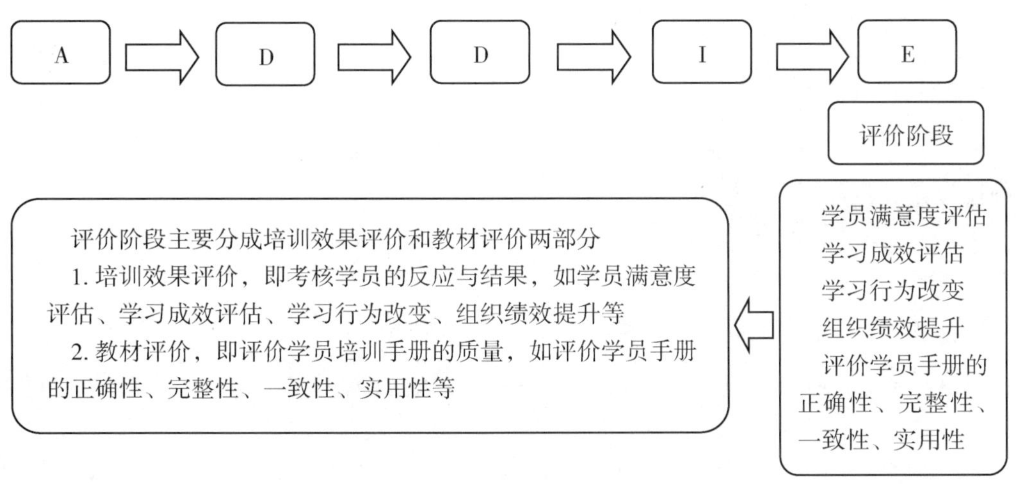


图 4-16 ADDIE 模型评价阶段示意图

图 4-17 ADDIE 模型应用流程图

3）ADDIE 模型应用工具

ADDIE 模型应用工具见表 4-4 和表 4-5 两个表格。

**表 4-4 培训课程培训策略说明表**

<table>
<tr><td colspan="4">一、培训课程基本信息</td></tr>
<tr><td>课程编号</td><td></td><td>课程名称</td><td></td></tr>
<tr><td>课程时长</td><td></td><td>课程对象</td><td></td></tr>
<tr><td colspan="4">二、培训课程策略设计</td></tr>
<tr><td>培训教学活动程序设计</td><td colspan="3"></td></tr>
<tr><td>培训授课方法设计</td><td colspan="3"></td></tr>
<tr><td>培训教学组织形式设计</td><td colspan="3"></td></tr>
<tr><td>培训教学内容传递顺序设计</td><td colspan="3"></td></tr>
<tr><td>培训教学媒体应用设计</td><td colspan="3"></td></tr>
</table>

**表 4-5 培训课程总结性效果评估表**

<table>
<tr><td colspan="4">一、课程基本信息</td></tr>
<tr><td>课程名称</td><td></td><td>培训讲师姓名</td><td></td></tr>
<tr><td>授课时间</td><td></td><td>授课方法</td><td></td></tr>
<tr><td colspan="4">二、培训对象基本情况</td></tr>
<tr><td>姓名</td><td></td><td>工作岗位</td><td></td></tr>
<tr><td>联系电话</td><td></td><td>工作年限</td><td></td></tr>
</table>

续表

<table>
<tr><th colspan="7">三、课程满意度调查项目（在对应选项下的表格内打“√”）</th></tr>
<tr><td colspan="2" rowspan="2">评价项目</td><td colspan="5">评价标准与分数</td></tr>
<tr><td>5分为<br>很满意</td><td>4分为<br>满意</td><td>3分为<br>一般</td><td>2分为<br>较差</td><td>1分为<br>差</td></tr>
<tr><td rowspan="5">课程内容</td><td>课程目标明确、可量化</td><td></td><td></td><td></td><td></td><td></td></tr>
<tr><td>课程内容与培训对象需求的匹配程度</td><td></td><td></td><td></td><td></td><td></td></tr>
<tr><td>课程内容编排的合理性</td><td></td><td></td><td></td><td></td><td></td></tr>
<tr><td>课程理论知识的难易程度</td><td></td><td></td><td></td><td></td><td></td></tr>
<tr><td>案例与互动环节的趣味性</td><td></td><td></td><td></td><td></td><td></td></tr>
<tr><td rowspan="6">培训讲师</td><td>对课程内容的驾驭程度</td><td></td><td></td><td></td><td></td><td></td></tr>
<tr><td>沟通技巧的掌握程度</td><td></td><td></td><td></td><td></td><td></td></tr>
<tr><td>仪容仪表是否得当</td><td></td><td></td><td></td><td></td><td></td></tr>
<tr><td>激发培训对象积极性的程度</td><td></td><td></td><td></td><td></td><td></td></tr>
<tr><td>课程时间的掌控程度</td><td></td><td></td><td></td><td></td><td></td></tr>
<tr><td>授课工具的运用熟练程度</td><td></td><td></td><td></td><td></td><td></td></tr>
<tr><td rowspan="4">培训组织</td><td>培训课程时间安排的合理性</td><td></td><td></td><td></td><td></td><td></td></tr>
<tr><td>培训课程现场的服务水平</td><td></td><td></td><td></td><td></td><td></td></tr>
<tr><td>培训课程材料和通知下发的及时性</td><td></td><td></td><td></td><td></td><td></td></tr>
<tr><td>培训课程授课工具的准备情况</td><td></td><td></td><td></td><td></td><td></td></tr>
<tr><td colspan="7">本次培训课程中您感到受益匪浅的内容是：</td></tr>
<tr><td colspan="7">您对本次培训课程不满意的地方有：</td></tr>
<tr><td colspan="7">其他建议：</td></tr>
</table>

（6）教学计划开发模型

教学计划开发（developing a curriculum，DACUM），是能力本位教育和培训（CBET）中一种通过对职业的任务进行分析从而确定完成该项任务所需具备的各项技能的过程和方法。该模型的主要精髓就是从社会需要出发，通过与用人单位合作，以能力培养为中心来设计课程、实施课程与评价课程。

1）DACUM 模型示意图

DACUM 模型示意图如图 4-18 所示。

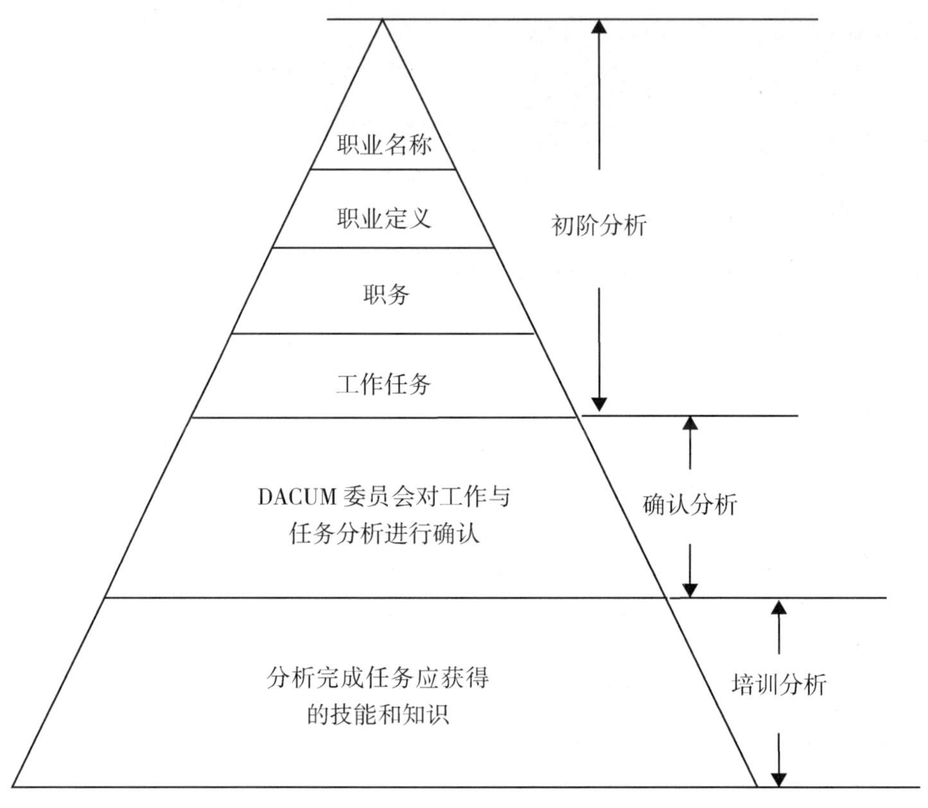


图 4-18　DACUM 模型示意图

2）DACUM 模型应用流程

DACUM 模型的应用流程如图 4-19 所示。

## 4.2.2　培训课程开发的两种方式

企业进行培训课程开发的方式主要有两种：自主开发与外包开发。其中，自主开发对培训人员的专业要求较高，他们不仅要具有多年培训管理经验的积累，同时更要

**成立 DACUM 委员会**：在运用该模型开发课程前，应成立一个 DACUM 委员会

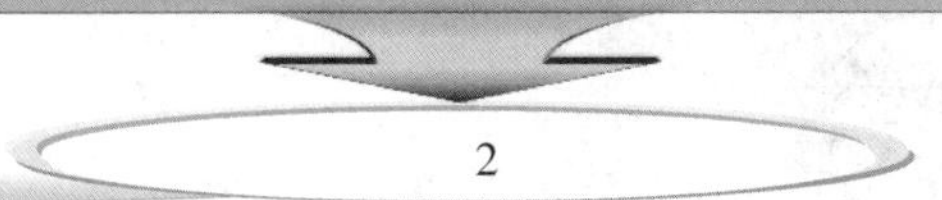


**工作分析**：分析那些培训人员称之为"职业内的工作"，即确定该职业内的工作职责和每一项职责内的任务

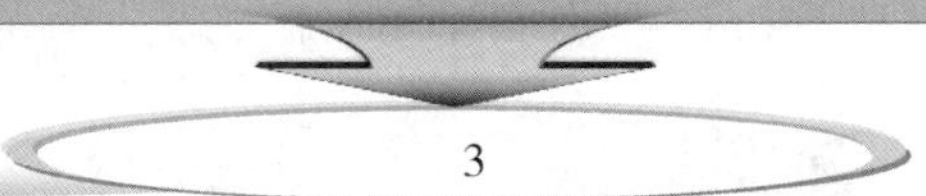


**任务分析**：分析确定培训人员在其工作职责的每项任务中应达到的最终绩效目标与能力目标，使每项任务成为可以实现的要求

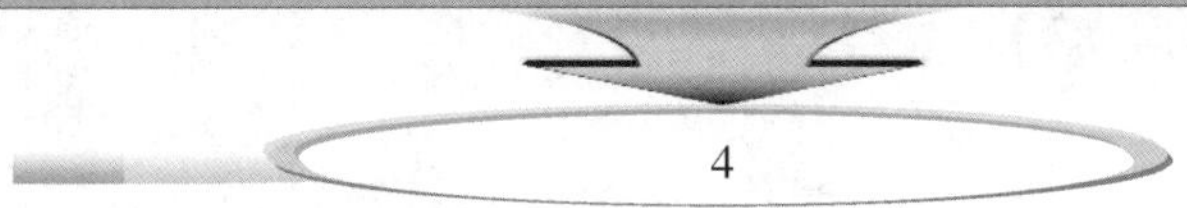


**培训分析**：根据"任务分析"，即 DACUM 委员会确认的最终绩效目标与能力目标，确定培训内容，然后确定培训途径和课程设置

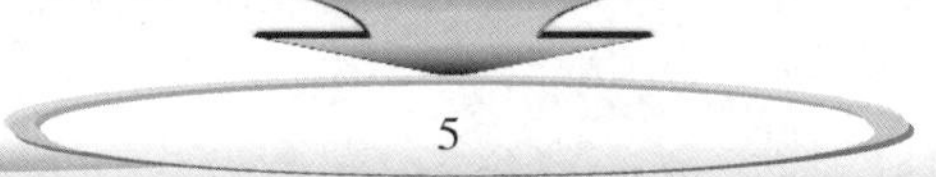


**课程开发**：根据"培训分析"确定的培训途径和课程设置，进一步编写每个课程的课程目标和课程大纲，并确定绩效目标的评价方法

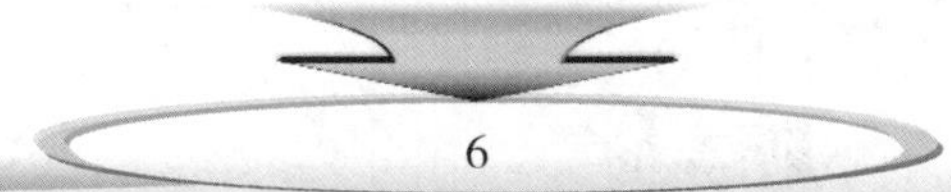


**培训实施**：根据以上阶段工作所制订出的培训计划等实施培训。在培训过程中进一步总结经验，及时修订课程大纲，完善培训方法，最终对培训对象的学习结果进行评估

**图 4–19　DACUM 模型应用流程图**

具备对理论知识的掌握和实践经验的沉淀。外包开发则是选择合作方进行课程开发，因此培训部门主要负责项目管理及过程监控工作。

（1）自主开发

在自主开发课程的方式下，企业的培训部门如何对关键点进行把控，对于课程开发项目成果及培训效果起着至关重要的作用。

1）培训需求调研

准备进行培训课程开发之初，必须对培训对象进行有针对性的培训需求调研。

通过需求调研，主要分析得出以下三个方面的内容：

①企业年度战略需求、部门需求；

②企业年度人力资源建设需求；

③员工与岗位要求的差距。

培训需求调研的方法有问卷调查、个人访谈、集体座谈、实际观察等若干种。

取得调研结果之后就要将调研的内容进行去粗取精、去伪存真的分析，整理出关键的问题点，考虑哪些是培训可以解决的问题，哪些不是培训可以解决的问题，然后结合企业资源情况有针对性地制定课程开发的方案。

2）制订课程开发计划

根据选定课程的类型，提出课程开发立项申请，填写课程开发立项申请表（见表4-6），其中包括课程开发目的及可行性分析。

**表4-6　课程开发立项申请表**

<table>
<tr><td>课程名称</td><td></td><td>课程开发部门</td><td></td></tr>
<tr><td>培训对象</td><td></td><td>培训对象所在部门</td><td></td></tr>
<tr><td colspan="4">课程开发必要性分析与可行性分析：</td></tr>
<tr><td colspan="4">课程开发难度分析：</td></tr>
<tr><td colspan="4">课程开发目的与预期效果：</td></tr>
</table>

待立项申请通过后，课程开发团队开始制订课程开发计划（见表4-7）。

**表4-7　课程开发计划**

<table>
<tr><td rowspan="5">课程开发团队成员</td><td>项目角色</td><td></td><td>姓名</td><td></td></tr>
<tr><td></td><td></td><td></td><td></td></tr>
<tr><td></td><td></td><td></td><td></td></tr>
<tr><td></td><td></td><td></td><td></td></tr>
<tr><td></td><td></td><td></td><td></td></tr>
</table>

续表

| 课程开发计划 | 课程开发阶段 | 阶段成果 | 计划完成时间 | 备注 |
|---|---|---|---|---|
| | 需求调研、访谈 | | | |
| | 确定开发任务书 | | | |
| | 课程开发 | | | |
| | 编写相关文件 | | | |
| | 培训试讲 | | | |
| | 课程定版 | | | |

3）培训分析

根据具体课程，课程开发团队成员就具体细节进行分析，形成课程开发任务书（见表4-8），其中包括课程名称、培训对象、授课时长、培训目标等，并根据对培训对象的分析确定初步的培训内容及主要培训方法。

**表4-8 课程开发任务书**

| 填写人 | | 填写时间 | |
|---|---|---|---|
| 一、课程名称 | | | |
| 二、培训对象 | | | |
| 三、授课时长（单位：小时） | | | |
| 四、培训目标 | | | |
| 五、培训主要内容 | | | |
| 六、考试方式要求 | | | |

4）课程内容设计

课程内容的选择是设计课程的重要问题。由于一门培训课程不可能涉及所有问题，所以在选择培训课程内容时，应坚持“缺少什么培训什么，需要什么培训什么”的原则，在选择课程内容时应满足以下两点原则。

①有效性原则，即课程内容既满足培训对象的需求，又反映培训的需求。

②价值性原则，即课程内容要与企业的生产经营活动相结合。

选定了课程内容后，还需对课程内容进行合理的编排。在编排课程内容前，培训部相关人员应明确区分哪些内容是培训对象必须知道的信息，哪些内容适合于实践活动，哪些内容需要进行详细解释，哪些内容应先介绍等。

在编排课程内容时主要根据培训对象的学习特点，遵循三点原则，具体内容如图4-20所示。

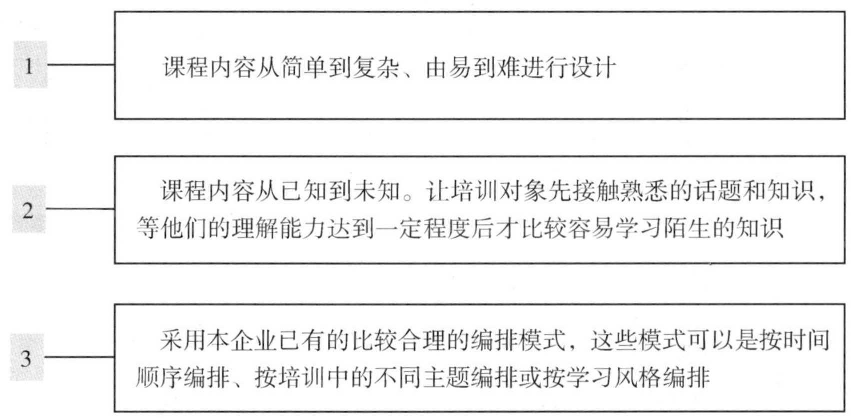


**图4-20　课程内容编排需遵循的原则**

5）课程试讲及评估

为了做好培训的充分准备，在培训课程设计完成后，需要对培训活动按照内容设计进行一次全面演练与实验。在课程试讲中测试的不仅包括培训内容、活动和教学方法，还包括培训的后勤保障等方面的工作，可以说课程试讲是对前一段工作的一次全面检查。

在课程试讲阶段，可以邀请企业领导、员工代表、有关专家等作为听众；在试讲结束后，通过头脑风暴法、问卷调查法等向各位听众收集意见或建议。表4-9是课程试讲反馈调查表，仅供参考。

**表 4–9 课程试讲反馈调查表**

<table>
<tr><td colspan="7">根据课程试讲情况，请您对下列问题进行满意度评分：5 分代表“非常符合”，4 分代表“符合”，3 分代表“一般”，2 分代表“不符合”，1 分代表“非常不符合”，请用“√”标出您的评分</td></tr>
<tr><th rowspan="2">序号</th><th rowspan="2">问题</th><th colspan="5">评分</th></tr>
<tr><th>1 分</th><th>2 分</th><th>3 分</th><th>4 分</th><th>5 分</th></tr>
<tr><td>1</td><td>本课程对于训练工作现场操作能力、团队精神等的价值大吗？</td><td></td><td></td><td></td><td></td><td></td></tr>
<tr><td>2</td><td>您对本课程的组织工作满意吗？</td><td></td><td></td><td></td><td></td><td></td></tr>
<tr><td>3</td><td>您认为课程目标明确吗？</td><td></td><td></td><td></td><td></td><td></td></tr>
<tr><td>4</td><td>您认为课程中的案例研究、举例、练习题等切实有效吗？</td><td></td><td></td><td></td><td></td><td></td></tr>
<tr><td>5</td><td>您认为培训对象手中的课程教材在培训期间用途大吗？</td><td></td><td></td><td></td><td></td><td></td></tr>
<tr><td>6</td><td>您认为课程符合您的实际情况吗？</td><td></td><td></td><td></td><td></td><td></td></tr>
<tr><td>7</td><td>您认为培训讲师在课程内容方面的知识水平够高吗？</td><td></td><td></td><td></td><td></td><td></td></tr>
<tr><td>8</td><td>您认为培训讲师与培训对象在培训中的互动效果好吗？</td><td></td><td></td><td></td><td></td><td></td></tr>
</table>

6）课程修订

培训部负责人在课程试讲结束后，甚至在培训项目开展后，要及时检查课程目标，根据培训对象、企业领导及相关专家的反馈意见对课程进行修订。

课程修订包括对课程内容的修订和对课程培训风格的修订。

①对课程内容的修订。在修订课程内容时，有时需要对一小部分课程内容作出调整，有时则需要对整个培训课程进行重新设计，即课程内容的调整应视存在的问题而定。

②对课程培训风格的修订。培训讲师的培训风格对于培训效果有很大的影响，有些培训讲师在培训中会表现出“激情四溢、掌控全场”的培训风格，有些则是“和风细雨、循循善诱”的培训风格，当反馈的信息显示培训风格与实际培训需求不符时，培训讲师应立刻调整自己的培训风格。

(2) 外包开发

外包开发是鉴于企业内部培训人员缺乏自主开发课程的能力，需要借助于外部力量的情况下，将培训课程的开发设计工作交给专业性的人力资源服务公司来完成的一种形式。从某种程度上来讲，外包开发能使培训活动与课程开发以更低的费用、更好的管理、更佳的成本效益进行，并且责任更清晰。

培训课程外包开发的流程如图 4-21 所示。

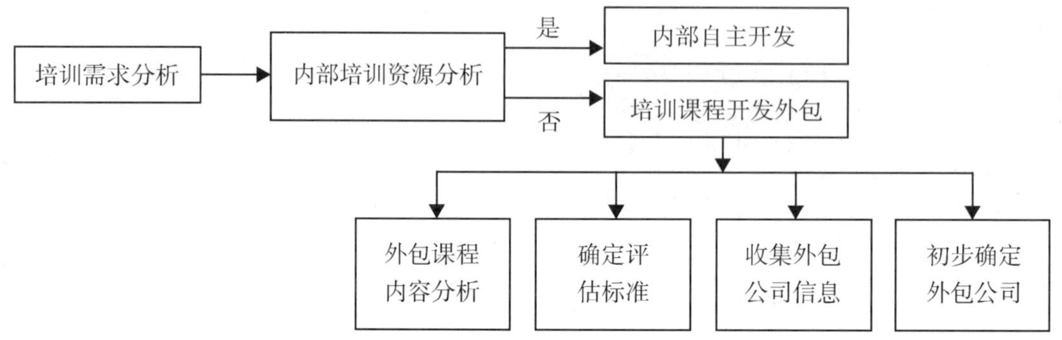


**图 4-21 培训课程外包开发流程**

1) 作出培训课程开发外包决定

在做培训课程开发之前，应当首先进行企业培训需求分析，然后根据企业内部现有培训人员的能力以及特定培训计划的成本，综合考量之后再决定是否需要外包。

2) 培训课程开发外包内容分析

在作出培训课程开发外包决定之后，应当起草一份外包项目计划书。此项目计划书中应具体说明所需培训课程的类型、参加培训的员工，以及有关培训的一些特殊说明。项目计划书的起草应征求多方意见，以便使培训课程内容符合企业培训的要求。

3) 明确培训服务机构的选择标准

近几年来，培训服务机构的数量增长很快，但服务质量良莠不齐，因此企业在选择培训服务机构时，应结合实际情况进行筛选，制定科学、系统的选择标准。培训服务机构的选择标准如图 4-22 所示。

4) 培训服务机构的选择流程

制定完善的培训服务机构选择流程有助于企业选择高质量的培训服务，改善培训效果，保证企业培训目标的实现。培训服务机构的选择流程如下所述。

①搜集培训服务机构信息。企业培训部对各培训服务机构的资料进行搜集。信息搜集的对象主要为管理咨询公司、培训公司等，信息搜集的渠道主要包括他人推荐、

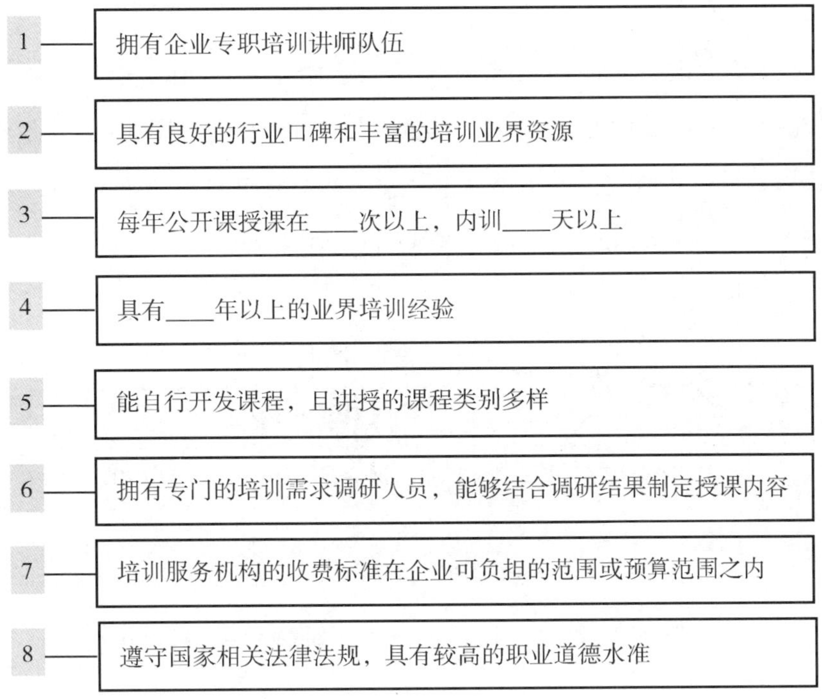


**图 4–22 培训服务机构的选择标准**

网络、专业杂志、报纸等，信息搜集的内容主要包括培训服务机构的简介、业界口碑、培训课程种类、培训讲师、收费标准、以往客户评价等。

②与培训服务机构初步沟通。企业培训部对搜集到的培训服务机构的信息进行初步筛选后，结合外包项目计划书，向符合要求的培训服务机构发出询价函，要求培训服务机构提供培训课程开发方案。对于大型的培训项目，可采用招标的形式进行选择。

③确定候选培训服务机构。企业培训部对有合作意向的培训服务机构进行资格评审，依照事先制定的选择标准对培训服务机构进行评估，而后确定几家培训服务机构。

④评估并决定培训服务机构。企业培训部成立评估小组，对培训服务机构的综合能力进行评估，评估的主要内容包括培训服务机构的规模、企业文化、师资能力、服务能力等方面。

5）外包培训课程质量评估

评估外包培训课程的质量是为了了解培训课程内容是否与企业和员工的需求相匹配，是否达到课程目标和培训效果。企业培训部应按照外包合同中约定的评估方法和标准进行评估。如课程质量未达到培训需求，企业有权要求培训服务机构及时改进并提交新的课程方案，改进之后课程内容仍不能与培训需求相匹配的，在保障双方利益的前提下另做协商。

一般对外包培训课程质量进行评估的方法主要有两种：工作改善量化评估法和问卷调查评估法。企业培训部应结合这两种方法的得分对外包培训课程质量进行量化评估。

①工作改善量化评估法。工作改善量化评估法是指通过对培训对象在培训前和培训后的工作情况进行量化分析，进而对外包培训课程质量予以评估的方法。常见的工作改善量化评估指标见表4-10。

**表4-10　工作改善量化评估指标表**

| 岗位 | 工作改善量化评估指标 |
|---|---|
| 行政人员 | 1. 工作计划完成情况　2. 员工满意度　3. 上级领导满意度 |
| 生产人员 | 1. 生产计划完成率　2. 按期交货率　3. 安全事故发生率<br>4. 安全成本降低率　5. 工作效率 |
| 销售人员 | 1. 客户投诉率　2. 任务完成率　3. 销售增长率　4. 回款率 |
| 财务人员 | 1. 财务费用降低率　2. 预算费用控制率　3. 财务工作准确率 |
| 管理人员 | 1. 战略规划方案编制及时率　2. 战略规划方案通过率<br>3. 行业分析报告提交及时性　4. 战略项目进度控制率<br>5. 业务流程改善计划按时完成率　6. 建议被采纳率 |

表4-11为工作改善量化评估表。这一工具可以直观地展现培训对象在培训后的工作改善情况，为外包培训课程的评估和改善提供依据。

**表4-11　工作改善量化评估表**

| 评估对象 | | 评估课程 | |
|---|---|---|---|
| 评估人 | | 评估人所在岗位 | |
| 评估项目 | 量化指标 | 培训前数据 | 培训后数据 |
| | | | |
| | | | |
| 外包培训课程内容整体评价 | □非常满意　□较为满意　□满意　□不满意 | | |
| 审核人意见及盖章 | 签名：　日期：____年____月____日 | | |

②问卷调查评估法。问卷调查评估法是指企业培训部通过问卷调查的方式，对外包培训课程的内容和实用性等进行评估的方法。问卷调查评估表见表 4-12。

**表 4-12　问卷调查评估表**

| 评估项目 | 评估结果 | | | | |
|---|---|---|---|---|---|
| | 很满意（10 分） | 满意（8 分） | 一般（6 分） | 不满意（4 分） | 很不满意（2 分） |
| 培训主题的符合度 | | | | | |
| 培训内容的系统性 | | | | | |
| 培训内容的充实性 | | | | | |
| 培训内容的逻辑性 | | | | | |
| 培训内容的针对性 | | | | | |
| 培训内容的适用性 | | | | | |
| 培训内容的实用性 | | | | | |
| 理论学习和实践操作的课时比例 | | | | | |
| 培训目标的符合度 | | | | | |

外包培训课程评估结果的计算方式为：外包培训课程综合得分=工作改善量化评估表得分×40%+外包培训课程评估表得分×60%。评估结果的得分在 91~100 分的，为“优秀”；得分在 71~90 分的，为“良好”；得分在 70 分以下的，为“较差”。

工作改善量化评估表得分的计算方法见表 4-13。

**表 4-13　工作改善量化评估表得分统计**

| 计算项目 | | 得分 | 计算项目 | | 得分 |
|---|---|---|---|---|---|
| 外包培训课程内容整体评价 | 非常满意 | | 培训后数据与培训前数据对比 | 增长≥50% | |
| | 较为满意 | | | 增长≥30% | |
| | 满意 | | | 增长≥20% | |
| | 不满意 | | | 增长≥10% | |

# 4.3 培训课程的设计

## 4.3.1 课程目标设计

（1）设计课程目标

课程目标是企业对培训对象在知识与技能、过程与方法、情感态度与价值观等方面的培训上期望达到的程度或标准，即培训结束后培训对象应能完成的预期行为。

在课程设计中，课程目标的作用十分重要，因为它不仅是选择课程内容的依据，还是课程实施与评估的基本出发点。

1）课程目标描述

课程目标一般可分为三类，即认知目标、情感目标和技能目标。

在进行课程目标描述时，必须对培训对象完成每一项知识、技能和工作态度的学习后应达到的行为状态作出具体明确的描述，之后再将这些描述进行类别化和层次化处理。课程目标的描述主要包括培训对象预期行为、执行条件以及执行标准三方面内容。表4-14为一种描述课程目标的样式，仅供参考。

**表4-14　课程目标描述样式**

| 划分 | 目标内容 | 描述目标 |
| --- | --- | --- |
| 预期行为 | | |
| 执行条件 | | |
| 执行标准 | | |

2）课程目标运用

设定正确课程目标的重要意义在于目标运用。目标运用主要表现在以下八个方面，如图4-23所示。

1. 有助于培训对象在了解和接受培训后，明确自己需要达到的标准和努力的方向

2. 为课程设计提供方向和原则

3. 为课程设计者确定培训内容和培训方法提供依据

4. 为培训讲师所需教材和教具的制作提供标准

5. 为课程的介绍和宣传提供依据

6. 为评估和检查培训对象通过培训在知识、技能和工作态度上取得的改变和改进提供依据

7. 有助于及早判断出培训可以做到和做不到的事情，进而消除不切实际、无法实现的目标

8. 确定培训讲师的职责

图 4-23　课程目标运用

（2）课程目标工具及实例

1）课程目标指导表

在设计课程目标时，可以利用表 4-15 所示的指导表作为辅助工具。

表 4-15　课程目标指导表

| | 目标内容 | 说明 |
|---|---|---|
| 目标 1 | 动词描述 | 以动词开头 |
| | 绩效 | 培训对象将知道什么或做什么 |
| | 标准 | 绩效应该达到什么程度 |
| | 条件 | 培训对象进行该行为时，需要什么设备或其他资源 |
| 目标 2 | 动词描述 | 以动词开头 |
| | 绩效 | 培训对象将知道什么或做什么 |
| | 标准 | 绩效应该达到什么程度 |
| | 条件 | 培训对象进行该行为时，需要什么设备或其他资源 |
| …… | …… | |

注：1. 在第一列中描述工作任务或课程内容，目标制定将以此作为基础。

2. 第二列的第一项、第二项、第三项以及第四项内容的总和，形成完善的课程目标。

2）判断课程目标的工作检查表

判断设计的课程目标是否恰当、准确，可以采用表 4-16 所示的检查表对课程目标进行评估。

**表 4-16 判断课程目标的工作检查表**

| 问题<br>（课程目标是否……） | 回答 | 修改记录 |
| --- | --- | --- |
| 1. 描述了可观察的行为 | 是□ 否□ | |
| 2. 描述了可测量的行为 | 是□ 否□ | |
| 3. 与任务中的行为相匹配 | 是□ 否□ | |
| 4. 描述或暗示<br>（1）影响职务、任务或讲授的内容<br>（2）有关信息是否提供给操作人员<br>（3）有关绩效的情况<br>（4）提供信息的手段<br>（5）是否拥有所需的工作 | <br>是□ 否□<br>是□ 否□<br>是□ 否□<br>是□ 否□<br>是□ 否□ | |
| 5. 描述或暗示标准<br>（1）是否是可测量的<br>（2）是否要求行为和任务有同样的顺序<br>（3）是否要求行为达到培训对象的水平<br>（4）是否要求行为达到最终工作任务要求的水平 | <br>是□ 否□<br>是□ 否□<br>是□ 否□<br>是□ 否□ | |
| 6. 是否代表至少一项任务或相关的主要内容 | 是□ 否□ | |

注：1. 针对每个课程目标，考虑第一列中的每个问题，并在第二列中对应的“□”内打“√”，请在第三列的空白处记录以便修改。

2. 如果所有的问题都选择了肯定的答案，那么课程目标就满足了所有的要求；如果对某个问题给出了否定的答案，那么课程目标就没有满足所设定的要求，就需要对课程目标进行修改。

3）战略制定培训课程目标描述

某公司为经理人员及公司核心人员设计了一门课时为 16 小时的战略制定培训课程。该培训课程目标描述如图 4-24 所示。

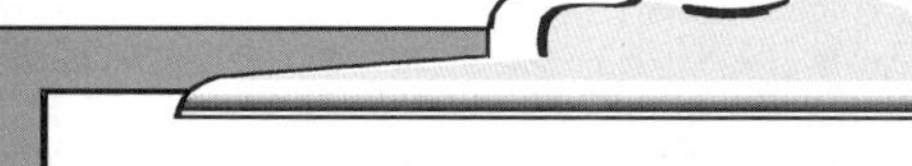

课程目标

通过参加战略企划培训课程，培训对象能够：

1. 陈述用于制定清晰、合理战略所需的思考或行为风格的概念；

2. 掌握并应用制定战略所需的工具、技巧和步骤；

3. 根据提供的资料可以制定有效的战略并撰写报告书。

图 4-24 战略制定培训课程目标描述

## 4.3.2 课程整体设计

（1）课程整体设计的要素

课程整体设计是指先将每个课程细分为多个单元，然后设计具体单元，也就是说对整个课程进行细分。

1）基本要素

培训课程整体设计的基本要素见表 4-17。

表 4-17 培训课程整体设计基本要素

| 基本要素 | 要素内容 | 说明 |
|---|---|---|
| 基本信息 | 课程代码 | 运用较多的课程代码编制方法主要有两种，即数字课程代码与英文单词首字母和数字的组合课程代码 |
| | 课程名称 | 课程开发人员在确定课程名称时，要考虑以下两个方面的问题：<br>（1）课程名称能否体现课程的核心内容<br>（2）课程名称是否具有吸引力 |
| | 课程类别 | 企业培训课程类别可以根据不同的维度进行划分，具体维度有管理层级、岗位以及培训内容等；企业培训课程类别也可以根据企业的实际情况自行划分 |
| | 培训对象 | 不同的培训课程，培训对象有所不同。在课程设计前，要明确课程的培训对象，以便于提高课程内容的针对性和培训效果 |

续表

| 基本要素 | 要素内容 | 说明 |
| --- | --- | --- |
| 基本信息 | 先修课程 | 提前学习先修课程的内容，更易于培训对象接受本门培训课程的内容，从而增强培训效果 |
| | 授课时间 | 通常情况下，培训课程的授课时间是以“小时”或“天”为单位的。本书中的课程设计案例的授课时间均以“小时”为单位 |
| | 课程开发人员 | 主要职责是设计与编写培训课程 |
| | 课程批准人员 | 培训课程开发完毕后，课程开发人员要将课程提交企业培训部负责人进行审批，而这些具有培训课程审批权限的人就是课程批准人员 |
| 课程进度 | 课程进度指的是培训课程执行所需的实际时间以及具体安排。确定课程时间的基本原则就是短、平、快，充分利用时间 | |
| 课程内容 | 选择课程内容 | 课程内容的选择主要有以下程序：<br>（1）明确课程内容选择标准<br>（2）明确课程内容选择步骤<br>（3）划分课程单元 |
| | 课程内容顺序的编排 | 选择好所有的培训课程内容之后，要安排培训课程的先后顺序：<br>（1）课程内容的编排原则<br>（2）课程内容的编排程序 |
| 考核方法 | 考核是指培训讲师授课完成后，对培训对象掌握知识的程度进行的检查。考核方法包括书面测试法、实际操作法以及现场演练法等 | |
| 课程资源 | 分析思路 | 企业完成一次培训需要人力、物力的支持，因此在进行课程整体设计时，一定要慎重考虑课程资源 |
| | 课程资源准备 | 课程资源准备主要包括以下内容：<br>（1）培训资料的准备<br>（2）培训环境的准备<br>（3）培训工具的选择<br>（4）培训场所的准备 |
| 课程大纲 | 课程大纲是在明确了培训目标和培训对象之后，对培训课程内容和培训方法的初步设想。大纲给课程定了一个方向和框架，给出了课程的主要内容和培训方式，见表4-18，仅供参考 | |

表 4-18 商务礼仪课程大纲

**一、课程名称**

商务礼仪。

**二、培训对象**

公司所有员工。

**三、培训目标**

1. 描述树立良好第一印象的要素，增加交往中的竞争优势。
2. 掌握职场中的商务服饰及仪容礼仪，从而塑造一个更加专业的形象。
3. 掌握职场中基本的行为礼仪，从而建立一个良好的职业习惯。
4. 学会用积极的心态去待人处事，保持愉快乐观的心情。

**四、培训课时**

课时为 1 天，共 8 小时。

**五、课程内容**

下表是培训课程内容和课时安排的详细说明。

**课程内容及课时安排表**

| 单元构成 | | 核心内容 | 课程总时长 |
|---|---|---|---|
| 第一单元 | 礼仪概论 | （1）礼仪的起源<br>（2）礼仪的重要性 | 30 分钟 |
| 第二单元 | 树立良好的第一印象 | （1）形象的构成要素<br>（2）第一印象的效果<br>（3）我给别人的第一印象如何 | 90 分钟 |
| 第三单元 | 塑造职场专业形象 | （1）男女商务服饰礼仪<br>（2）男女商务仪容仪表礼仪<br>（3）男女商务表情神态礼仪 | 60 分钟 |
| 第四单元 | 掌握基本行为礼仪 | （1）交往白金法则<br>（2）电话礼仪<br>（3）见面礼仪（介绍、握手、互递名片）<br>（4）领路礼仪<br>（5）乘车礼仪 | 180 分钟 |
| 第五单元 | 培养积极职业心态 | （1）积极心态的意义<br>（2）消极心态的影响<br>（3）培养积极心态的方法 | 120 分钟 |

**六、培训方式**

讲授+分组讨论+案例分析。

**七、培训场所**

公司员工活动大厅。

2）整体设计实例

某公司对提升员工的职业化素养课程进行设计（见表4-19）。课程整体将分为三部分进行设计，这三部分是：

①课程培训说明；

②课程单元构成及课时设计；

③培训课程内容和培训要求设计。

**表4-19　提升员工职业化素养课程整体设计**

**第一部分　课程培训说明**

（一）课程目的

本课程目的是提升企业所有员工的职业化素养，培养符合企业要求的高素质人员。

（二）培训对象

本课程适用于专科以上学历、志在提高工作能力和业务素质的企业员工。

（三）培训要求

1. 正确认识提升员工职业化素养课程的性质、目的以及培训对象，全面了解课程的知识体系、结构。

2. 通过本课程培训，使培训对象掌握“提升员工职业化素养”主题下所涉及的基本概念、基本原理以及基本知识等。在培训过程中，有关知识体系按不同程度分三个层次作出要求。

（1）了解：要求培训对象知道的内容。

（2）一般掌握：要求培训对象能够理解的内容。

（3）重点掌握：要求培训对象能够深入理解并熟练掌握，同时能将所学知识应用到日后的工作实践当中的内容。

3. 授课过程中，采用案例分析、小组讨论等多种培训方法使培训对象能够运用所学原理并能解决实际问题。

（四）培训方法及培训方式

表1对本课程的培训方法及培训方式进行了简单说明。

**表1　培训方法及培训方式一览表**

| 培训方法及培训方式 | 说明 |
|---|---|
| 音像课 | 采用录像教学媒体，以课程大纲为依据、以文字教材为基础，结合案例，以重点讲授或专题形式讲述本课程的重点、难点、疑点以及学习思路和方法，帮助培训对象了解本课程的主要内容 |
| 面授辅导 | 以课程大纲为指南，结合录像讲座，通过讲解、讨论、座谈、答疑等方式培训培训对象独立思考和分析问题的能力 |
| 自学 | 是培训对象系统获取培训内容知识的重要方式 |

续表

续表

| 培训方法及培训方式 | 说明 |
| --- | --- |
| 实践教学 | 在授课过程中，及时布置习题作业并检查监督培训对象完成；结合培训进度安排实地参观、社会调查并进行交流，撰写参观体会或调查报告 |
| 考核 | 用以检查培训对象对课程基本知识、基本原理和基本方法的掌握程度，检查培训对象运用所学知识分析和解决问题的能力 |

**第二部分　课程单元构成及课时设计**

本课程培训教材主要有文字教材、录像教材两种主导形式和电子课件这一辅助形式。文字教材与录像教材相结合，主要讲授培训内容的重点、难点以及疑点。课程单元构成及课时安排见表2。

**表2　课程单元构成及课时安排表**

| 序号 | 名称 | 学时 |
| --- | --- | --- |
| 第一单元 | 如何进行时间管理 | 8 |
| 第二单元 | 如何进行自我发展 | 9 |
| 第三单元 | 如何开展工作沟通 | 9 |
| 第四单元 | 如何进行工作汇报 | 9 |
| 第五单元 | 如何进行会议管理 | 8 |

**第三部分　培训课程内容和培训要求设计（部分）**

（一）如何进行时间管理

1. 明确课程目标

通过本次培训课程，您应该能够：

（1）明确时间管理的实质意义。

（2）了解高效能人士的成功习惯。

（3）制定人生七个方面的目标。

（4）掌握时间管理的具体方法。

2. 时间管理的意义（略）

3. 时间管理的原则（略）

4. 时间管理的方法（略）

（二）如何进行自我发展

1. 思考您的目标

通过本次培训，您应该能够：

（1）了解建立目标的重要性。

（2）描述以下几种重要的思考方法：个人头脑风暴、因果图、5W1H方法、五个为什么、水平思考法以及六项思考帽。

（3）能够运用不同的思考方法分析自身现状，对自身现状进行评估。

续表

| |
|---|
| (4) 掌握在面对职业选择时如何作出有效应对：改变境遇、改变自己、改变个人和工作之间的关系以及离开。<br>(5) 制定人生七个方面的目标。<br>(6) 掌握时间管理的具体方法。<br>2. 时间管理的意义（略）<br>3. 时间管理的原则（略）<br>4. 时间管理的方法（略）<br>(三) 如何开展工作沟通<br>口头沟通、书面沟通、会议沟通。<br>(略)<br>(四) 如何进行工作汇报<br>进行汇报，分析听众，掌握抓住听众的技巧，准备团队汇报会。<br>(略)<br>(五) 如何进行会议管理<br>做好准备工作，发言要言简意赅，保持冷静、彬彬有礼。<br>(略) |

(2) 培训课程方法选择

1) 方法的种类

常用的培训课程方法如图 4-25 所示。

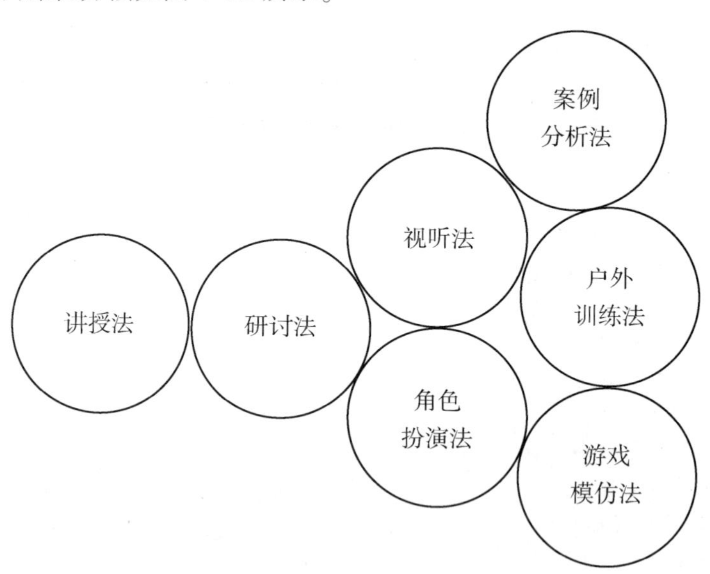


**图 4-25　常用培训课程方法**

2) 方法选择标准

企业选择培训方法时，应遵循为培训对象和培训课程内容服务的原则。

在选择培训方法前，可以事先对培训对象的成熟度进行大体的划分，具体内容如图 4-26 所示。

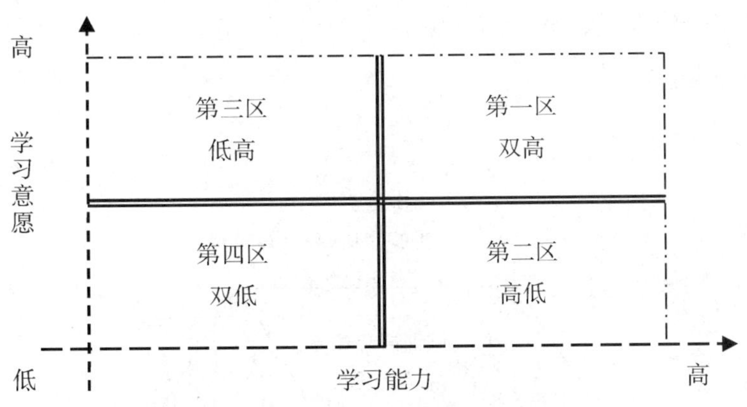


**图 4-26　培训对象成熟度的划分**

依据培训对象的特点及培训内容的特性，表 4-20 给出了一些培训方法选择的参考建议。

**表 4-20　培训方法选择的建议**

| 选择标准 | 具体标准 | 类型 | 培训方法 |
|---|---|---|---|
| 培训对象 | 成熟度 | 双高区间 | 研讨法、案例分析法和自我导向法等 |
| | | 双低区间 | 讲授法、提问法等 |
| | | 高低区间 | 案例分析法、角色扮演法和游戏模仿法等 |
| | | 低高区间 | 讲授法、角色扮演法和一对一教授法等 |
| | 职位层次 | 基层人员 | 角色扮演法、一对一教授法和游戏模仿法等 |
| | | 基层管理者 | 讲授法、案例分析法等 |
| | | 高层管理者 | 了解行业最新动态的讲授法和激发新思想的研讨法，以及激发创新思维的户外训练法等 |
| 培训内容 | | 知识培训 | 讲授法、小组讨论法、辩论、自由发言、视听法、展示、陈列、实地观摩等 |
| | | 技能培训 | 身体语言、角色扮演法、演习、反复练习、用实例做示范、指导等 |
| | | 态度培训 | 调查问卷法、户外训练法、角色扮演法、角色反串、录像反馈、小组讨论法、游戏模仿法、经验练习等 |

(3) 培训课程体系设计

培训课程体系主要由新员工入职培训体系、按职能划分的培训体系和按职级划分的培训体系三部分构成，如图 4-27 所示。

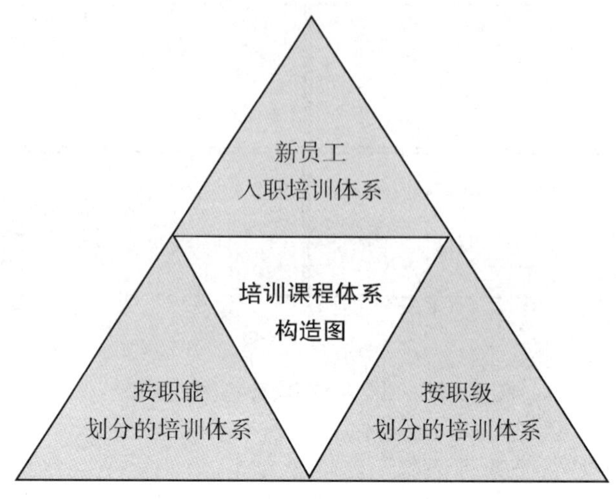


**图 4-27　培训课程体系构造图**

1) 新员工入职培训体系

新员工包括三种类别，第一类是刚毕业的大学生，没有工作经验；第二类刚进入公司，已经具有工作经验的员工；第三类是公司内调岗、换岗后上任的员工。针对这三种新员工进行入职培训时，应考虑到这三种员工之间的差别。这三类人员均需接受公司的企业文化、规章制度等的培训课程，此外，刚毕业的大学生还应接受一些与基本技能相关的培训课程。

新员工入职培训体系和其他两种培训体系是相互联系的。新进的员工包括公司的管理层、中层以及基层的员工，因此，他们还需要接受职能或职级上的培训课程。

2) 按职能划分的培训体系

现代公司的职能体系是很健全的，因此，根据公司的职能体系构建培训体系也是一种比较适合的方向，可以针对不同的职能部门制定不同的培训策略和培训重点。图 4-28 是对现代公司的职能部门的划分。

3) 按职级划分的培训体系

现代公司的职级通常划分为一般员工、主管、经理、总监、总经理/总裁，有些公司可能在这些基本的职级上有更细的划分。因此，也可按照不同的职级设计不同的培训课程。

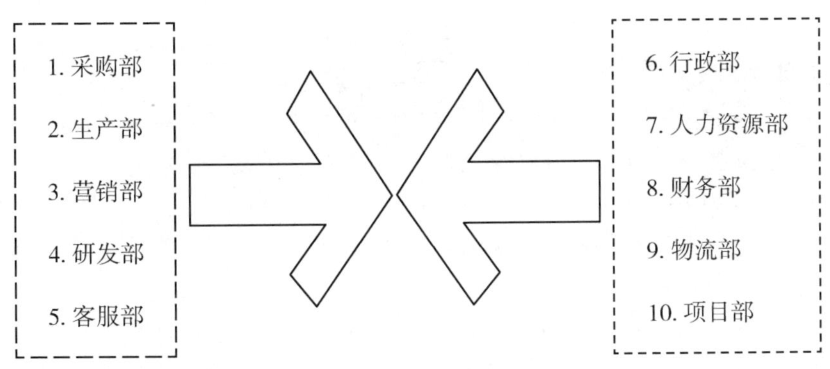


图 4-28　现代公司职能部门划分图

职能与职级之间存在着交叉关系，因此，企业应该将以职级划分的培训体系与以职能划分的培训体系相结合，提供给相关人员 360 度的培训，不仅要重视专业技能培训，而且也要关注综合技能培训。

### 4.3.3　课程单元设计

（1）明确单元学习目标

单元设计需要首先明确单元学习的目标，确定单元学习目标必须从培训对象的需求特点出发，尽量使用便于考核和观察的语言进行说明。

在确定单元目标时，应注意以下事项：

①让培训对象记忆并能重复。培训对象进行单元学习的目的是记忆某些信息，并能在工作中重复性实践。

②让培训对象能够灵活使用。培训对象通过单元学习能够掌握基本原理和思路，并能在工作实践中灵活使用。

③让培训对象能够进行创造。培训对象通过单元学习能够优化思维方式，产生创造性思维，并在工作实践中创造显著效益。

（2）进行单元内容设计

单元内容设计是单元设计的重中之重，直接决定了单元设计的培训效果，企业课程设计者或培训讲师在开展单元设计时必须重视单元内容的设计。

单元内容设计要解决两个方面的问题：一是选择哪些内容进行讲授，二是按照什么样的顺序讲授。

在实践中开展的任何课程的讲解内容都可以抽象化为五个方面，具体见表 4-21。

表 4-21　单元内容构成表

| 内容分类 | 具体细化说明 |
|---|---|
| 事实 | 在客观环境中存在的、容易观察和理解的信息和数据 |
| 概念 | 运用归纳的推理方式，对具有特定内涵、外延的事件和事物进行高度概括 |
| 原理/模式 | 对事实和现象进行分析、解释，并对未来的趋势进行预测，通常表现为模式、模型以及规律性的工具和方式等 |
| 步骤/流程 | 为了实现某个目标，依据现实所具备的条件，根据先后顺序进行操作的实施过程 |
| 技巧 | 为了改变事实，运用原理，履行步骤等而采用的可以提高效率和效果的做法 |

在组织表 4-21 所示的五个方面的内容时，可以使用以下通俗易懂的思路来引导单元内容的讲授，具体如图 4-29 所示。

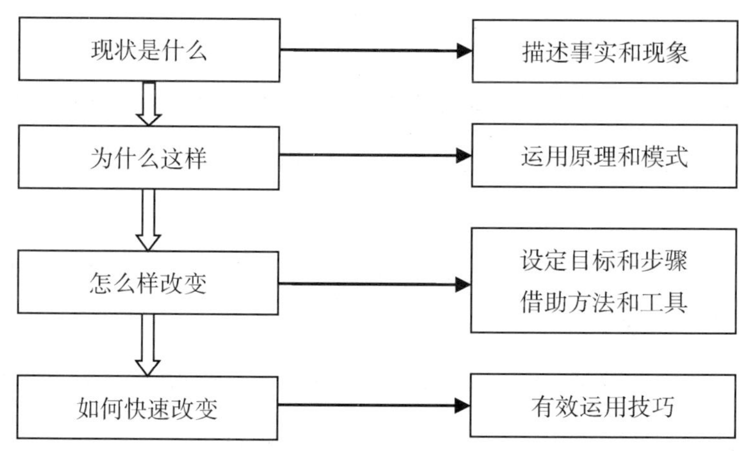


图 4-29　单元内容组织思路示意图

（3）单元内容设计方法

1）把握单元内容层次

在选择内容时，可以根据培训对象的特点划分内容层次，将培训对象需要学习的知识和需要达到的能力都罗列出来。单元内容主要包括以下三个层次，如图 4-30 所示。

以开发时间管理课程为例，可以将时间管理的内容划分为三个层次，具体见表 4-22。

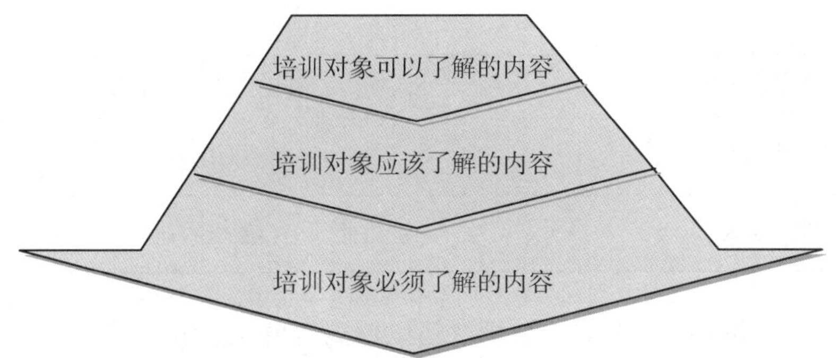


图 4-30 单元内容层次示意图

表 4-22 时间管理课程学习内容层次划分表

| 内容层次 | 内容描述 |
| --- | --- |
| 培训对象必须了解的内容 | （1）哪些因素妨碍进行恰当的时间管理<br>（2）有效进行时间管理的事项和步骤，包括合理安排工作内容、合理安排工作顺序、有效排除干扰、有效沟通等<br>（3）有效进行时间管理的方法和工具，包括学会委托、发挥团队作用、制订时间管理计划等 |
| 培训对象应该了解的内容 | 时间管理对个人工作和发展的重要性，即时间管理的目的 |
| 培训对象可以了解的内容 | 有效进行时间管理的理论，如帕累托定律等 |

2）选择单元内容方法

单元内容的选择方法包括移植法、能力中心法和任务导向分析法三种。

①移植法。移植法是借鉴学校教育尤其是职业教育的现有课程内容，根据单元目标要求和成人学习特点，有选择地加以调整和补充，并转化为企业员工的培训课程。

②能力中心法。能力中心法是以提高培训对象岗位工作能力为中心，从基础知识、专业知识、工作责任和态度、政策制度、操作标准、步骤方法、能力训练、应变能力等方面来确定内容，具体见表 4-23。

表 4-23 能力中心法内容选择要素

| 知识类内容 | 基础知识、专业知识 |
| --- | --- |
| 工作责任和态度类知识 | 工作责任、工作态度、工作认知 |
| 制度规范类内容 | 作业标准、操作规程 |

续表

| 知识类内容 | 基础知识、专业知识 |
| --- | --- |
| 流程技巧类内容 | 工作步骤、工作方法、工作技巧 |
| 能力类内容 | 能力的训练、能力的养成、能力的提升 |

③任务导向分析法。任务导向分析法是以培训对象要达成的任务目标为导向，通过分解任务节点，从而确定培训内容的方法，具体如图 4-31 所示。

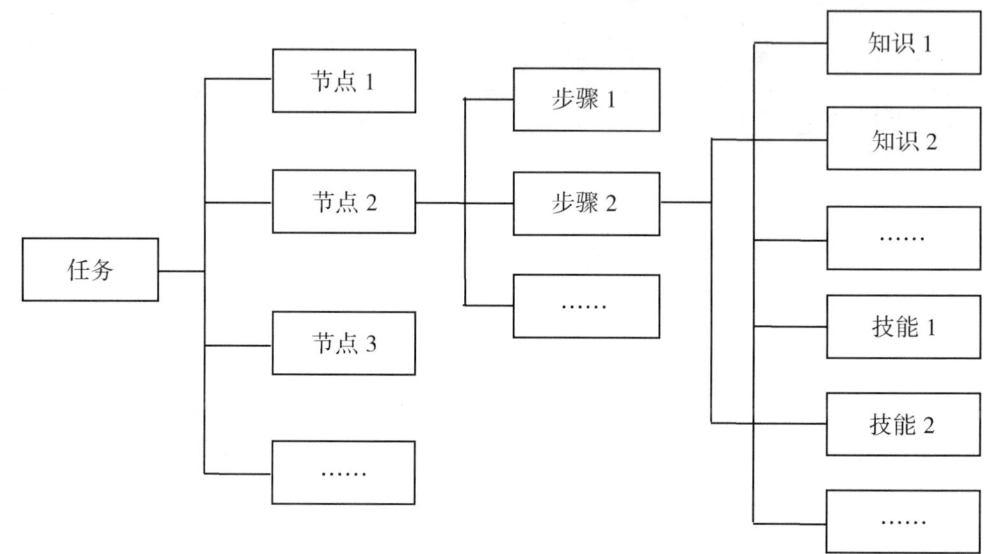


图 4-31　任务导向分析法示意图

无论采用什么方法来确定单元授课的内容，均需满足以下评判标准，即“设计切入点，把握问题点，抓住关键点，制造兴奋点，简化价值点”。

3）按照什么样的顺序讲授

在设计完单元内容后，需要按照一定的逻辑顺序对内容进行先后顺序的排列，常用的顺序排列方法见表 4-24。

表 4-24　单元内容排序常用方法

| 方法 | 方法细化说明 | 举例 |
| --- | --- | --- |
| 从简单到复杂 | 从容易理解的事物或现象入手，引导培训对象逐渐能够理解复杂的事物或现象 | 六顶思考帽课程的讲解可以从列举现象角度导入，由简入繁 |

续表

| 方法 | 方法细化说明 | 举例 |
|---|---|---|
| 从已知到未知 | 通常情况下，人们对已知事物或现象的特征、演变、发展趋势等比较了解，而对于未知事物或现象则相对陌生，因此从已知相关事物或现象逐步导入到未知的领域有利于培训对象比较全面地理解和把握授课内容，有效达成学习目标 | 讲授一项新的技术、理论或模式时，适用此方法 |
| 根据客观事物发生顺序 | 在有些单元内容的讲解中，需要按照事物本身客观发生的先后顺序进行讲解 | 生产操作课程或其他实践导向型课程 |
| 备注 | 其他方法还包括话题顺序、学习风格顺序等，但所有方法的使用均应遵循人类思考问题和解决问题的通用逻辑 | |

（4）授课方法及材料

1）合理选择授课方法

合理的讲授方法能够帮助培训对象理解授课内容、加深记忆并产生共鸣。一般来说，单元内容的讲授可以划分为讲授型、演讲型、案例型、演练型、研讨型、游戏型、活动型等。但在实际授课过程中，企业实际根据实际综合运用多种讲授方法。

2）有效选用授课材料

授课材料包括海报、幻灯片、照片、电视节目、录像资料、讲义、挂图、投影胶片、连环画、案例资料等。

授课材料在授课过程中的总体作用就是通过丰富和加深培训对象的视觉、听觉和感觉，使培训对象对授课内容加深记忆、理解、认同并能有效应用，具体作用如图 4-32 所示。

培训讲师在选择授课所需材料时不能随心所欲，必须要考虑四个方面的限制因素，如图 4-33 所示。

（5）单元设计成果汇总

培训讲师或培训课程设计人员在进行单元设计时，可以借助图表等工具对单元设计的成果进行概括，单元设计项目汇总表就是其中的有效工具之一，具体见表 4-25。

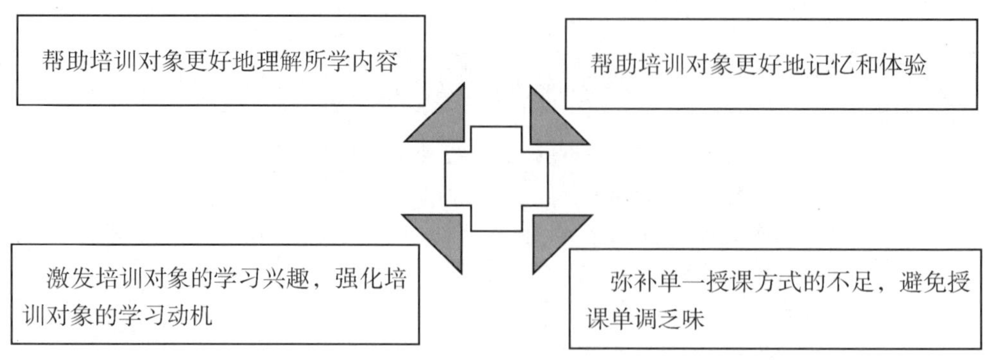


图 4-32　授课材料在授课过程中的作用

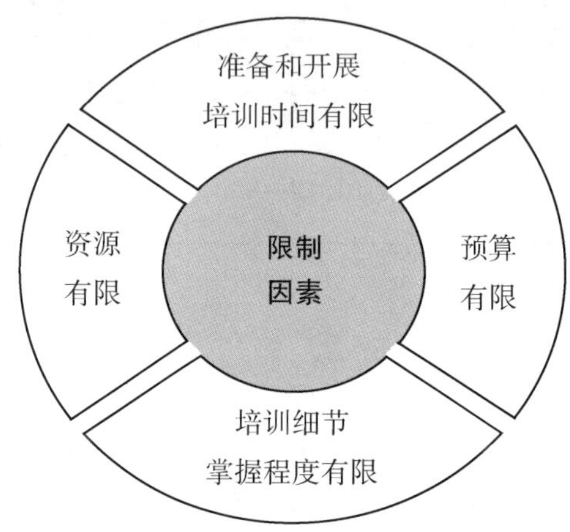


图 4-33　选择授课材料的限制因素

表 4-25　单元设计项目汇总表

| **单元名称** | | | **单元编号** | | |
|---|---|---|---|---|---|
| **单元学习目标** | | | | | |
| 知识 | | 技能 | | 态度 | |
| | | | | | |
| **具体授课安排** | | | | | |
| 时间 | 章节/模块 | 内容 | 预期目标 | 授课方法 | 所用材料 |
| | | | | | |
| | | | | | |
| | | | | | |
| | | | | | |

续表

<table>
<tr><th colspan="7">材料准备</th></tr>
<tr><td colspan="2">需分发给培训对象的材料</td><td colspan="2">其他附加材料</td><td colspan="2">其他相关文献、图书等资料</td><td rowspan="2">备注</td></tr>
<tr><td>名称</td><td>份数</td><td>名称</td><td>份数</td><td>名称</td><td>份数</td></tr>
<tr><td></td><td></td><td></td><td></td><td></td><td></td><td></td></tr>
<tr><td></td><td></td><td></td><td></td><td></td><td></td><td></td></tr>
<tr><td></td><td></td><td></td><td></td><td></td><td></td><td></td></tr>
</table>

## 4.3.4 阶段性评价与修订

（1）阶段性评价要素和流程

课程阶段性评价工作重点在于分析、比较、诊断和改进。在课程阶段性评价过程中，重点对以下问题进行评价，见表 4-26。

**表 4-26 课程阶段性评价要素说明表**

| 评价要素 | 要素细化说明 | 判断方法 |
|---|---|---|
| 培训需求分析 | （1）需求分析是否充分、准确把握了培训对象的需求<br>（2）培训需求侧重于认知、情感或精神方面的判断是否准确 | （1）随机调查验证<br>（2）分析已经编制的培训需求方案或报告 |
| 课程目标描述 | （1）课程目标描述是否全面、准确反映了培训需求<br>（2）课程目标同课程内容是否匹配 | 课程目标的描述文本 |
| 课程整体设计 | （1）整体课程内容是否同培训需求相关并保持一致<br>（2）整体课程资源规划是否已经满足教学需要<br>（3）课程各单元之间是否存在交叉和重复的情况<br>（4）课程各单元时间安排和课程实施地点安排是否恰当 | （1）课程整体设计方案<br>（2）课程整体资源清单 |

续表

| 评价要素 | 要素细化说明 | 判断方法 |
| --- | --- | --- |
| 课程单元设计 | （1）课程单元内容和方法是否同整体课程的目标匹配，所有单元内容的总和是否同整体课程目标相一致<br>（2）课程单元授课材料和方法是否在课程整体设计的规划范围内<br>（3）课程单元授课方法是否同培训对象的学习风格和学习特点相一致<br>（4）课程单元授课地点是否在课程整体设计的规划范围内 | （1）课程单元设计方案<br>（2）课程单元材料清单 |

课程阶段性评价的实施可以遵循如图 4-34 所示的培训流程。

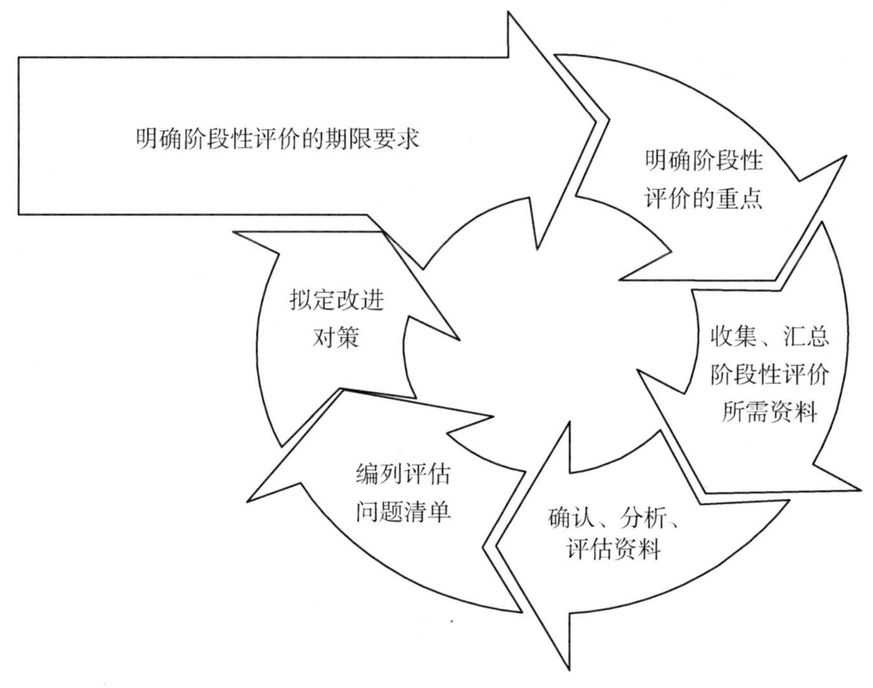


**图 4-34　课程阶段性评价流程示意图**

1）明确阶段性评价的期限要求

阶段性评价的目的在于查漏补缺，对培训课程开展前的各项工作和各类文案进行综合梳理。在不同培训课程开发的过程中，这一阶段的工作尽管必要但企业往往重视不足，甚至有些培训课程不进行本阶段的工作。

明确阶段性评价期限的目的就是确定在不影响课程实施的前提下，有多少时间可以用来进行阶段性评价。从某种意义上说，评价时间的多少决定了评价工作的工作内容和工作重点。

2）明确阶段性评价的重点

理想的阶段性评价的实施当然是对之前各项工作的全面审查，但是受时间和其他方面因素的影响，绝大多数阶段性评价难以达到理想的程度。因此，明确阶段性评价的重点非常重要。

3）收集、汇总阶段性评价所需资料

在阶段性评价的重点确定以后，就需要收集、汇总所有相关的已经制定完成的培训资料，包括培训需求报告、课程整体设计大纲、课程单元设计方案等，对于一些难以通过文本收集获取的资料，应联系相关人员，通过同相关人员的交谈，记录、整理相关信息，以备参考。

4）确认、分析、评估资料

对所收集的资料和信息进行确认、分析和评价是阶段性评价的重点内容。在开展这一工作时，应把握培训对象需求、课程目标与课程设计的匹配度以及可行性。

5）编列评估问题清单

编列评估问题清单是确认、分析、评估资料的结果，也是进行课程阶段性评价这一工作的价值所在，培训课程设计者在编列清单时，可依照表 4-27 中的清单样例进行。

**表 4-27　阶段性评价的问题清单样例**

| 问题概要 | 发现问题的依据 | 产生问题的原因 | 问题解决的可能性 | 备注 |
|---|---|---|---|---|
| | | | | |
| | | | | |
| | | | | |

6）拟定改进对策

拟定改进对策，主要是针对发现的问题，在既定时间内进行调整工作。对于那些发现的需要耗费大量时间和较高成本才能解决的问题，需要根据问题的严重程度采取折中对策。

（2）进行课程单元设计评价

课程单元设计评价是进行阶段性评价的重点，因为课程单元设计评价相对于需求分析评价、课程整体评价而言，具有工作相对简单而改进成效相对明显的特点。因此，企业课程开发者或培训讲师往往在课程阶段性评价阶段对课程单元设计进行重点评价。

1）明确课程单元设计评价要素

①目的。在课程单元设计完成后，需要对课程单元设计的目标、内容、材料和方法等进行及时评价，以便及时进行调整。

②评价范围。评价范围包括在课程单元设计中所涉及的各类内容，如单元学习目标、单元内容、单元讲授方法、单元材料、讲授时间，尤其对于模拟游戏或演讲实习进行合理化和有效性的评价。

③评价标准。在进行评价前，应先针对评价的范围建立可量化的、可描述的、全面的评价标准，评价标准根据培训对象需求满足的不同程度可以分为合格标准、良好标准和优秀标准。

④评价方法。对课程单元设计进行评价的方法，具体见表 4-28。

**表 4-28　课程单元设计评价方法一览表**

| 评价方法分类 | 评价方法实施说明 |
| --- | --- |
| 试讲评价 | （1）邀请培训对象中的一两个代表或其他相关人员作为试讲听课对象，按照课程单元设计的内容、方法，在预定时间内进行试讲<br>（2）试讲听课对象在听完试讲后，按照预先设计的评价表，填写相关项目，提出评价意见<br>（3）培训讲师根据评价意见完善、调整课程单元设计 |
| 自我评价 | （1）培训讲师通过换位思考、角色扮演等形式，从培训对象的角度出发，结合培训需求分析的结果，通过对照的方式，对自己所开发的课程单元进行全面评估<br>（2）培训讲师在进行自我评价时，可以通过问题列举的形式来进行，即将培训对象在接受培训时提出的内容需求、方法需求、风格需求等细化成具体的问题，并将问题汇总列在表单中，而后培训讲师站在自己的角度一一解答这些问题，据此对自己的课程单元设计进行评价 |

2）掌握课程单元设计评价工具

①试讲评价表。在进行试讲评价时，可以借鉴表 4-29 中的评价表进行评价。

表 4-29 课程单元设计评价表（一）

| 评价者 | | 评价时间 | |
|---|---|---|---|
| 评价对象 | | 评价重点 | |
| 评价标准 | | | |
| 评价项目 | | | |
| 评价过程简介 | | | |
| 评价结果概述 | | | |

②自我评价表。在培训讲师进行自我评价时，可以借鉴表 4-30 中的评价表进行评价。

表 4-30 课程单元设计评价表（二）

| 评价时间 | | 评价重点 | |
|---|---|---|---|
| 评价对象 | | | |
| 评价标准 | | | |
| 评价项目 | （1）所选内容是否符合整体设计目标和单元目标要求<br>（2）培训对象能否充分理解、把握并运用所讲授的内容<br>（3）有没有必须讲授的内容没有被包括在培训课程内<br>（4）所选内容能否保证预期目标的实现<br>（5）培训对象可能对哪些内容不感兴趣甚至难以认同<br>（6）是否存在没有经过换位思考，以培训讲师的个人好恶代替培训对象需求的内容 | | |
| 需改善或调整的问题 | | | |

（3）课程阶段性修订

课程阶段性修订的范围可以包括但不限于下列三种情况：

①培训需求的删减、补充、修订；

②课程目标的修正、删减、完善；

③课程整体设计和单元设计的内容、形式、方法、资料、时间等方面的调整与完善。

培训设计者在修订完毕后，可参考标准对修订结果进行评估，具体内容如下：

①课程内容满足培训对象的需求；

②妥善运用各类授课方法；

③课程时间和进度安排符合实际需要；

④课程表现形式与培训对象的学习风格匹配。

# 4.4 基于职能的培训课程体系的构建

## 4.4.1 生产管理培训课程体系设计

| 课程模块 | 课程名称 |
|---|---|
| 生产计划管理 | 生产计划编制技巧 |
| | 产能规划与排程技巧 |
| 物料需求管理 | 生产计划与物料控制（PMC）实操技法 |
| | 企业资源计划（ERP）系统基本知识入门 |
| | ERP 系统应用技能提升训练 |
| 生产现场管理 | 生产现场如何“管” |
| | 高效 5S 管理之 N 大技巧 |
| | 目视化管理实施技巧 |
| | 精益生产方式（TPS）实战训练 |
| | 生产现场改善与问题解决 |
| 生产设备管理 | 如何实现设备零故障 |
| | 设备保养 101 招 |
| | 如何使设备能力持续改善 |
| | 全员设备维护实施要点与技巧 |
| 生产成本管理 | 生产成本管理知识入门 |
| | 有效进行生产成本核算的 N 大技巧 |
| | 生产成本控制五大工具 |
| | 如何有效识别生产浪费 |
| | 降低生产成本的九大策略 |

续表

| 课程模块 | 课程名称 |
| --- | --- |
| 生产安全管理 | 如何提高生产人员的生产安全意识 |
| | 生产安全管理技法提升训练 |
| | 如何迅速处理生产安全事故 |
| 生产质量管理 | 制程质量管控实操训练 |
| | 质量检验实施技能与策略 |
| | 质量改进项目分析实施技能提升训练 |

## 4.4.2 研发管理培训课程体系设计

| 课程模块 | | 课程名称 |
| --- | --- | --- |
| 技术研发知识 | 技术研发过程的质量知识 | 前期产品质量策划知识 |
| | 产品设计与开发知识 | 可靠性设计与实验管理知识 |
| | | 产品系统设计要求分析知识 |
| | | 产品功能设计与分析知识 |
| | | 组件设计与分析知识 |
| | | 设计验证与评审知识 |
| | | 设计失效模式和后果分析知识 |
| | 测试知识 | 测试规划和准备知识 |
| | | 运行测试和评价知识 |
| 研发问题解决 | 研发理念与创新问题 | 如何树立正确的研发理念 |
| | | 卓越研发人员应具有的理念和创意 |
| | | 研发创新与创意技法 |
| | | 新产品创意构想的市场研究法 |
| | | 产品创新思维和创意流程管理 |
| | 研发资源浪费问题 | 研发预算与成本管理技能提升训练 |
| | | 研发业务决策评审技能提高实战训练 |
| | | 研发成本管控技巧 |

续表

| 课程模块 | | 课程名称 |
|---|---|---|
| 研发问题解决 | 研发项目管控难问题 | 研发项目计划管控技巧 |
| | | 缩短研发进度的八大方法 |
| | | 研发项目管理中的问题与解决技巧 |
| | | 研发项目管理技能提升全攻略 |
| | 缺乏有效的研发考评与激励机制问题 | 破解成功企业的研发绩效考评之谜 |
| | | 研发绩效考评的内容选择与考核指标设计技巧 |
| | | 研发绩效管理与激励机制 |
| | | 研发管理者不可不知的十五大激励下属的绝招 |
| | 研发问题处理能力低问题 | 如何识别研发问题 |
| | | 研发问题分析八大技巧 |
| | | 解决研发问题的八把金钥匙 |

## 4.4.3 营销管理培训课程体系设计

| 课程模块 | | | 课程名称 |
|---|---|---|---|
| 市场 | 市场调研与分析 | 市场调研 | 市场调研基础知识与应用 |
| | | | 市场调研技能提升训练 |
| | | | 各类市场调研问卷设计要点与方法 |
| | | 市场分析 | 市场调研数据分析处理工具与方法 |
| | | | 分析竞争对手的 N 种方法 |
| | | | 市场调研报告的撰写技巧训练 |
| | 产品规划与管理 | | 产品市场定位与品牌策略 |
| | | | 如何进行有效的产品组合 |
| | 市场策划与宣传 | 市场策划 | 市场策划基本知识与应用 |
| | | | 市场策划实操 N 大技法 |
| | | | 撰写市场策划书的 N 大技巧 |

续表

| 课程模块 | | | 课程名称 |
|---|---|---|---|
| 市场 | 市场策划与宣传 | 市场宣传 | 如何选择广告媒体 |
| | | | 商品广告策划技能提升训练 |
| | | | 公关广告实施技巧 |
| 销售 | 销售渠道管理 | 销售渠道决策 | 区域产品市场分析方法与工具 |
| | | | 如何有效分析销售渠道决策因素 |
| | | | 销售渠道决策技巧与工具 |
| | | | 销售渠道决策评估 N 种方法 |
| | | 销售渠道拓展 | 如何有效制订销售渠道拓展计划 |
| | | | 销售渠道拓展技能提升训练 |
| | | 销售渠道建设 | 如何进行销售渠道构建与设计 |
| | | | 选择销售渠道成员的方法和技巧 |
| | | | 销售渠道成员培训要点和技巧 |
| | | | 管好销售渠道成员的 N 大妙招 |
| | | | 销售渠道成员考核与奖励技巧 |
| | | 销售渠道冲突解决 | 如何识别销售渠道冲突 |
| | | | 销售渠道冲突解决之道 |
| | 销售技能提升 | 沟通技能 | 如何正确倾听顾客的心声 |
| | | | 成功的导购和促销人员的体态语言解码 |
| | | | 如何成功说服你的顾客 |
| | | | 对顾客提问的 19 种有效反馈技术 |
| | | | 销售人员经典话术模板 |
| | | | 销售人员不可不知的产品解说技巧 |
| | | 销售技能 | 成功接近顾客的 N 种方法 |
| | | | 如何把握顾客的购买动机 |
| | | | 吸引顾客购买产品的八大技巧 |
| | | | 接待不同类型顾客的方法与技巧 |

续表

| 课程模块 | | | 课程名称 |
| --- | --- | --- | --- |
| 销售 | 销售技能提升 | 销售技能 | 导购和促销人员促成销售的五大秘诀 |
| | | | 留住老顾客的六种实用方法 |
| | | | 培养顾客忠诚的五部曲 |
| | | | 有利于吸引顾客的商品陈列技巧 |
| | | 顾客异议处理 | 销售人员如何快速处理顾客异议 |
| | | 压力与情绪管理 | 如何消除顾客带来的压力 |
| | | | 如何做到不让自己的坏情绪影响顾客 |

## 4.4.4 物流管理培训课程体系设计

| 课程模块 | 课程名称 |
| --- | --- |
| 物流管理体系 | 如何构建物流管理体系 |
| | 如何建立采购、生产计划、物流计划与仓储整合的内部物流管理运作体系 |
| 现场物流管理 | 现场物料的搬运路径与方法 |
| | 如何降低现场物流成本 |
| | 现场物流管理的四大手法 |
| | 运用现场物流管理的“取消、合并、调整顺序、简化”（ECRS）分析法改善思考模式 |
| 物流成本控制 | 物流成本对企业的影响 |
| | 物流成本的核算方法与程序 |
| | 全面削减物流成本的措施与方法 |
| 物流信息技术方法 | 物流信息管理与网络信息技术 |
| | 条形码在生产管理、库存管理中的应用 |
| 库存管理 | 库存管理入门知识 |
| | 库存管理技巧 |
| 流通加工管理 | 流通加工过程中的操作技能 |

续表

| 课程模块 | 课程名称 |
|---|---|
| 配送管理 | 配送的基本流程 |
| | 配送环节及其功能 |
| 运输管理 | 空运的七种技巧与五个注意事项 |
| | 陆运的六大窍门与十种误区 |
| | 海运的八大技巧与五大禁忌 |

第5章

# 培训方法的选择与应用

# 5.1 工作事项与风险管控

## 5.1.1 图解三大关键事项

通过对员工进行培训，最终达到提高企业核心竞争力的目标。而企业培训的效果在很大程度上取决于培训方法的选择。当前企业培训的方法有很多种，不同的培训方法具有不同的特点，培训方法也各有优劣。在选择培训方法时我们需要考虑培训目标、培训内容、培训对象的特点及企业具备的培训资源等因素。只有选择合适有效的培训方法，才能提高培训质量，达到良好的培训效果。概括来说，培训方法的选择和应用工作可细分为如图 5-1 所示的三大关键事项。

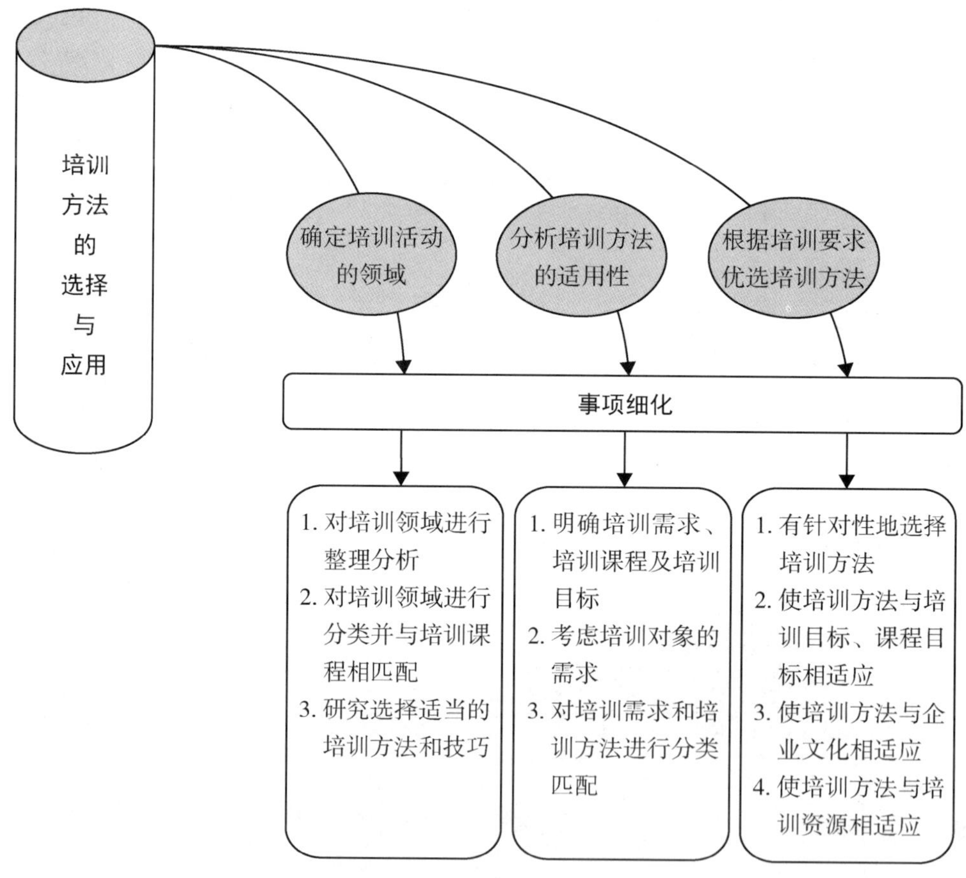


图 5-1 培训方法的选择与应用工作中的三大关键事项

### 5.1.2 风险管控两个要点

目前，很多企业在培训中颇具盲目性，缺乏系统性，培训方法针对性不强的问题普遍存在。由于企业内部岗位分工的不同，企业对员工的素质水平、能力水平、知识和技能水平要求都不相同，因此必须选择不同的培训方法，才能加强培训的针对性，提高培训的有效性。对培训方法进行选择与应用的过程中至少要做好如图 5-2 所示的两项管控工作，以降低风险。

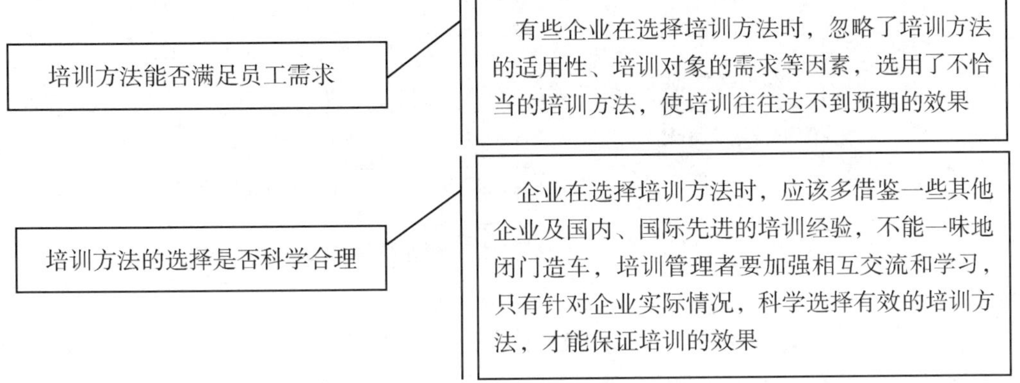


**图 5-2 培训方法选择与应用工作中的风险管控**

## 5.2 面授式培训方法与应用

### 5.2.1 课堂讲授法

课堂讲授法是企业培训的主要方法之一，为了使课堂讲授法充分发挥效果，除了授课的内容应符合培训对象的需求外，授课的技巧也应受到重视。要使培训对象完全融入授课的气氛中，培训讲师就应注意讲课中的每一个细节，不断提高授课技巧。

（1）选择培训讲师

内部培训讲师是采用课堂讲授法进行培训的讲师的重要来源。企业内部工作能力强、经验丰富，并符合相应条件的员工，均可申请内部培训讲师的岗位。

企业选择内部培训讲师，建立内部培训讲师队伍，首先要明确内部培训讲师的选择范围。选择范围主要根据入职时间、学历要求和培训对象等方面进行确定，具体内容见表5-1。

表 5-1 内部培训讲师选择范围

<table>
<tr><th colspan="3">选择维度</th><th>选择范围</th></tr>
<tr><td rowspan="2">基本任职资格</td><td colspan="2">入职时间</td><td>本企业工作____年以上</td></tr>
<tr><td colspan="2">学历要求</td><td>大专以上学历</td></tr>
<tr><td rowspan="5">培训对象</td><td rowspan="3">普通员工培训</td><td>一般业务培训</td><td>主管级以上人员</td></tr>
<tr><td>生产业务培训</td><td>生产主管、生产班组长、生产技术能手等</td></tr>
<tr><td>专业技术培训</td><td>主管级以上人员、相关专业技术人员等</td></tr>
<tr><td colspan="2">主管级培训</td><td>经理级以上人员</td></tr>
<tr><td colspan="2">经理级培训</td><td>总监级以上人员</td></tr>
<tr><td rowspan="3">专业水平</td><td colspan="2">初级技术人员培训</td><td>中、高级技术人员</td></tr>
<tr><td colspan="2">中级技术人员培训</td><td>高级技术人员、技术部经理及以上人员</td></tr>
<tr><td colspan="2">高级技术人员培训</td><td>技术部经理及以上人员</td></tr>
</table>

企业选择合适的员工，再进行相应的讲师技巧培训，可以达到事半功倍的效果，这就需要企业明确内部培训讲师的选择标准。

当企业内部找不到合适的培训讲师讲授某个课程时，企业也需要寻找并聘用外部培训讲师。在开展高层管理人员培训、高级技术人员培训时，外部培训讲师往往比内部培训讲师具有更高的权威性。

外部聘请培训讲师的途径主要有以下五种（见图 5-3）。

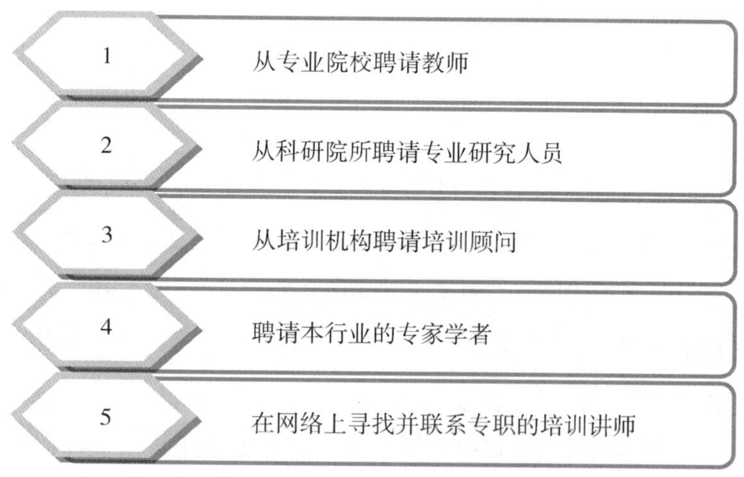


图 5-3 外部聘请培训讲师的途径

（2）编制培训课件

培训课件是培训讲师在正式授课时展示给培训对象的内容，它一方面能吸引培训对象的注意力，另一方面能帮助培训讲师把握部分讲解内容。在现实开展培训的过程中，培训课件是采用课堂讲授法进行培训时使用频率最高的材料。

（3）培训课程评估

培训课程评估的重点在于诊断课程开发、进行过程中出现的问题，以便及时采取相应的改进措施。培训课程评估要素及其说明见表5-2。

**表5-2 培训课程评估要素及其说明**

| 评估要素 | 要素细化说明 | 判断方法 |
| --- | --- | --- |
| 课程单元设计的目标 | （1）学习目标的针对性、单元内容的安排<br>（2）单元讲授的方法、单元材料的准备、讲授时间的安排 | （1）试讲评价<br>（2）自我评价 |
| 培训课程需求的分析 | （1）需求分析是否充分<br>（2）培训需求对于认知、情感或精神方面的判断是否准确 | （1）分析法<br>（2）随机调查验证 |
| 课程目标的描述 | （1）全面、准确地反映了培训需求<br>（2）课程目标同课程内容是否匹配 | 课程目标描述文件 |
| 课程整体的设计 | （1）整体设计是否与培训需求相关并保持一致<br>（2）课程各单元之间是否存在交叉和重复的情况<br>（3）课程各单元时间安排和课程实施地点安排是否恰当 | （1）课程整体设计方案<br>（2）课程整体资源清单 |
| 课程单元的设计 | （1）单元内容和方法是否同整体课程的目标匹配<br>（2）单元授课材料和方法是否在课程整体设计的规划范围之内<br>（3）单元授课地点是否在课程整体设计的规划范围之内 | （1）课程整体设计方案<br>（2）课程整体资源清单 |

（4）编写讲师手册

讲师手册会对培训讲师在课堂讲授的顺序和内容进行指引，它属于培训讲师备课的一部分。讲师手册的内容包括开场、气氛调节、所要讲授的主要理论或技能，以及培训方式、案例分析、游戏编排、互动讨论、相关测试与测试结果分析、所提问题与问题答案、可能遇到的困难与相应对策等所有和课程有关的内容。

(5) 选择合适的培训场地

对于采用课堂讲授法进行的培训而言，培训场地的选择是十分重要的。选择与培训内容相匹配的培训场地，不仅能够确保培训工作的顺利开展，还能大大提高培训对象的学习效果。

选择培训场地所要遵守的四项原则如图 5-4 所示。

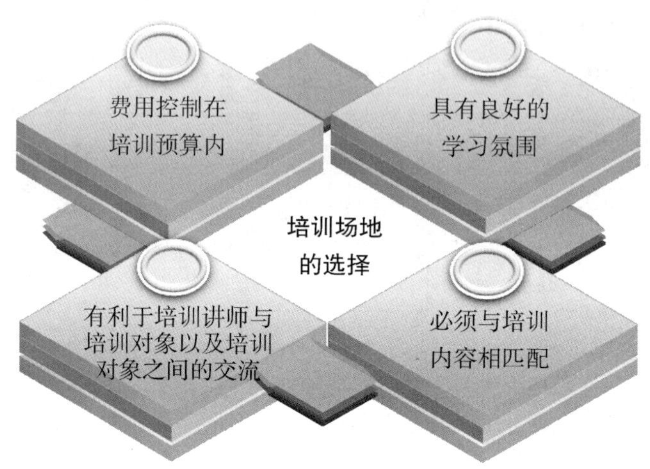


**图 5-4 培训场地的选择原则**

(6) 维护培训纪律

培训的实施过程是一个教与学互动、培训讲师与培训对象相互沟通的过程。采用课堂讲授法进行的培训虽然以培训讲师为主导，但培训对象也是主角。培训对象能否积极地配合和响应培训讲师，营造互动的课堂气氛，在某种程度上会影响到培训效果。因此，培训部相关人员必须对培训对象的行为作出约束，制定明确的培训课堂纪律。

## 5.2.2 多媒体教学

多媒体教学是将各种视听辅助设备（或视听媒介，包括文本、图表、动画、录像等）与计算机结合起来进行培训的一种培训方法。因为多媒体教学具有图文并茂、声情融会、动静结合的特点，所以能够提供给培训对象比较理想的培训效果，因此多媒体教学在企业培训中得到了越来越多的应用。

多媒体教学可以向培训对象提供各种直观的信息，使抽象的教学内容变得形象具体。多媒体教学在员工培训中所具有的优越性，是其他教学方式无法比拟的，具体来说它具有以下优势（见图5-5）。

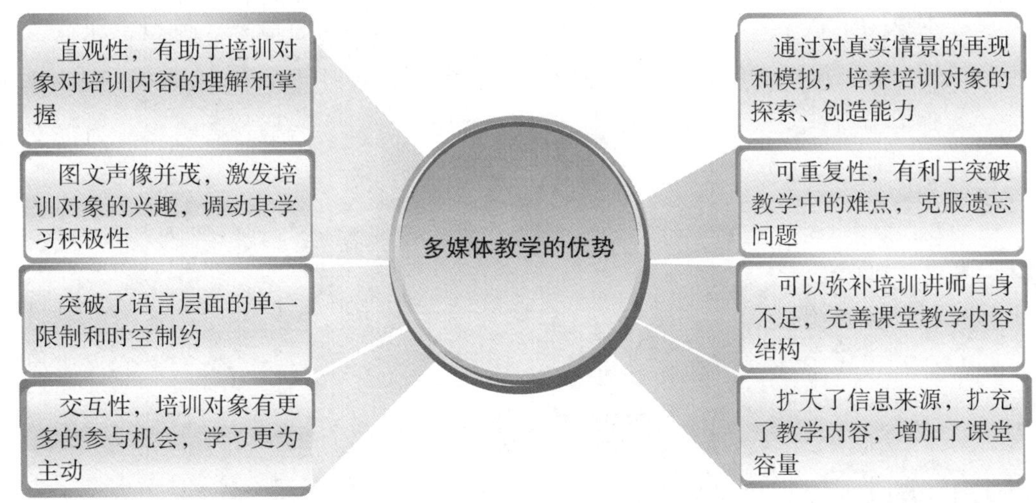


图5-5　多媒体教学的八项优势

当然，与任何一种培训方法一样，多媒体教学也存在一定的局限性。与传统教学中的讲授、演示、练习等教学方法相比，多媒体教学存在培训成本过高、不利于因材施教、无法把控课堂教学节奏从而不利于调动课堂气氛、缺少培训讲师和培训对象之间的情感交流等弊端。因此，我们只有根据培训内容和培训对象的特点，合理选择和运用多媒体技术，并与传统培训方法有机结合，建立起合理的培训体系，才能真正地实现最优化的资源配置、最合理的设备应用和最良好的培训效果。

## 5.3　实践性培训方法与应用

### 5.3.1　工作指导法

工作指导法是指由一位有经验的技术能手或直接主管人员在工作岗位上对培训对象进行培训。指导教练的任务是教给培训对象如何做，提出如何做好的建议，并对培训对象进行激励。如果采用一对一的现场培训，这就是被很多企业实际应用的师带徒培训模式。

（1）实施流程

工作指导法一般实施的周期比较长，主要由指导教练对培训对象的工作进行现场指导。指导教练凭借自己的专业知识和技能指导培训对象，先给培训对象讲解工作中的要点、重点、难点，然后通过亲自示范，让培训对象在一旁观察、学习，并做些辅助性的工作，等到培训对象基本掌握了知识和技能后，再让他们独立工作，指导教练则在一旁进行观察指导，直到培训对象完全掌握为止。整个指导过程可以分为以下四个阶段（见图5-6）。

首要任务是端正培训对象的学习态度。指导教练必须从讲解工作的整体情况入手，了解培训对象以往的工作经验，并与之建立友好融洽的合作关系，以激发他们的学习兴趣，消除培训对象的紧张情绪

指导教练在讲解和演示的过程中应注意照顾培训对象的理解能力和接受能力，根据培训对象的反应和存在的问题，来决定培训内容的要点，把握培训的进度。如果工作很复杂，应把整个工作细化为几个部分，按部分逐个讲解

让培训对象参与实践，指导教练应关注培训对象在实践过程中的关键环节，注意及时纠正培训对象的不当操作，还可以设置一些与工作相关的问题让培训对象回答，通过培训对象的表现及反馈，了解培训对象对知识和技能的理解和掌握程度

在多次重复操作阶段后，指导教练应该让培训对象逐步学会独立操作。在操作的时候，指导教练可以根据各培训对象的不同特点采取不同的指导方法。对培训对象操作的观察和指导的频率可以逐渐减少，直至培训对象达到要求的工作标准

**图5-6 工作指导法实施的四个阶段**

（2）适用范围及对象

工作指导法的适用范围比较广。一方面，由于其科学可行的培训计划、方案和程序化的培训模式，保证了培训的标准化和客观化程度。另一方面，它可以同时培训多名培训对象，有效地节省时间，提高效率。因此它既适用于工作结构性差的各级管理人员的培训，也适合于基层生产工人的培训。

（3）注意事项

企业运用工作指导法对员工实施培训时还应注意以下三点内容。

1）根据培训对象的个体差异进行针对性指导。对于不同岗位的培训对象，指导教

练应该采取不同的指导方法，比如对基层岗位的培训对象的指导，除了需讲解操作规程外，还需演示示范动作；对基层管理人员进行工作指导时，除了指导示范外，还应多采用提问的方式，帮助他们提高分析判断能力等；对中层管理人员进行工作指导时，则应注重在管理方法、团队建设上引导等。

2）指导教练要注意指明培训对象要达到的目标和学习的内容，并对培训对象的工作情况进行检查，认真观察培训对象工作行为中的每一个细节，对偏离目标的行为要及时提醒培训对象进行纠正，对培训对象工作中出现的难点问题及时提供辅导，帮助其解决问题。

3）培训对象在接受工作指导过程中出现差错时，指导教练不要急于否定。指导教练应该对培训对象出现差错的地方提出修改意见，既要给培训对象创造改正的机会，又要多给培训对象鼓励和支持，防止培训对象自暴自弃或产生逆反心理，事后再帮助培训对象分析总结原因，避免下次产生同样的问题。

### 5.3.2 工作轮换

企业有计划地使参加培训的员工在不同部门承担不同岗位的工作，以开发员工的多种能力，这样的做法可以使员工更全面地了解企业不同的工作内容，获得各种不同的工作经验，为其今后在较高层次上任职打好基础。这是为完善人力资源管理体系，培养、激励和保留优秀员工，培养高素质、复合型人才的一种重要措施。工作轮换便是可以达到这种效果的培训方法。图 5-7 清晰地展示了这一方法的操作流程。

在采用工作轮换这一培训方法时，需把控好如下关键事项。

（1）明确轮岗目标

在执行岗位轮换之前，首先应该确立一个明确的目标，即通过岗位轮换能够达到什么样的效果，完成什么样的目标。轮岗目标从三个方面体现出来，具体如图 5-8 所示。

（2）确定轮岗范围

企业中并不是所有的岗位都适合轮岗，所以应该按照一些标准去选择轮岗岗位。轮岗范围说明如图 5-9 所示。

（3）向原部门交接工作

轮岗人员要与原部门的对接人员完成以下主要工作的交接，具体内容见表 5-3。

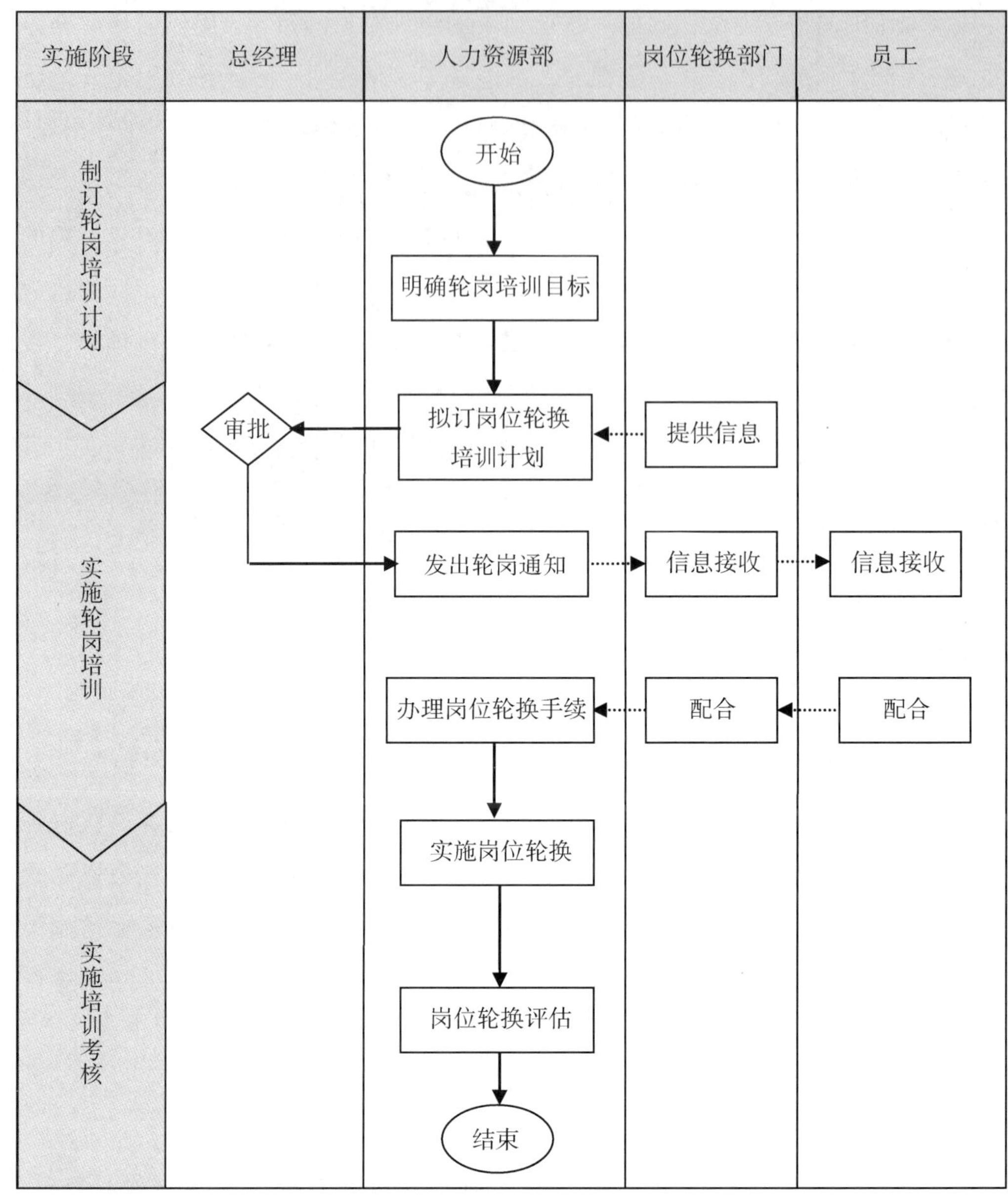


图 5-7　工作轮换的操作流程

表 5-3　轮岗工作交接的内容

| 交接内容 | 内容说明 |
|---|---|
| 工作文件的交接 | 工作中用到的纸质文件和电子版文件 |
| 进展中的工作项目交接 | 主要包含项目的进展状况，以及目标结果、相关人员工作分配与职责等 |
| 工作资源的交接 | 包括客户资料、技术资料等 |

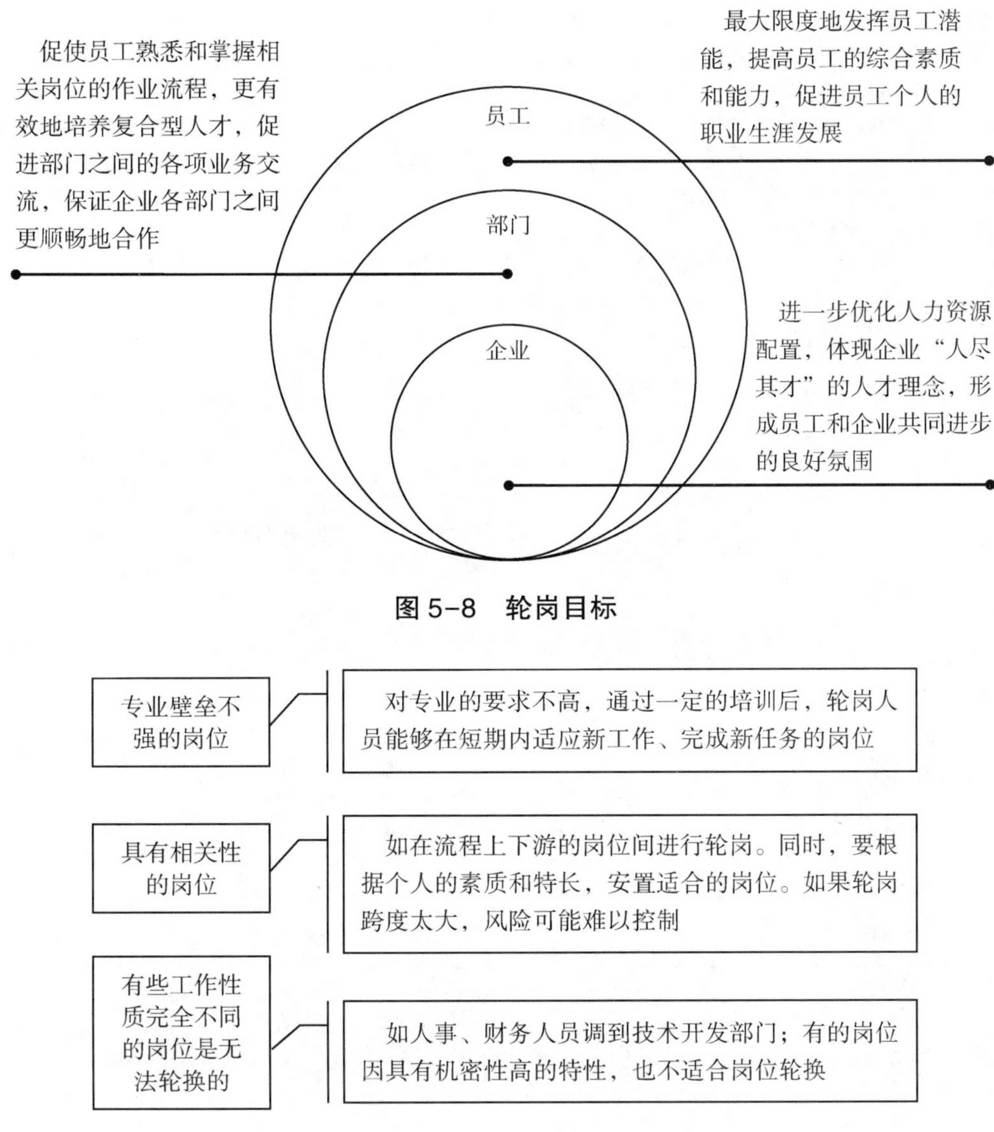


**图 5-8 轮岗目标**

**图 5-9 轮岗范围说明**

在办理工作交接的过程中，需注意如下三点事项，具体内容如图 5-10 所示。

（4）健全轮岗员工评估体系

强化轮岗过程中的效果评估，可以不断调整完善轮岗计划，最大化提升轮岗实施效果。

1）课堂培训考核

人力资源部培训相关人员在对轮岗人员进行课堂培训之后，需要对轮岗人员进行测试，考查轮岗人员对课堂培训内容的掌握情况，并将考核结果记录下来。

1 在工作交接的过程中，应该严格按照工作交接表逐项完成，避免遗漏

2 除了向对接人员交接工作之外，轮岗人员应让部门领导也知晓工作交接的大致内容

3 工作交接不仅涉及当前的工作任务，还包含那些为未来项目做准备的工作

图 5-10　工作交接中的注意事项

2）在岗培训考核

轮岗导师对轮岗人员进行在岗培训时，随时记录轮岗人员的工作表现，按照在岗培训考核的要求进行信息记录，并完成对轮岗人员在岗培训的考核工作。

（5）工具表单

表 5-4 是企业员工的轮岗申请表，仅供参考。

表 5-4　轮岗申请表

| 申请人 | | 部门 | |
|---|---|---|---|
| 入职日期 | | 申请日期 | |
| 现岗位 | | 现职级 | |
| 轮换岗位 | | 轮换岗位职级 | |
| 申请理由 | | | |
| 所属部门意见<br>部门负责人：<br>年　月　日 | | | |
| 用人部门意见<br>部门负责人：<br>年　月　日 | | | |
| 人力资源部意见<br>部门负责人：<br>年　月　日 | | | |
| 总经理意见<br>签字：<br>年　月　日 | | | |

表 5-5 是企业轮岗员工的轮岗工作交接表，仅供参考。

**表 5-5 轮岗工作交接表**

<table>
<tr><td>轮岗人</td><td></td><td>入职日期</td><td></td></tr>
<tr><td>原部门</td><td></td><td>轮岗部门</td><td></td></tr>
<tr><td>原岗位</td><td></td><td>原职级</td><td></td></tr>
<tr><td>轮换岗位</td><td></td><td>轮换岗位职级</td><td></td></tr>
<tr><td>序号</td><td>移交事项</td><td>数量</td><td>交接人</td></tr>
<tr><td>1</td><td></td><td></td><td></td></tr>
<tr><td>2</td><td></td><td></td><td></td></tr>
<tr><td>3</td><td></td><td></td><td></td></tr>
<tr><td>4</td><td></td><td></td><td></td></tr>
<tr><td>5</td><td></td><td></td><td></td></tr>
<tr><td>6</td><td></td><td></td><td></td></tr>
<tr><td>7</td><td></td><td></td><td></td></tr>
<tr><td>8</td><td></td><td></td><td></td></tr>
<tr><td>9</td><td></td><td></td><td></td></tr>
<tr><td colspan="4">备注：<br>1. 交接内容较多的可以另附清单说明，电子文档的移交可以在文字说明的基础上增加文档截图作为依据。<br>2. 本单一式三份，填写完毕后由交接人、交接部门、人力资源部各存一份。</td></tr>
<tr><td colspan="4">本人（姓名）已移交上述事项内容，已将公司资料交接完毕，并保证不外泄在岗期间所了解的公司相关销售、采购、财务等商业秘密。<br>本人承诺，不在岗期间，如有与公司相关的业务联系，必定及时知会相关工作对接人。<br>本人（签字）： 交接日期：<br>对接人（签字）： 交接日期：<br>部门经理（签字）： 交接日期：</td></tr>
</table>

表 5-6 是企业轮岗导师对轮岗人员进行考核的考核表，仅供参考。

**表 5-6 轮岗人员考核表**

| 轮岗人员 | | 职级 | | 工号 | |
|---|---|---|---|---|---|
| 原岗位 | | 轮岗岗位 | | 考核时间 | |
| 考核维度 | 考核内容 | 考核标准 | 轮岗导师评分 | 部门负责人评分 | 备注 |
| 工作态度 | 积极性：<br>是否以高度的热忱认真而努力地工作，是否主动完成各项工作 | 很出色——5 分<br>较强——4 分<br>一般——3 分<br>较差——2 分<br>很差——1 分 | | | |
| | 责任感：<br>是否对企业有很强的责任感，能否自觉地尽职尽责工作，能否对自己的工作或行为自始至终表现出负责的态度 | | | | |
| | 合计 | | | | |
| 工作能力 | 执行能力：<br>能否正确领会领导的工作意图，能否高效执行工作任务 | 很出色——5 分<br>较强——4 分<br>一般——3 分<br>较差——2 分<br>很差——1 分 | | | |
| | 计划能力：<br>能否按时制订工作计划，工作计划能否有效促进工作的完成 | | | | |
| | 沟通能力：<br>能否与上下级、同级以及外界人士保持良好的沟通，促进工作完成 | | | | |
| | 合计 | | | | |
| 工作业绩 | KPI 指标一 | | | | |
| | KPI 指标二 | | | | |
| | KPI 指标三 | | | | |

续表

| 考核维度 | 考核内容 | 考核标准 | 轮岗导师评分 | 部门负责人评分 | 备注 |
|---|---|---|---|---|---|
| 工作业绩 | KPI 指标四 | | | | |
| | 合计 | | | | |
| 合计 | 工作态度得分×权重+工作能力得分×权重+工作业绩得分×权重 | | | | |
| 轮岗导师 | 签字：<br>日期： | 部门负责人 | 签字：<br>日期： | | |

## 5.3.3 师带徒培训

师带徒培训方式是指人力资源部或部门负责人在部门内部选择一位资深老员工作为“师傅”，对员工进行“一对一”的带教与培训。

（1）制定师傅挑选标准

师带徒培训的实施有助于新员工立足于本岗位快速成才，促进新员工快速熟悉和认同企业文化与经营理念，加强对新员工、一线操作岗位员工操作技能的培养，也有助于一些丰富的岗位操作经验的总结与传承。因此，师傅的选择在师带徒培训中占据举足轻重的地位，应首先明确师傅的职责与挑选标准（见表 5-7）。

**表 5-7 职责与挑选标准说明**

| 要求 | 内容说明 |
|---|---|
| 师傅的职责 | 师傅负责向徒弟传授岗位操作技能，从基本知识、基础技能抓起，言传身教 |
| | 师傅通过严谨的工作作风，感染、教育徒弟，使其感受到良好的工作态度 |
| | 师傅须以宽广的胸怀，真心对待徒弟，将自身操作技能、经验总结传授给徒弟，使其在短期内快速适应企业，匹配岗位要求 |
| | 师傅切实完成“师带徒合同书”或“师带徒签约计划书”上规定的各项任务 |
| 师傅的挑选标准 | 具有良好的思想道德品质，团结员工，态度端正，作风正派 |
| | 具有较强的创新意识，有锐意进取、开拓务实的精神，有良好的教练能力、独立工作能力和良好的沟通能力 |

续表

| 要求 | 内容说明 |
| --- | --- |
| 师傅的挑选标准 | 在本岗位工作两年以上，具备扎实的理论知识和丰富的实践经验，能够履行师傅的职责 |
| | 本着“干什么学什么，缺什么补什么”的原则，能够同时进行专业技能传授，以及职业道德、生产安全、劳动纪律等培训 |

（2）师傅评选标准与流程

师傅评选应客观、公正地反映被评选人的能力、知识和品德，增加评选工作的透明度，避免师傅评选流于形式，真正实现提高员工工作技能的目标。

1）师傅评选标准

师傅评选标准与原则的制定，从宏观上有助于把握师傅评选的经验要求和能力要求；而师傅评选标准则从微观角度着眼，明确师傅的胜任素质，主要包括管理能力、职业素养、专业知识三个方面，具体见表5-8。

**表5-8　师傅评选标准指标及指标分级定义列表**

| 指标 | | 指标分级定义 | |
| --- | --- | --- | --- |
| 管理能力 | 创新能力 | 1级 | 机械完成上级布置的培训任务，无创新精神 |
| | | 2级 | 有一定创新精神，对培训内容和培训方式等方面的思考创新性较差 |
| | | 3级 | 能够从多角度对培训内容、培训方式等进行思考，敢于创新但不冒失 |
| | 人际交往能力 | 1级 | 对待徒弟的态度不真诚，不考虑徒弟的利益，徒弟对其缺乏信任 |
| | | 2级 | 能够秉持真诚的态度对待徒弟，但无法时刻为徒弟考虑，徒弟对其信任度较低 |
| | | 3级 | 对待徒弟真诚、友好，能够获得徒弟的信赖，在工作中与徒弟保持良好的关系，时刻为徒弟考虑 |
| | 激励能力 | 1级 | 无法为徒弟创造适宜的学习空间和发展空间，激励方式单一 |
| | | 2级 | 能够为徒弟创造适宜的学习空间，但无法制定有针对性的激励方式，激励效果不明显 |
| | | 3级 | 为徒弟创造合适的学习和发展空间，针对徒弟特点制定有针对性的激励方式，实现效用的最大化 |

续表

| 指标 | | | 指标分级定义 |
| --- | --- | --- | --- |
| 管理能力 | 应变能力 | 1级 | 应变能力较差，无法处理培训过程中的突发事件，培训方式单一 |
| | | 2级 | 具有一定应变能力，能够应对培训过程中的突发事件，但培训方式死板 |
| | | 3级 | 具有较强的应变能力，能够沉着冷静应对师带徒培训过程中的突发事件，针对徒弟需求调整培训方式 |
| | 需求把握能力 | 1级 | 无法结合岗位需求制订师带徒培训计划 |
| | | 2级 | 能够结合部分岗位需求制订师带徒培训计划，但培训内容与岗位需求不匹配 |
| | | 3级 | 能够结合岗位需求制订师带徒培训计划，培训内容对徒弟今后的工作有指导性作用 |
| 职业素养 | 责任心 | 1级 | 在师带徒培训过程中推卸责任，不指导徒弟工作 |
| | | 2级 | 一旦培训出现问题，只愿意承担小部分责任，对徒弟工作的监督缺乏自觉性 |
| | | 3级 | 在师带徒培训过程中勇于承担责任，自觉监督、指导徒弟完成工作 |
| | 敬业精神 | 1级 | 无敬业精神，损害企业和徒弟的利益，不利于企业和谐发展 |
| | | 2级 | 有一定的敬业精神，但不会主动调整损害企业和徒弟利益的行为 |
| | | 3级 | 以企业和徒弟的利益及整体和谐性作为标准，及时调整自身行为，大公无私 |
| | 纪律性 | 1级 | 不遵守企业各项规章制度，对徒弟违反制度的现象不主动制止 |
| | | 2级 | 能够遵守企业各项规章制度，但不会主动制止徒弟违反企业各项规章制度的行为 |
| | | 3级 | 能够自觉遵守企业各项规章制度，同时积极监督和引导徒弟遵守企业各项规章制度 |

续表

| 指标 | | 指标分级定义 | |
|---|---|---|---|
| 专业知识 | 产品知识 | 1级 | 不了解企业产品资料 |
| | | 2级 | 对企业产品资料有一定了解，但无法提出有效的产品设计和规划建议 |
| | | 3级 | 精通企业产品的详细资料，并能对未来产品的设计与规划提出合理化建议 |
| | 生产管理知识 | 1级 | 熟练掌握10类生产管理知识中的0~4种 |
| | | 2级 | 熟练掌握10类生产管理知识中的5~9种 |
| | | 3级 | 熟练掌握10类生产管理知识，包括生产战略管理、生产流程管理、生产计划与调度、生产定额与工艺流程管理、生产现场管理、生产成本控制、工艺设备管理、生产安全管理、采购与供应管理、生产领域先进的管理理念与方法等 |

2）师傅评选流程

师傅评选主要分为推荐上报阶段、评审阶段和公示及审批阶段这三个阶段，如图5-11所示。

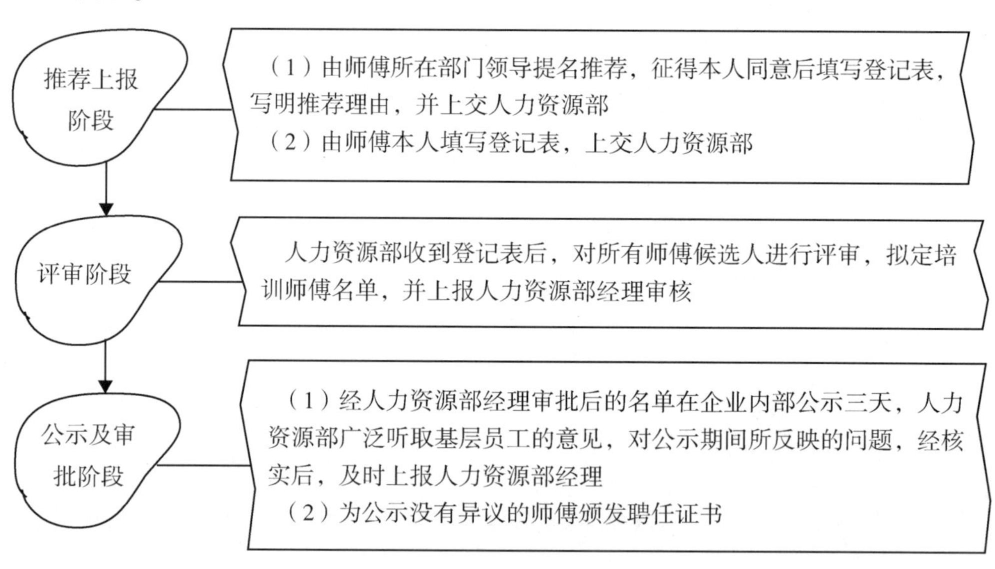


**图5-11　师傅评选流程**

（3）师带徒培训协议实施

师带徒培训是一项长期系统的工作，通过签订科学的签约计划书，可以强化师傅的培训约束机制。师带徒签约流程主要分为以下三个步骤，如图5-12所示。

企业和师傅共同确定师带徒培训目标、培训时间、培训效果

企业结合相关要求确定师带徒培训签约计划书的具体内容，并形成文件

文件在师傅签字生效后，上报人力资源部审核，师带徒培训委员会负责对执行效果进行监督

**图5-12 师带徒签约实施流程**

师带徒签约计划书的签订可以有效解决师带徒过程中存在的问题，如师带徒培训流于形式，缺乏延续性、明确的带徒目标以及完善的师带徒考核标准等。师带徒签约计划书的内容主要包括以下五个方面：签约师徒双方的姓名、权利、义务，培训时长，培训主题内容，培训考核标准，应达到的培训效果等。表5-9是一则示范，仅供参考。

**表5-9 师带徒培训协议书**

师傅：　　　　　　　　　　　　所属部门：

徒弟：　　　　　　　　　　　　所属部门：

为进一步提高本企业培训讲师的整体素质，充分激发师傅培训工作的积极性，提高员工学技术、学管理、学技能的热情，为企业培养高素质的技术人才和管理人才，特制订师带徒培训签约计划。

经双方同意后，特聘____部门的____为____部门____的师傅，师傅和徒弟在培训期需遵守以下规定。

1. 师带徒培训的起止时间为____年____月____日至____年____月____日。

2. 师带徒培训的内容主要为：________________________________。

3. 师傅的具体职责如下：

（1）在培训期应对徒弟的专业知识和实践能力进行系统督导，以实现预期培训目标，同时对徒弟的能力、态度和知识进行及时反馈。

（2）和徒弟共同学习和运用新技术、新知识，支持、鼓励徒弟的创新意识。

（3）认真制定培养目标，确定徒弟不同阶段的培训重点，将工作中积累的技术和知识传授给徒弟。

（4）帮助徒弟树立良好的职业道德和工作作风。

（5）为徒弟提供学习资料，包括操作手册、规章制度和工作流程等。

（6）耐心听取徒弟在技术改进和学习方面提出的建议，并及时作出指导。

（7）在培训结束后，对徒弟进行考核，考核内容为理论知识水平和技能实操。徒弟理论知识考试应达到____分以上，技能实操考试应达到____分以上。

续表

| 4. 徒弟须履行的职责如下：<br>（1）按照相关技术规定和师傅的指导工作，服从师傅和部门领导的管理。<br>（2）严格遵守企业各项规章制度，积极配合师傅的辅导安排，定期向师傅进行反馈，以达到学习目的。<br>5. 本协议经师傅签字后生效，有效期为____年____月____日至____年____月____日。<br>6. 本协议一式三份，人力资源部、师傅和徒弟各一份。<br>师傅签字：<br>徒弟签字：<br>人力资源部盖章： |
| --- |

# 5.4 参与式培训方法与应用

## 5.4.1 角色扮演法

角色扮演法是指让培训对象扮演某个与工作相关的角色，以感受所扮演角色的心态和行为，并帮助其自我发展和提高行为技能的一种有效培训方法。角色扮演法的原理是通过情景和问题的设置使培训对象扮演实际工作中的角色，并运用其已有经验与技能进行表演，其他人充当观众。表演结束后，扮演者、观察者等共同对整个情况进行讨论。

角色扮演法是开发行为能力的手段，培训对象的角色扮演过程可以反映出多方面的实际问题。同时，通过观察者对角色扮演中成功与失败之处的点评，培训对象能够认识到自己的不足，并明确改进方向，而其他人也可以在相互交流中获取宝贵经验。

（1）角色扮演法的类型

角色扮演法的常见类型主要有七种，具体如图 5-13 所示。

（2）角色扮演法的实施流程

角色扮演法实施成功与否，将直接影响到企业培训效果。要想达到理想的培训和测评效果，就必须保证角色扮演实施的全过程得到有效控制。一般来说，角色扮演法的实施分为以下七个步骤。

1）明确目标

采用角色扮演法之前，应该明确培训目标，即通过设置某种问题或情景，希望反

1 单练法。培训对象一人饰两角，可以不受时间、场所、人数的限制，可以站在不同的立场进行思考

2 一对一法。从一对一的演练当中探索问题

3 小组法。3人以上为一组进行演练

4 观察法。重点放在深入观察上，比如6人为一组，其中2人是扮演者，4人作为观察者进行反馈

5 单人表演法。在全体人员当中选择一人进行扮演，其他人在旁观察研究，多用于行为训练

6 分组演练法。全体人员分成几个小组开展演练，选取若干个扮演者和观察者

7 交换法。扮演者和观察者相互交换角色

**图5-13 角色扮演法常见的七个类型**

映出什么问题，培养或提高培训对象哪些能力。

2）设定场景

根据培训目标，设计一个现实工作中经常出现的场景。场景要能引起参与者的共鸣，并能帮助他们学会在实际工作中处理类似的问题。

3）设定角色

角色的设置要根据所设计的情景而定。要保证角色扮演的人物和情节符合现实中的实际情况，确保真实性。

4）准备剧本

剧本的编写要与场景相吻合，要能给各个角色提供合适的展示情节。剧本内容不用太详细，否则会束缚角色扮演者的发挥，规定一个简单的剧本框架即可。

5）设定时间

角色扮演根据设计的情节、场景，要求角色扮演者在规定的时间内完成相关的任务，要合理安排时间，否则不利于角色扮演者的发挥。

6）全局掌控

培训对象在角色扮演的过程中，可能会遇到一些临时状况，使得情节未按照预定的方向发展，培训讲师可事先选取重点对表演过程加强控制，也可通过介入表演引导培训对象。

7）汇报总结

角色扮演结束后，培训讲师应当进行汇报总结，对表演活动中暴露的问题、关键事件及角色表现，发表自己的感想，并提出好的意见，帮助培训对象思考和修正不足，以切实达到培训效果。

（3）角色扮演法的注意事项

为有效防范角色扮演法在具体应用过程中可能出现的各种问题，应当重点注意以下四点内容：

1）准备好角色扮演所需的材料及必要的场景道具；

2）保证角色扮演全过程得到有效控制，以纠正随时可能出现的问题；

3）有针对性地选择培训内容、扮演情景及角色；

4）情景的设计要尽量符合工作的实际情况。

## 5.4.2 头脑风暴法

头脑风暴法，又称智力激励法，是指规定一个主题，通过会议的形式，让所有参加者在自由愉快、畅所欲言的气氛中，自由交换想法或创意的一种培训方法。由于会议使用了没有拘束的规则，培训对象就能够更自由地思考，进入思想的新区域，从而产生很多的新观点和解决问题的方法。当培训对象有了新观点和想法时，他们会大胆表达出来，也会在他人提出的观点之上建立新观点。所有的观点可以被记录下来，但不对其进行评议。只有头脑风暴会议结束的时候，才对这些观点和想法进行评议。

（1）头脑风暴法的实施要求

为使参与者畅所欲言，互相启发和激励，取得更好的效果，采用头脑风暴法必须严格遵循以下四点要求：

1）禁止评论他人观点的好坏，不对任何观点做积极的或消极的评价。

2）提倡自由发言，畅所欲言，随意思考。会议提倡自由发散思考、任意想象、尽量发挥。

3）目标集中，追求设想数量。在头脑风暴时，应该注重观点的数量，要在给定的时间内，提炼出尽可能多的观点。

4）在他人提出的观点之上建立新观点。鼓励参与者在他人观点的基础上进行拓展，以激发更多、更新的观点。

（2）头脑风暴法的实施步骤

头脑风暴法必须按照制定好的步骤和规则来进行，从而保证创造性讨论的有效性，由此，讨论程序构成了头脑风暴法能否有效实施的关键因素。从实施的程序来说，开展头脑风暴法主要有以下几个阶段，具体如图 5-14 所示。

| 阶段名称 | 具体说明 |
| --- | --- |
| 会前准备阶段 | 确定会议的议题；确定参加会议的人数；确定会议的时间和场所，会议时间一般不超过 1 个小时；准备好会议的相关资料 |
| 会议暖场阶段 | 会议开始后，不宜立刻展开讨论，主持人应先说明会议的规则，然后可以谈论一些轻松有趣的话题，以便活跃气氛，使大家放松，营造一个自由宽松的氛围 |
| 设想开发阶段 | 主持人公布会议主题并介绍与主题相关的参考资料。提出的议题一定要表述清楚，范围不能过于宽泛，一定要是某个明确的问题；介绍时需简洁明了，不能过于详细，以免影响参会人员的思维 |
| 自由讨论阶段 | 讨论阶段的准则是不允许参会人员私下互相交流，更不能评论或打断别人的发言等。在这种规定之下，主持人引导大家自由发言，相互启发，自由发挥，随意思考，此外要注意会议内容的记录 |
| 整理总结阶段 | 对会议的所有设想进行收集、整理，聘请有关专家组或组织全体参会人员对设想进行评估分析，经过多次论证和评判，最后确定 1~3 个最佳方案 |

**图 5-14 头脑风暴法的实施步骤**

（3）头脑风暴法的适用范围

在企业的员工培训中，灵活巧妙地使用头脑风暴法，能使培训讲师和培训对象关系更加融洽，最大限度地调动培训对象思考的积极性和主动性，有效锻炼个人及团队的创造力，能够更快、更高效地解决问题。但要注意，不是所有问题都适合采用头脑风暴法去解决。这种方法的运用要点是只规定一个主题，即明确要解决的问题，保证讨论内容不宽泛，比如研究产品名称、广告口号、销售方法、产品的多样化研究等。

# 5.5 基于移动互联网的培训方法与应用

## 5.5.1 基于微信平台的学习

由于近年来智能手机和微信在国内大面积普及，微信成为众多企业选择的一个正式或者非正式的企业交流平台。而随着微信自身的不断开发升级，基于微信平台的培训作为一种成本较低的、“微培训”式的移动互联网培训方式受到了很多企业的欢迎。

企业可以建立一个微信群，在这个微信群里，有至少一个培训负责人，负责维持群里的秩序，组织群里成员（培训对象）进行学习，在微信群里发一些相关学习材料（如文章链接、视频、文档等），引导员工进行学习、讨论和培训。

企业还可以进一步运用微信平台的功能进行培训。除了利用微信群进行培训的问答、交流、反馈等之外，企业还可以运用微信公众号、微信小程序等进行移动培训工作的开展。相对企业培训运用微信群这一方式而言，企业培训微信公众号或者企业培训的微信小程序的成本相对稍高一些，对培训负责人的要求也更高，它要求培训负责人能够有一定的微信公众号、微信小程序等后台编辑能力。此种方式是利用微信公众号的推送和反馈等功能，使员工能够根据自身需要进行学习选择。

采用微信公众号或微信小程序对员工开展培训时，除了设计一些适宜的培训内容外，企业还可以开发一系列与培训对象互动的学习活动，这样的互动有助于提升培训的效果。

## 5.5.2 移动学习专用软件

手机软件（App）是现在热门词汇之一，基于 App 平台的培训可以分为两种，一种是以企业外包的方式使用的 App，另一种是自建专用的培训 App。

基于 App 的培训一般需要在移动设备上另行下载 App。由于微信的普及率高，现在的一种趋势是将 App 与微信等平台打通，以便于员工随时随地学习。

一般 App 给培训管理者的后台主要是以管理为主，包括“需求管理”“计划管理”“培训管理”“考试管理”“用户管理”“培训报表”等模块，可以帮助培训管理者进行需求调研、培训计划、培训实施、培训考试、报表统计等多方面工作。对于培训对象，则有“投票活动”“调查问卷”“移动学习”“离线学习”“移动考试”“资料中心”“专题学习”“公开课”“直播”“群组讨论”“学习排行”“积分排行”和“在线问答”等多个模块可以使用。

# 第6章 培训讲师的选择与管理

# 6.1 工作事项与风险管控

## 6.1.1 图解三大关键事项

培训讲师主要有外部聘请和内部开发两大来源。企业应根据实际情况选择合适的培训讲师，确定恰当的内部和外部培训讲师的比例，做到内外搭配、相互学习、共同进步。概括起来，企业在对培训讲师的管理上，需做好如下三项关键工作。

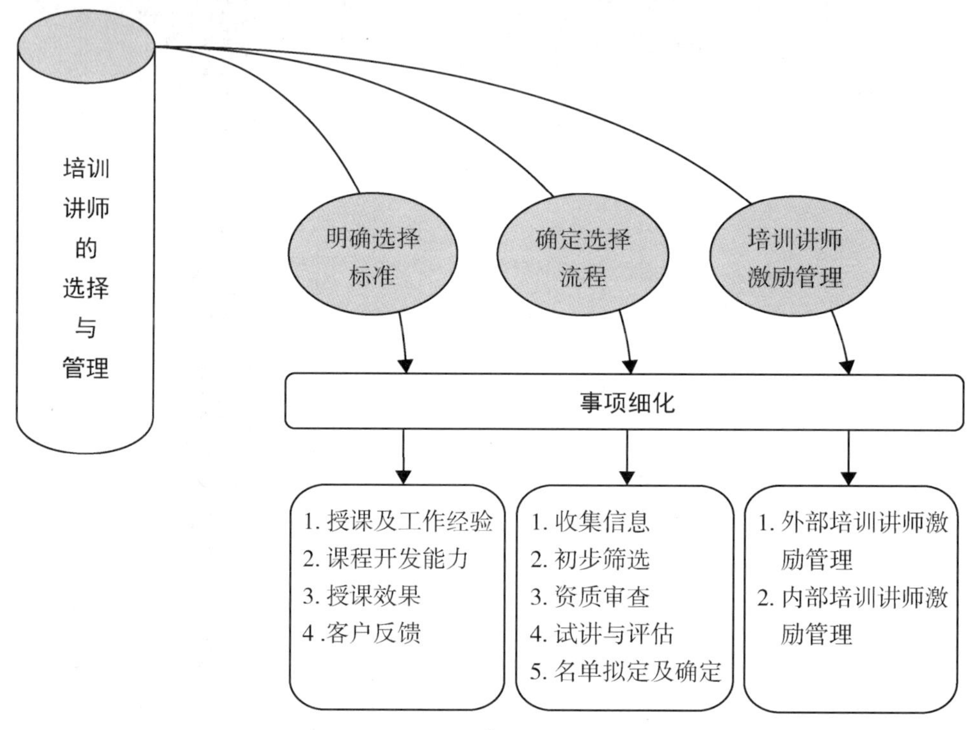


图 6-1　培训讲师的选择与管理工作中的三大关键事项

## 6.1.2 风险管控三个要点

培训讲师直接面对企业参加培训的员工，培训讲师自身水平的高低直接影响企业参加培训的员工接受、理解、运用知识的程度。因此，为了确保培训工作的顺利实施，企业在进行培训讲师的选择与管理时，至少需做好如图 6-2 所示的三项管控工作，以降低风险。

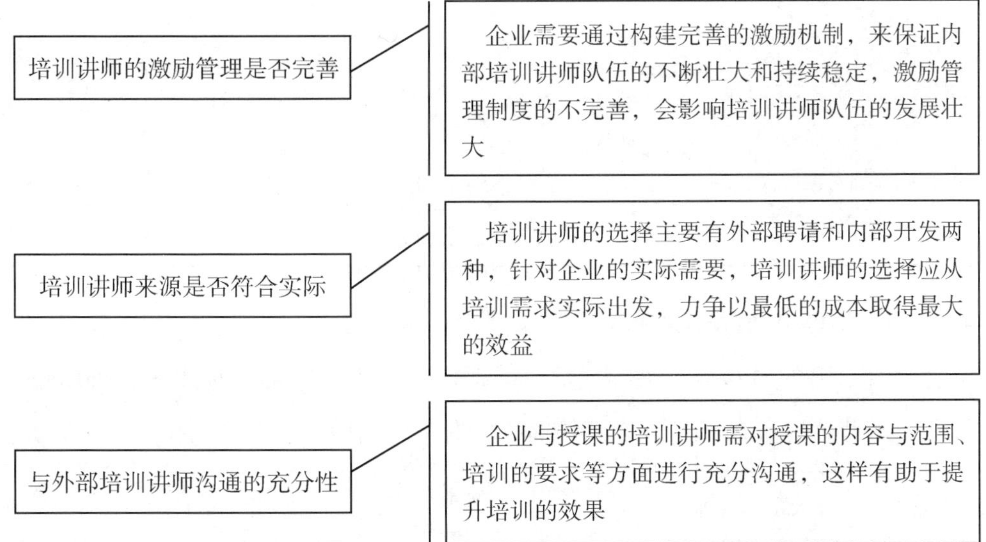


图 6-2　培训讲师的选择与管理工作中的风险管控

# 6.2　内部培训讲师的选择与管理

## 6.2.1　内部培训讲师的选择标准

（1）内部培训讲师选择的范围

企业选择内部培训讲师，建立内部培训讲师队伍，首先要明确内部培训讲师的选择范围。内部培训讲师的选择范围主要从如表 6-1 所示的三个维度进行界定。

表 6-1　内部培训讲师选择范围

| 选择维度 | | 选择范围 |
|---|---|---|
| 入职时间 | | ____年以上 |
| 学历 | | ____及以上 |
| 培训对象 | 普通员工培训 | 主管级以上 |
| | 主管级培训 | 经理级以上 |
| | 经理级培训 | 总监级以上 |

续表

| 选择维度 | | 选择范围 |
|---|---|---|
| 培训对象 | 生产班组长培训 | 班组长以上 |
| | 生产主管培训 | 生产主管以上 |
| | 生产学徒培训 | 生产一线员工 |

（2）内部培训讲师选择的标准

企业选择合适的内部培训讲师，可以确保内部培训讲师的培训水平，进而提高培训的质量和效果。企业内部培训讲师的选择标准主要包括如图 6-3 所示的十个方面。

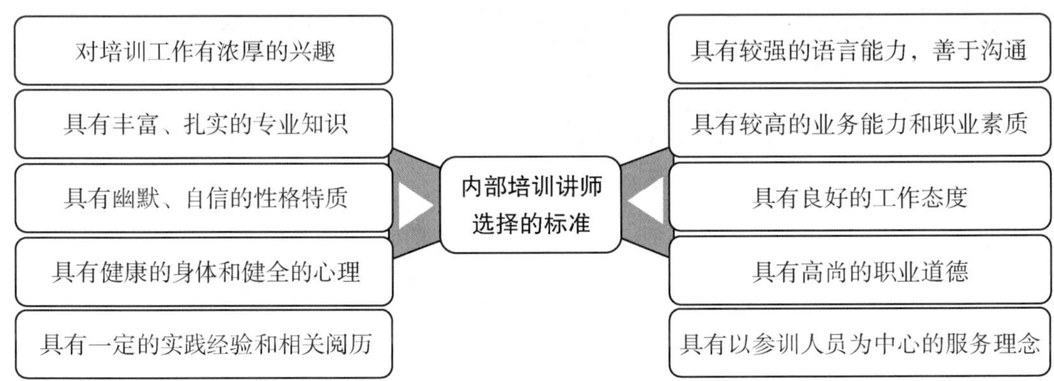


图 6-3 内部培训讲师选择的标准

（3）内部培训讲师的聘用标准

内部培训讲师聘用标准是指确定具有何种资质的候选人能够担任内部培训讲师。在具体实施的过程中，以候选人的试讲评分结果（评估表见表 6-2）作为聘用标准，评分结果是最终确定聘用培训讲师的重要参考。

表 6-2 试讲评估表

| 评估内容 | 评估结果 | | | |
|---|---|---|---|---|
| | 非常好为 5 分 | 较好为 4 分 | 一般为 3 分 | 较差为 2 分 |
| 语音语调 | | | | |
| 现场气氛 | | | | |
| 表达能力 | | | | |

续表

| 评估内容 | 评估结果 | | | |
|---|---|---|---|---|
| | 非常好为 5 分 | 较好为 4 分 | 一般为 3 分 | 较差为 2 分 |
| 肢体语言 | | | | |
| 课堂互动性 | | | | |
| 形象仪表 | | | | |
| 时间掌握 | | | | |
| 授课内容熟悉度 | | | | |
| 案例引用 | | | | |
| 提问技巧 | | | | |
| 总分 | | | | |
| 综合评价 | 综合评价：优秀□ 良好□ 一般□ 较差□<br>建议：<br>评估人：<br>日期： 年 月 日 | | | |

### 6.2.2 内部培训讲师的选择流程

内部培训讲师选择的方式包括推荐和自荐两种。要做好内部培训讲师的选择工作，应该分步骤进行，并且明确各个步骤的操作标准和要求，确保选择过程的公正性、公平性。内部培训讲师选择的步骤具体如图 6-4 所示。

若采用推荐的方式，企业需事先制定出内部培训讲师推荐的标准和要求，图 6-5 给出了一则示例，仅供参考。

| 步骤 | 实施内容 | 注意事项 |
| --- | --- | --- |
| 1. 发布公告 | 发送某门课程培训讲师选择的通知，并附上内部培训讲师资格选择范围和选择标准等选择条件 | 制定合理的内部培训讲师选择标准和培训要求 |
| 2. 提出申请 | 由企业各部门自荐或推荐，填写内部培训讲师推荐 / 自荐表 | 企业各部门自荐或推荐的人员必须是符合条件的申请人 |
| 3. 进行筛选 | 培训部门筛选出符合选择条件的人员 | 主要依据为：内部培训讲师资格选择条件、部门的实际需求 |
| 4. 进行培训 | 为经初步筛选通过的人员安排培训，使其获得基本的课程设计、语言表达、现场控制等方面的专业知识与技巧 | 培训主要从课程开发、授课技巧、授课方法三个方面进行 |
| 5. 试讲和评估 | 安排符合条件的人员进行试讲，并组织内部培训讲师评审小组对参加试讲的人员进行评估 | 制定内部培训讲师试讲要求和内部培训讲师试讲评估标准、细则 |
| 6. 确定合格人员 | 培训部门将申请人的综合评估意见上报相关领导审核后最终确定合格人员 | 为合格人员发放培训讲师证书 |

**图 6–4　内部培训讲师选择的步骤**

| | |
| --- | --- |
| 工作年限标准 | （1）企业正式员工<br>（2）在本企业工作一年以上 |
| 业务能力标准 | （1）工作业绩突出<br>（2）具有较高的职业素养 |
| 学历标准 | 管理专业本科以上学历 |
| 其他标准 | （1）在本岗位未出现过严重的责任事故<br>（2）同事满意度评价不低于 ____ 分 |

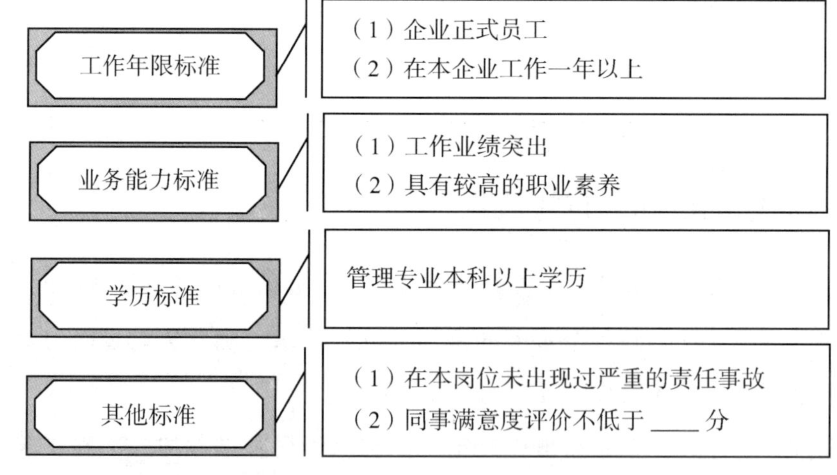

**图 6–5　培训讲师内部推荐标准**

### 6. 2. 3 内部培训讲师的激励管理

对内部培训讲师的激励，可采用物质激励与精神激励相结合的方式进行，其具体方法见表 6-3。

表 6-3 内部培训讲师激励方法

| 激励方式 | 激励方法 |
| --- | --- |
| 物质激励 | 培训津贴 |
| | 薪资晋升 |
| | 奖金 |
| | …… |
| 精神激励 | 星级培训讲师榜 |
| | 代表企业参加业务会议 |
| | 年度、季度最佳培训讲师评选 |
| | …… |

实践表明，培训讲师水平的高低会直接影响培训的效果。因此，为了激励内部培训讲师更快地提升自身水平，企业有必要建立起完善的激励机制，以促进内部培训讲师更好地成长。下文提供了三种制度，仅供参考。

<table>
<tr><td rowspan="2">制度名称</td><td colspan="3" rowspan="2">××公司内部培训讲师奖励办法</td><td>编号</td><td></td></tr>
<tr><td>受控状态</td><td></td></tr>
<tr><td>执行部门</td><td></td><td>监督部门</td><td></td><td>编修部门</td><td></td></tr>
<tr><td colspan="6">

**第 1 章 总则**

第 1 条 目的。

为了调动内部培训讲师的积极性，强化培训效果，特制定本办法。

第 2 条 适用范围。

本办法适用于公司内部培训讲师的奖励管理。

**第 2 章 内部培训讲师等级划分**

第 3 条 助理讲师。

公司新入职讲师或公司内部人员初次担任兼职讲师的讲师都为助理讲师。

第 4 条 初级讲师。

在公司担任讲师（包括专职与兼职）半年以上，能够系统讲授一门培训课程。

</td></tr>
</table>

第 5 条　中级讲师。

在公司担任初级讲师一年以上，综合考评良好，能够担任公司专题培训工作。

第 6 条　高级讲师。

在公司担任中级讲师一年以上，综合考评良好，能够承担培训课程类型两种以上。

## 第 3 章　内部培训讲师奖励措施

第 7 条　授课津贴奖励。

1. 内部培训讲师授课津贴标准见表 1。

表 1　内部培训讲师授课津贴标准

| 内部培训讲师级别 | 授课津贴标准 | |
|---|---|---|
| | 工作时间 | 非工作时间 |
| 助理讲师 | 0 | 30 |
| 初级讲师 | 20 | 40 |
| 中级讲师 | 50 | 80 |
| 高级讲师 | 80 | 120 |

2. 内部培训讲师授课津贴只针对培训部门统一安排并考核合格的课程发放。津贴以现金形式发放，发放时间为课程后期跟踪、总结完成后一个月内。

3. 以下四种情况不发放津贴：

（1）各类部门会议、活动。

（2）公司管理层、部门经理等对下属部门及本部门人员开展的例行分享、交流、培训活动等。

（3）试讲以及其他非正式授课。

（4）工作职责内要求的授课。

第 8 条　享受资料购置费报销、带薪休假和外部培训等待遇。

1. 内部培训讲师的资料购置费报销、带薪休假和外部培训等待遇的明确规定见表 2。

表 2　内部培训讲师资料购置费报销、带薪休假和外部培训待遇标准

| 内部培训讲师级别 | 待遇标准 | | |
|---|---|---|---|
| | 资料购置费 | 带薪休假 | 外部培训 |
| 助理讲师 | 100 元/年 | — | — |
| 初级讲师 | 500 元/年 | 3 天/年 | — |
| 中级讲师 | 1 000 元/年 | 5 天/年 | — |
| 高级讲师 | 2 000 元/年 | 7 天/年 | — |

2. 外部培训所获得的资料或证书须留存公司备案。

3. 带薪休假期间照常发放工资，但不报销差旅费等费用。

4. 购置的学习资料经公司备份后归个人所有。

第 9 条　内部培训讲师具有优先参加相关课程或外部培训活动的权利。

第 10 条　内部培训讲师授课的业绩作为本人年度考核和晋升的参考标准，同等条件下的薪资调整、评优、升职等机会也优先考虑内部培训讲师。

第 11 条　按照公司配备笔记本电脑的相关规定，初级级别以上的内部培训讲师经公司培训部提名、总经理批准后，可以配置笔记本电脑一台。

第 12 条　因授课需要而发生的费用需提前报公司培训部审批后支付，具体要求如下：

1. 未使用完的道具、小礼品等由公司行政部保管，以备下次使用。

2. 培训课程需要的书籍、讲义及教案等课程教材的所有权归公司。

3. 交通及住宿费用标准按公司出差规定执行。

第 13 条　公司每年进行一次优秀内部培训讲师评选，对于表现优异的培训讲师，公司将授予“公司优秀内部培训讲师”荣誉称号并进行物质奖励。

**第 4 章　附则**

第 14 条　本制度未尽事宜参照公司相关规定执行。

第 15 条　本制度由培训部负责起草和修订，经总经理审批后生效。

| 编制日期 | | 审核日期 | | 批准日期 | |
|---|---|---|---|---|---|
| 修改标记 | | 修改处数 | | 修改日期 | |

| 制度名称 | ××公司内部培训讲师补助办法 | | | 编号 | |
|---|---|---|---|---|---|
| | | | | 受控状态 | |
| 执行部门 | | 监督部门 | | 编修部门 | |

**第 1 章　总则**

第 1 条　目的。

为规范内部培训讲师补助管理工作，激发培训讲师的工作热情和创造能力，依据公司培训管理制度，特制定本办法。

第 2 条　适用范围。

公司内部培训讲师补助管理各项工作应参照本办法执行。

第 3 条　管理职责。

1. 培训总监职责。对培训部制定内部培训讲师补助办法的工作给予指导，并审核培训部申请的各项内部培训讲师补助。

2. 培训经理职责。负责制定内部培训讲师补助项目及其补助标准，并负责内部培训讲师各项补助申请工作的执行。

3. 培训主管职责。负责协助培训经理制定内部培训讲师补助项目及其补助标准的工作，并负责协助培训经理执行内部培训讲师各项补助的申请、支付等工作。

**第 2 章　内部讲师等级划分**

第 4 条　一级讲师。

在公司担任讲师一年以上，综合考评良好，能承担公司两门及以上的专题培训工作。

第 5 条　二级讲师。

在公司担任讲师一年以上，综合考评良好，能承担公司的专题培训工作。

第 6 条　三级讲师。

在公司担任讲师半年以上，能够系统讲授一门培训课程。

**第 3 章　补助项目及标准**

第 7 条　培训课时补助。

培训部根据内部培训讲师级别、讲课时数、课程满意度等指标为内部培训讲师发放课时补助。相关标准见培训课时补助管理办法。

第 8 条　课程开发补助。

内部培训讲师在完成本职工作的基础上及不影响培训部安排的授课的情况下，自行开发出新的适用于本公司的培训课程，培训课程经培训部及公司培训讲师、专家团队评审通过的，公司将根据课程开发综合评估成绩支付相应的一次性课程开发补助。课程开发补助标准具体见表 1。

**表 1　课程开发补助标准**

| 课程性质 | 课程开发综合评估成绩 | 补助额度（元） |
| --- | --- | --- |
| 核心管理课程 | 85 分以上 | ____元 |
| 核心技术课程 | 76 分~85 分 | ____元 |
| 一般管理课程 | 65 分~75 分 | ____元 |
| 其他 | 65 分以下 | 无 |

第 9 条　优秀内部培训讲师奖金。

每年年底培训部组织对公司内部培训讲师本年度的表现进行评估，获得“优秀内部培训讲师”称号者，可获得“年度优秀培训讲师”锦旗及奖金。优秀内部培训讲师评选标准见表 2。

**表 2　优秀内部培训讲师评选标准**

<table>
<tr><th>优秀内部培训讲师评选标准</th><th>详细说明</th><th>奖金</th><th>其他奖励</th></tr>
<tr><td>年度授课平均满意度</td><td>满意度达____%</td><td rowspan="3">____元</td><td rowspan="3">证书</td></tr>
<tr><td>教材内容课件准备</td><td>内容涵盖业务所需所有内容，且更新及时</td></tr>
<tr><td>年度授课总数量</td><td>达____课</td></tr>
</table>

第 10 条　优秀内部培训讲师优先参加外部培训、交流、考察等。

第 11 条　每年享有不超过____元的购书补助，所购书目必须是培训课程所需并经培训部审核。

第 12 条　被公司外派参加其他机构培训的员工，在培训结束后有义务对其他员工进行培训内容传授。对培训内容传授工作，公司将给予一定的补助，相关标准按三级讲师的课时补助标准执行。课时数不足实际参训课时的不予发放上述补助，课时数超过实际参训课时的将给予____倍课时补助以示奖励。

**第 4 章　补助的发放**

第 13 条　内部培训讲师课时补助的发放参照培训课时补助管理办法执行。

第 14 条　课程开发补助的发放。内部培训讲师开发的课程在评审通过后，经课程开发培训讲师或开发培训讲师团队负责人申请，并填写课程开发补助申请表，由培训部于____个工作日内发放。

第 15 条　优秀内部培训讲师奖金由培训部在评选结束后____个工作日内发放给获奖培训讲师。

第 16 条　购书补助。购书补助采用实报实销的方式，培训讲师按月将购书发票交与培训部，由培训部统一报销并将报销费用支付给培训讲师。

第 17 条　本制度未尽事宜参照公司相关规定执行。

第 18 条　本制度由培训部负责起草和修订，经总经理审批后生效。

| 编制日期 | | 审核日期 | | 批准日期 | |
|---|---|---|---|---|---|
| 修改标记 | | 修改处数 | | 修改日期 | |

| 制度名称 | ××公司内部培训讲师考核办法 | | | 编号 | |
|---|---|---|---|---|---|
| | | | | 受控状态 | |
| 执行部门 | | 监督部门 | | 编修部门 | |

**第 1 章　总则**

第 1 条　目的。

为了有效激励内部培训讲师的工作积极性和主动性，营造公平的竞争环境和有效的激励体制，特制定本考核办法。

第 2 条　适用范围。

本办法适用于公司所有内部培训讲师的考核管理。

**第 2 章　内部培训讲师考核依据**

第 3 条　学员满意度。

学员满意度是指内部培训讲师授课结束后学员通过问卷评价表作出的评价。

第 4 条　培训部评价。

培训部评价的主要项目包括教学质量、教学效果、工作态度、授课技巧、课程内容的熟练程度、课程开发内容等。

**第 3 章　考核实施管理**

第 5 条　考核时间安排。

对内部培训讲师的考核一般是在年末进行，具体考核时间根据公司的实际情况进行确定。

第 6 条　考核评估组织管理。

由培训部经理组织成立内部培训讲师考核小组，人力资源部经理担任该考核小组组长，小组成员具体包括培训部经理、学员代表、绩效考核专员等。

第 7 条　考核程序。

公司内部培训讲师考核程序主要分为以下四个步骤：

1. 确定考核项目与评分标准。

公司对内部培训讲师的考核内容，一般从三个方面入手，即工作绩效、工作技能和工作态度。具体考核项目、考核指标、考核项目权重、评价标准及考核得分见表 1。

表1 考核项目与评价标准一览表

| 考核项目 | 考核指标 | 考核项目权重 | 评价标准 | 考核得分 |
|---|---|---|---|---|
| 工作绩效 | 培训讲师开发培训课程数量 | ____% | 1. 培训课程开发数量达到工作计划规定的要求，得15分<br>2. 若未完成工作计划规定的课程数量，少完成1门，扣3分<br>3. 若未完成工作计划规定的课程数量，少完成5门，得0分 | ____分 |
| | 培训讲师讲课累计课时数 | ____% | 1. 培训讲师讲课累计课时数达到工作计划规定的要求，得15分<br>2. 若未完成工作计划规定的课时数，少完成1课时，扣3分<br>3. 若未完成工作计划规定的课时数，少完成5课时，得0分 | ____分 |
| | 学员对培训讲师所讲课程的满意率 | ____% | 1. 学员对培训讲师所讲课程的满意率达95%，得10分<br>2. 学员对培训讲师所讲课程的满意率每降低1%，扣1分<br>3. 学员对培训讲师所讲课程的满意率低于85%，得0分 | ____分 |
| 工作技能 | 授课能力 | ____% | 1. 所讲授的课程，学员都能够清楚地理解培训讲师所讲内容，得10分<br>2. 所讲授的课程，有5%的学员不能清楚地理解培训讲师所讲内容，得5分<br>3. 所讲授的课程，有10%的学员不能清楚地理解培训讲师所讲内容，得0分 | ____分 |
| | 课程开发能力 | ____% | 1. 所开发课程包含学员学习的所有知识点，得15分<br>2. 所开发的课程，每少1个学员所需的知识点，扣3分<br>3. 所开发的课程，缺少5个以上学员所需的知识点，得0分 | ____分 |

续表

| 考核项目 | 考核指标 | 考核项目权重 | 评价标准 | 考核得分 |
|---|---|---|---|---|
| 工作技能 | 解决问题能力 | ____% | 1. 能及时解决学员所提出的问题，得10分<br>2. 不能及时解决学员所提出的问题1次，扣2分<br>3. 不能及时解决学员所提出的问题5次，得0分 | ____分 |
| 工作态度 | 工作主动性 | ____% | 考核期间出勤率达到100%，得10分；迟到1次，扣2分；迟到3次以上者，得0分 | ____分 |
| | 工作责任心 | ____% | 1. 除做好自己的本职工作以外，还主动承担公司内部的工作，得5分<br>2. 自觉地完成工作任务且对自己的行为负责，得3分<br>3. 自觉地完成工作任务，但对工作中的失误有时推卸责任，得1分<br>4. 不能保质、保量地完成工作任务且工作态度不认真，得0分 | ____分 |
| | 团队意识 | ____% | 1. 能积极协助其他团队成员完成工作的，得10分<br>2. 由于个人原因延误团队工作的，每次扣2分<br>3. 超过2次由于个人原因延误团队工作的，得0分 | ____分 |
| 综合得分 | | | | |

2. 实施考核。

（1）确定了考核内容后，绩效考核专员搜集相关的绩效记录资料。

（2）资料搜集完毕后，考核小组依据内部培训讲师绩效记录资料对内部培训讲师进行打分。

3. 计算考核得分。

考核小组成员打分完毕后，绩效考核专员根据打分，计算所考核的内部培训讲师的综合得分。

4. 考核得分复核。

综合得分计算完毕后，内部培训讲师要对综合得分进行复核计算，以避免出现计算错误的情况。复核完毕后，将复核后的考核得分填到内部培训讲师绩效考核记录表上。

第 4 章　考核结果奖罚措施及异议处理

第 8 条　考核结果奖罚措施。

1. 奖励措施。

培训部根据培训讲师的考核得分，对内部培训讲师进行奖励，具体奖励措施见表 2。

表 2　内部培训讲师奖励措施

| 考核得分 | 薪酬调整 |
| --- | --- |
| 90 分及以上 | 薪酬在原有基础上上调 10% |
| 80～89 分 | 薪酬在原有基础上上调 5% |
| 75～79 分 | 薪酬在原有基础上上调 2% |

2. 惩罚措施。

内部培训讲师考核得分低于 75 分即被降级，初级讲师将被解聘，待进一步培训后再申报加入。

第 9 条　考核结果异议处理。

若对考核结果持有异议，相应人员可向培训部提出申诉，要求重新复核考核得分。培训部自接到申诉起，1 个工作日内必须向申诉者给予答复。

第 5 章　附则

第 10 条　本制度未尽事宜参照公司相关规定执行。

第 11 条　本制度由培训部负责起草和修订，经总经理审批后生效。

| 编制日期 | | 审核日期 | | 批准日期 | |
| --- | --- | --- | --- | --- | --- |
| 修改标记 | | 修改处数 | | 修改日期 | |

# 6.3　外部培训讲师的选择与管理

## 6.3.1　外部培训讲师的选择标准

外部培训讲师的选择途径较多，制定外部培训讲师选择标准有助于为企业选择具有较高业务水平和道德水平的合格培训讲师，培训讲师能够针对企业实际需求确定调整培训内容、设计符合企业员工培训需求的培训课程，从而达到预期培训目标。

人力资源部在制定外部培训讲师的选择标准时，可结合本企业内部培训讲师的任职资格及胜任标准来制定。一般来说，可参考的具体标准见表 6-4。

表 6-4 外部培训讲师的选择标准

| 选择标准 | 标准说明 |
| --- | --- |
| 授课经验 | 培训讲师具有多年从业经验，能够将理论知识与管理实践全方位融合，帮助企业员工解决实际工作中遇到的问题 |
| 课程开发能力 | 培训讲师能够结合企业培训需求开发并完善培训课程，保证讲授知识的先进性和实用性 |
| 培训授课能力 | 培训讲师能够融合多种培训方式，使用恰当的培训技巧进行授课 |
| 客户口碑 | 人力资源部对培训讲师以往服务的客户进行调查，深入了解培训讲师授课的互动效果、授课风格和授课实用性等信息 |
| 培训授课效果 | 培训讲师了解参训员工的学习过程，把控培训课堂气氛，使培训效果最大化 |
| 专业领域学习能力 | 培训讲师了解培训领域的最新发展情况，并持续、深入地学习专业知识 |
| 授课风格 | 考查培训讲师的授课风格是否与企业文化、参训员工需求相适应，常见的授课风格如下：<br>（1）领导风格<br>（2）学者风格<br>（3）幽默风格<br>（4）实用风格<br>（5）技术风格 |
| 工作经历 | 考查培训讲师的工作经历，据此推断培训讲师的综合素质：<br>（1）若缺乏不同行业、不同部门岗位的工作经历，则视野狭窄，知识储量不全面，影响培训目标的实现<br>（2）若工作经历丰富，则培训规范化程度较高，能够从参训员工的角度出发，易于引起参训员工的共鸣，从而取得更好的培训效果 |

## 6.3.2 外部培训讲师的选择流程

外部培训讲师自身水平的高低会直接影响培训课程的培训效果。因此，外部培训讲师的选择尤为重要，而优秀外部培训讲师的选择需经过缜密的内部决策流程。

（1）人力资源部搜集、筛选外部培训讲师信息

人力资源部通过平面媒体、网络媒体、企业信息库等多种渠道搜集外部培训讲师的资历、经验等资料。同时，人力资源部根据企业的培训需求、培训目标、培训对象（参训员工）、培训经费等情况对外部培训讲师进行初步筛选。

（2）人力资源部对外部培训讲师的资质进行审查

对通过筛选的外部培训讲师进行资质审查，若外部培训讲师未能通过审查，则不

能聘用。

（3）人力资源部组织试讲与评估

人力资源部与审查通过的外部培训讲师联系，并组织其进行试讲，对试讲结果进行评估。人力资源部安排试讲时间后通知外部培训讲师，试讲评估主要考查六个方面，具体见表 6-5。

**表 6-5　外部培训讲师试讲评估表**

培训课程：　　　　　　　　培训讲师：　　　　　　　　试讲日期：　　年　　月　　日

| 评估项目 | 评估标准 | | |
|---|---|---|---|
| | 优秀 | 良好 | 较差 |
| 课前准备 | 培训讲师课前准备十分充分，熟悉培训内容、培训流程 | 培训讲师仅了解部分培训内容，对培训流程不熟悉 | 培训讲师没有进行课前准备，对培训内容、培训流程不熟悉 |
| 授课进度 | 培训讲师能够根据授课内容的重要性安排授课进度，并在授课过程中，对授课进度进行实时调整 | 培训讲师事先对授课进度有一定安排，但无法根据培训实际情况调整授课进度 | 授课进度安排不合理，培训讲师无法结合培训内容调整授课进度 |
| 授课技巧 | 培训讲师熟练掌握授课技巧，培训开场精彩，表达恰当，培训互动适度，收尾简洁有力 | 培训讲师仅掌握部分授课技巧，存在培训开场平庸、表达不够简洁、互动时间过长或过短等问题 | 培训讲师未掌握授课技巧，授课效果较差 |
| 多媒体运用 | 培训讲师在培训过程中能够熟练、恰当地使用多媒体，丰富课堂内容，激发参训员工的学习兴趣 | 培训讲师虽然能熟练运用多媒体丰富课堂内容，但多媒体使用不恰当，参训员工的学习兴趣较低 | 培训讲师不了解如何运用多媒体，参训员工因培训课程表现形式枯燥而毫无学习兴趣 |
| 问题解答 | 培训讲师能够快速、全面地解答参训员工的提问，参训员工对培训讲师的回答满意度高 | 培训讲师对参训员工提问的解答不全面，参训员工对解答有异议 | 培训讲师无法解答参训员工的提问 |
| 参训员工收获 | 参训员工培训满意度很高，认为培训课程具有较高价值，对实际工作的帮助较大 | 参训员工培训满意度较高，但认为培训课程对实际工作的帮助较小 | 参训员工培训满意度低，认为培训课程毫无价值，无法指导实际工作 |
| 综合评价 | | | |

（4）人力资源部确定外部培训讲师名单

人力资源部结合试讲评估结果，拟定聘用的外部培训讲师名单，并上报人力资源部经理审批。经审批通过后，人力资源部与外部培训讲师就培训相关事宜进行沟通，并签订合作协议。

### 6.3.3 健全外部培训讲师管理制度

企业通过外聘培训讲师在企业内部开展相应的培训课程，一方面可以为其带来新的观念和先进的技术方法；另一方面企业可根据自身的实际需求选择在相应领域内富有经验的、具有良好专业技能的专家或管理人员，对员工进行专业辅导和支持，从而促进员工学习效能的大幅提高。因此，外部培训讲师在企业培训工作中受到越来越多的重视。为了更好地发挥外部培训讲师的积极作用，确保培训目标的实现，企业内部必须建立起一套行之有效的外部培训讲师管理制度。下面提供一则管理制度示例，仅供参考。

**某公司外部培训讲师管理制度**

第1条 目的

为规范公司对外部培训讲师的管理，保证培训有效、有序地进行，特制定本办法。

第2条 定义

本办法所称外部培训讲师，是指在培训过程中，为满足业务发展和员工综合素质提升需求，更好地实现培训目标，聘请公司系统外部的培训授课人员。

第3条 适用范围

当公司内部培训讲师资源无法满足培训需求时，方可聘请外部培训讲师。

第4条 原则

1. 专业需要原则。聘请的外部培训讲师须具备较强的专业功底，并对本专业领域最新信息、方法和知识较为了解，并能做到学以致用。

2. 积极配合原则。培训部门密切配合外部培训讲师实施培训组织工作，协助培训讲师做好接待、场地布置、资料准备、学员组织等工作。

第5条 外部培训讲师的资格要求

聘请的外部培训讲师须在所讲授课题领域具有良好的知名度与美誉度，并有相关的工作经历、教育背景。

第6条 聘请外部培训讲师的流程

1. 在企业内部培训讲师难以承担培训任务时，由参训部门或培训部门填写外聘培训讲师申请表，经培训部门主管审核后报总经理审批。

2. 在申请批准后，培训部门根据培训需求以及外部培训讲师的资历、教育背景和授课背景对外部培训讲师进行筛选，提供确认的外部培训讲师人选，并进行外部培训讲师的资格审核。

3. 培训部门应就培训需求、培训目标、培训背景、学员情况等内容提前与外部培训讲师进行充分沟通，要求外部培训讲师提交培训方案和教学内容，报培训部门主管审核并备案。

4. 由培训部门与外部培训讲师商定培训协议，提交培训部门主管签字，并将双方签订的协议进行存档。

第 7 条　外部培训讲师的费用

外部培训讲师的课酬、往返差旅费、食宿费等费用按商定标准由培训部门支付，公司财务部门负责费用审批。聘请的外部培训讲师授课费用超出预算标准的，应当报总经理审批。

第 8 条　外部培训讲师评估

1. 外部培训讲师完成培训授课任务后，培训部门应组织学员进行教学效果评估。

2. 与优秀的外部培训讲师建立长期合作关系，建立外部培训讲师档案，实现培训讲师信息系统内部共享。

3. 对于不能满足培训需求、评估结果不达标的外部培训讲师，公司不再将其作为外部培训讲师人选。

第 9 条　附则

本管理制度自发布之日起实施，由公司人力资源部负责解释。

# 第7章

# 培训计划的实施与控制

# 7.1 工作事项与风险管控

## 7.1.1 图解三大关键事项

培训计划是指企业对未来一段时间内将要进行的培训工作所做的事前安排，它是做好培训工作的前提条件。针对培训计划涉及的内容，可以将培训计划的实施与控制具体分为如图 7-1 所示的三大关键事项。

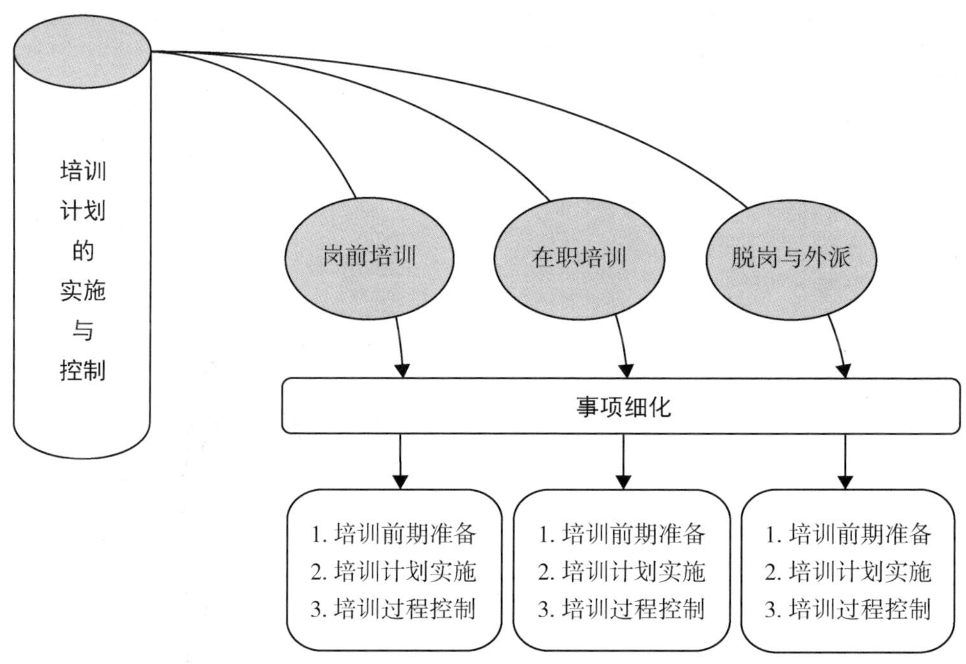


图 7-1　培训计划的实施与控制三大关键事项

## 7.1.2 风险管控三个要点

在制订培训计划之后，企业应从明确培训计划标准、比较目标与实施现状之间的差距、分析原因和计划调整等方面实施和控制培训计划。因此，为了确保培训计划实施与控制工作的顺利进行，企业至少需做好如图 7-2 所示的三项管控工作，以降低风险。

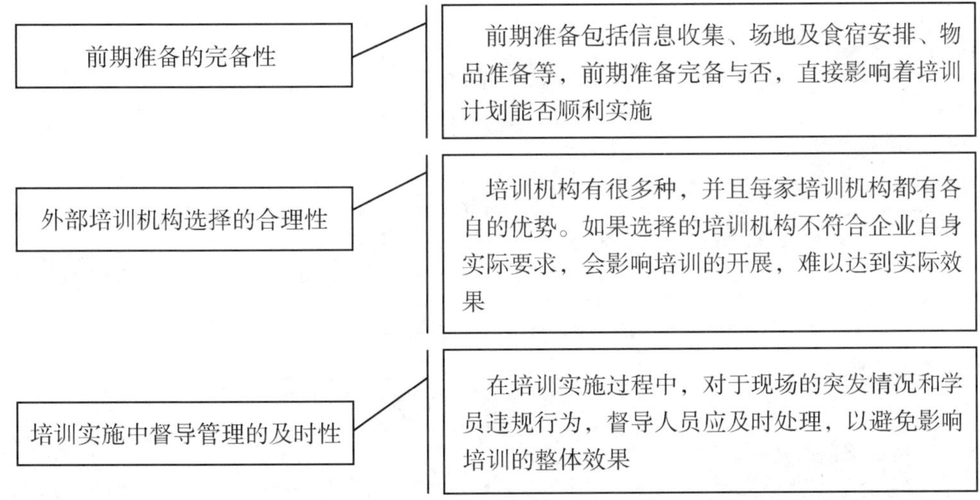


图7-2 培训计划实施与控制工作中的风险管控

# 7.2 岗前培训实施与控制

## 7.2.1 培训前期准备

岗前培训是指员工在上岗前必须接受的一系列培训，具体包括企业新员工的入职培训、内部员工调岗复岗后为适应新岗位工作内容而接受的岗前培训等。岗前培训的主要目的是为企业新员工或调岗复岗后的员工指明方向，使其对新的工作环境、条件、工作关系、职责、规章制度和组织期望有所了解，让其尽快融入企业并投身工作中。在企业进行培训之前，准备工作包括信息收集与发布、培训场地及食宿安排、物品准备，具体内容如图7-3所示。

下面对图7-3中的部分内容进行简要说明。

（1）培训场地选择

培训场地是培训讲师实施培训、培训学员进行学习的地方，场地的选择会对培训活动的顺利开展、培训效果产生影响。在选择培训场地时，应考虑以下五方面因素：

1）培训场地的面积应满足培训学员的使用需求。

2）培训场地应具备工作区域、休息区域，培训讲师在培训场地的工作区域内应能够放置教学器材和教学资料。

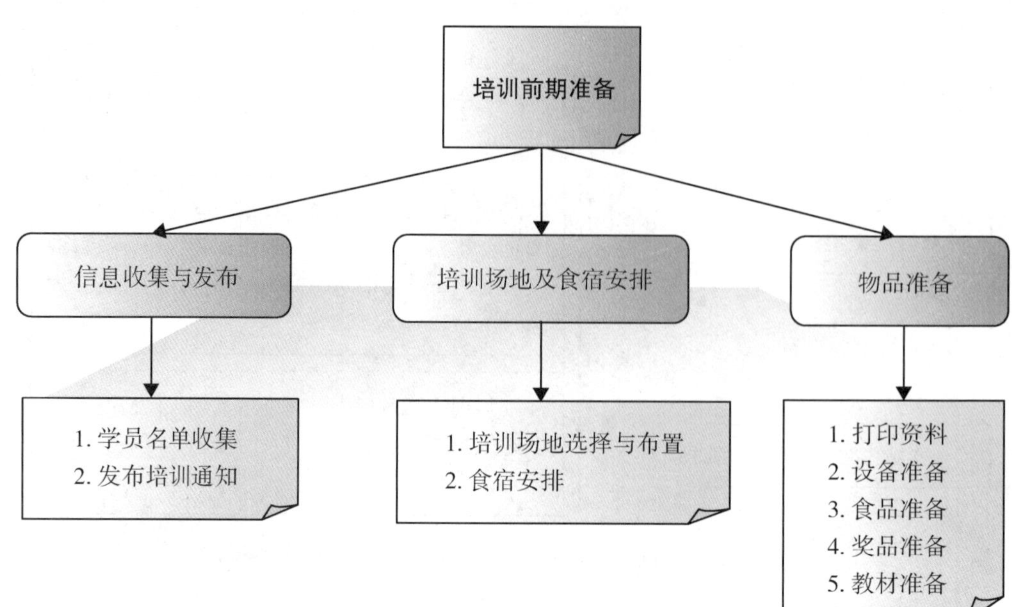


**图 7-3　岗前培训前期准备的具体工作事项**

3）培训场地应能够在培训周期内连续使用。

4）培训场地的租用费用应在企业培训预算可承担的范围内。

5）应针对不同的培训方式选择培训场地。例如，数字化学习（e-learning）培训应选择企业内部专门的培训室进行，拓展训练应选择户外拓展中心进行，普通授课培训应选择企业内部培训室、会议室进行。

（2）培训设备工具准备的项目

培训设备工具准备的项目主要包括计算机、激光笔、教具（教学模型）、黑板或白板、马克笔和白板刷、投影仪和投影屏幕、录音和摄像设备、麦克风和电池、座位牌等。

设备工具的准备应当把握三个原则，即不遗漏、不损坏和不陌生的“三不”原则，具体如图 7-4 所示。

（3）培训资料的准备

除了做好培训实施所需的设备工具准备外，培训讲师还需做好培训资料的准备工作。

1）培训资料的内容

培训资料包括在培训过程中要使用到的以纸张、硬盘等形式存在的同培训内容相关的材料，具体包括如图 7-5 所示的五类文本材料。

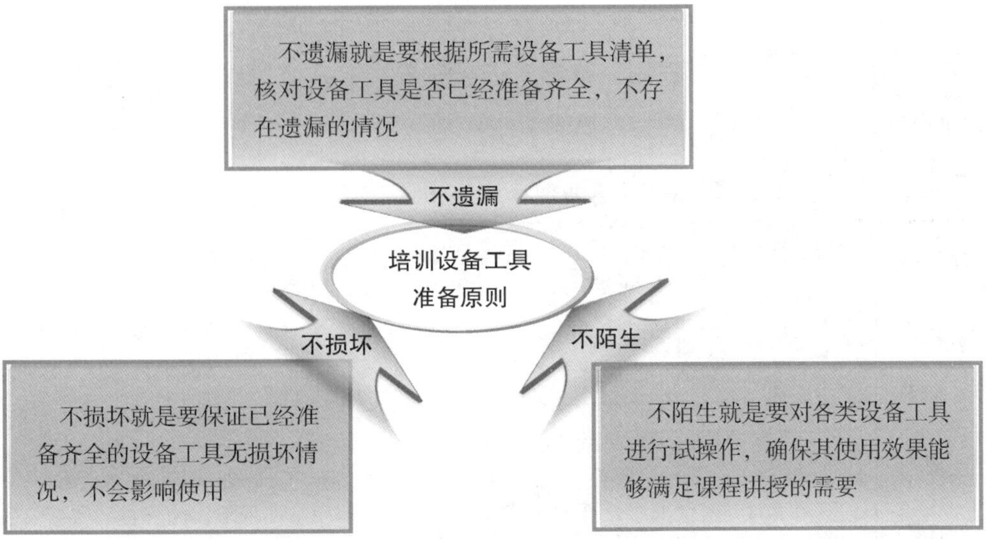

不遗漏就是要根据所需设备工具清单，核对设备工具是否已经准备齐全，不存在遗漏的情况

不遗漏

培训设备工具准备原则

不损坏

不陌生

不损坏就是要保证已经准备齐全的设备工具无损坏情况，不会影响使用

不陌生就是要对各类设备工具进行试操作，确保其使用效果能够满足课程讲授的需要

图 7-4 培训设备工具准备的原则

1. 学员手册
2. 视频、音频资料
3. 活动挂图
4. 学员填写表格
5. 其他说明性资料、讨论资料、测试文件等

图 7-5 培训课程文本材料内容

2）掌握“三全一准”原则

在准备文本材料时，应当把握“项目全、内容全、数量全、表达准确”的“三全一准”原则。

①“项目全”是指根据所需文本材料的清单确保所准备的文本材料种类齐全、无遗漏。

②“内容全”是指每一类文本材料的内容均没有缺失，能够达到开展授课的要求。

③“数量全”是指对每类文本材料的数量进行清点，确保所需材料的份数符合要求。比如学员手册人手一份，应确保总份数不少于总人数，并在此基础上多准备几份以备不时之需。

④“表达准确”是指培训讲师一定要认真核对文本材料的内容，确保表述准确、完整，不存在模糊不清和表达错误、排版不当的问题。

（4）培训现场座位的布置

培训现场的座位，可以使用多种形式进行布置。常见的形式主要有圆桌式、U 字式和平行式，三种布置形式的特点见表 7-1。

表 7-1　培训现场座位布置形式的特点

| 布置形式 | 特点 |
| --- | --- |
| 圆桌式 | 培训学员易形成临时的团队进行讨论、演练或游戏，但也易形成与培训无关的小圈子私下交谈，影响培训进程及个别学员的培训效果 |
| U 字式 | 培训学员之间、培训学员和培训讲师之间易于交流 |
| 平行式 | 适用于对互动性要求较低的讲座式培训，充分利用培训场地，能够容纳数量较多的培训学员 |

在培训现场布置的过程中，还应注意以下五方面的问题，如图 7-6 所示。

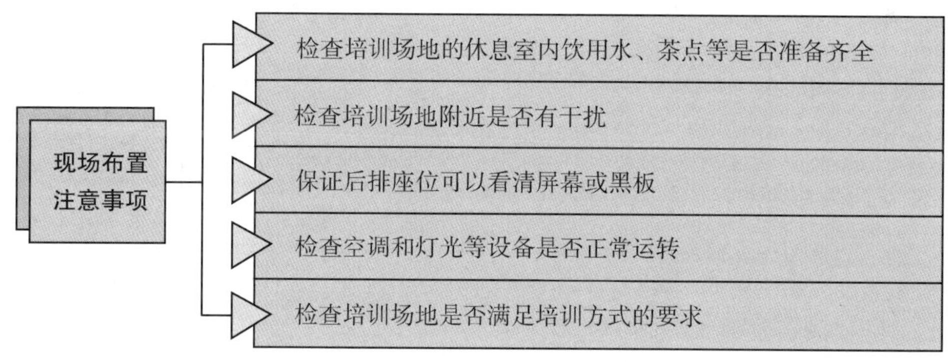


图 7-6　培训现场布置的注意事项

前期准备工作到位后，企业培训管理人员就可依照既定的培训计划实施培训了。在培训实施过程中，培训组织者需做好培训期间各种突发问题的处理工作。

## 7.2.2　培训计划实施

（1）培训内容设计

员工岗前培训的内容主要包括企业概况、企业文化、规章制度、环境、工作内容、晋升等，将这些内容进行划分，可以分为与工作环境有关的内容、与工作制度有关的内容以及与工作岗位有关的内容。表 7-2 为某公司新员工岗前培训内容表，仅供参考。

**表 7-2 新员工岗前培训内容**

姓名： 部门： 职务： 到职日期： 年 月 日

| 序号 | 培训项目 | | 培训日期 | 时间 | 培训人 |
|---|---|---|---|---|---|
| 1 | 欢迎新员工，致欢迎辞 | | | | |
| 2 | 培训计划简介 | | | | |
| 3 | 工作环境简介 | | | | |
| 4 | 公司概况 | （1）公司基本概况<br>（2）发展历史、企业文化、经营理念和未来发展方向<br>（3）公司组织结构说明 | | | |
| 5 | 人员介绍 | （1）介绍公司主要高层领导<br>（2）介绍各级主管<br>（3）介绍部门同事<br>（4）员工自我介绍 | | | |
| 6 | 规章制度 | （1）人事规章与福利说明<br>（2）作息和签到规则<br>（3）休息和用餐规则<br>（4）服务礼仪和接待规定<br>（5）办公自动化使用规定<br>（6）休假和加班规定<br>（7）奖罚规章 | | | |
| 7 | 学习员工手册的内容 | | | | |
| 8 | 财务制度 | （1）财务制度说明<br>（2）出差规程与费用报销流程<br>（3）主要财务政策 | | | |
| 9 | 部门本岗位工作内容介绍 | | | | |

（2）培训讲师的确定

培训讲师主要有外部聘请和内部开发两大来源，企业应根据实际情况选择合适的培训讲师。例如企业概况、经营理念、规章制度等内容的培训由人力资源部人员进行；岗位技能方面的培训由资深员工、部门经理进行；时间管理、商务礼仪等内容的培训则可以考虑聘请专业培训讲师来进行等。

（3）培训方式的选择

培训方式的选择应考虑多方面因素以及不同培训方式所能达到的效果，并结合岗前培训的特点。岗前培训主要采用课堂讲座、多媒体教学、工作指导、移动学习等方式开展培训。

（4）培训纪律的规范

培训的具体实施过程是一个教与学互动、讲师与学员相互沟通的过程，培训中讲师虽然是主导，但学员也是主角，学员是否积极地配合和响应讲师，营造互动的课堂气氛，在某种程度上会影响培训效果的好坏。所以，为了营造良好的互动气氛，提高学员学习效率，需要对学员作出一些约束，制定一些培训规章制度。

### 7.2.3　培训过程控制

在培训实施中，需要对培训过程进行控制，控制要点具体如图 7–7 所示。

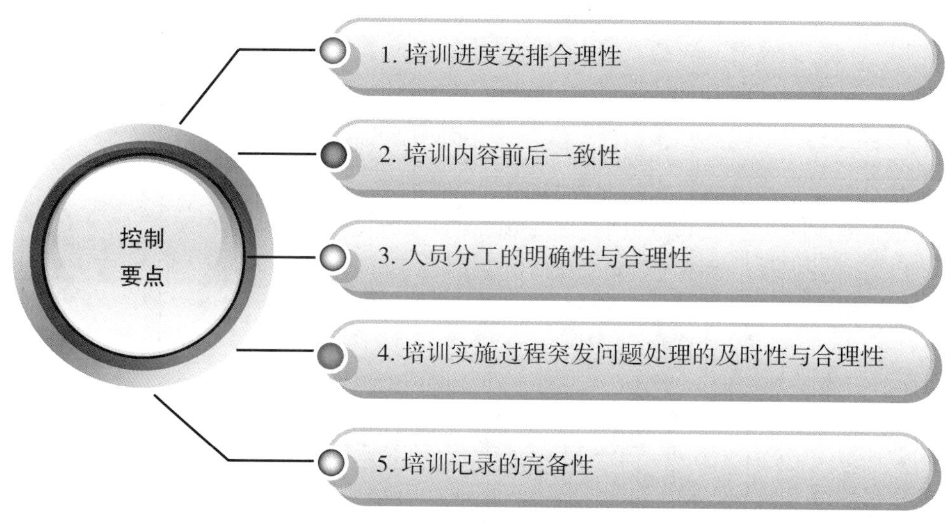


图 7–7　培训过程控制要点

为了规范岗前培训工作，企业除了需做好培训前期准备、培训计划实施、培训过程控制三方面工作外，还需用制度对学员的行为予以规范。下文提供了一则范本，仅供参考。

<table>
<tr><td rowspan="2">制度名称</td><td colspan="3" rowspan="2">岗前培训管理制度</td><td>编号</td><td></td></tr>
<tr><td>受控状态</td><td></td></tr>
<tr><td>执行部门</td><td></td><td>监督部门</td><td></td><td>编修部门</td><td></td></tr>
</table>

**第1章 总则**

第1条 目的。

为规范岗前培训管理工作，使新入职员工或岗位轮换、岗位晋升的员工快速熟悉新的岗位工作，尽快融入公司文化及工作环境，适应岗位工作的要求，特制定本规定。

第2条 适用范围。

本制度适用于公司新入职员工以及岗位轮换、岗位晋升员工的岗前培训管理。

第3条 管理职责。

培训部负责制订岗前培训计划，培训部负责组织和实施公司层面的培训，员工所属部门负责组织和实施部门层面的岗前培训。

**第2章 岗前培训组织管理**

第4条 培训时间。

岗前培训在员工开始新的岗位工作的第二天开始进行，培训时间为期____天。

第5条 培训内容。

岗前培训一般分为公司培训和部门培训两个阶段，具体培训内容见表1。

**表1 岗前培训的内容**

| 培训阶段 | 培训内容 |
| --- | --- |
| 公司培训 | 1. 公司概况培训<br>（1）公司发展历史、现状及发展趋势、经营范围、在行业中的地位<br>（2）公司高层管理人员的情况、组织架构、各部门职能<br>（3）企业文化<br>2. 公司规章制度培训<br>（1）人事制度，包括薪酬福利制度、绩效考核制度、奖惩制度、考勤制度等<br>（2）财务制度，如报销制度<br>（3）其他，如办公室管理制度、商务礼仪 |
| 部门培训 | 1. 员工所在部门的组织结构、部门职责、部门规章制度<br>2. 员工所在岗位的职责、业务操作流程<br>3. 岗位所需专业技能的培训与指导<br>4. 协作部门的介绍<br>5. 工作要领、工作标准、工作程序及方法<br>6. 进行工作辅导及疑问解答 |

续表

| 培训阶段 | | 培训内容 |
|---|---|---|
| 岗位培训 | 生产管理类岗位培训 | 1. 全面设备管理、生产管理系统、生产计划与控制的基本内容和方法<br>2. 作业管理的基本内容和目标<br>3. 员工自我管理小组<br>4. 物料需求计划、最优生产技术、计划工艺规划<br>5. 质量管理工具方法、企业资源计划等 |
| | 生产作业类岗位培训 | 1. 生产部管理手册，包含各类工作制度及岗位职责<br>2. 各类设施设备操作方法<br>3. 车间规章制度，如交接班制度<br>4. 紧急情况处理流程、安全作业守则<br>5. 设备运行记录方法、设备检修报告方法<br>6. 生产物件申领制度，以及节能意识等 |
| | 财务类岗位培训 | 1. 各类财务管理法律法规<br>2. 财务部管理手册，包含公司各类财务制度<br>3. 各类付款、报销流程<br>4. 控制财务成本等 |
| | 人力资源类岗位培训 | 1. 各类人力资源、劳动与社会保障法律法规<br>2. 人力资源、行政管理手册，包含公司各类规章制度<br>3. 员工招聘、培训、奖惩、晋升、解聘等各项考核流程<br>4. 控制员工数量及用工成本等 |
| | 客户服务类岗位培训 | 1. 客户服务部管理手册，包含岗位职责等<br>2. 各类工作制度，如交接班制度<br>3. 对外服务礼仪及沟通技巧<br>4. 客户投诉处理流程、紧急事件处理流程<br>5. 客户相关服务手续 |

第 6 条　培训方式。

1. 脱岗培训。

由培训部制订培训计划和方案并组织实施，采用集中授课及讨论、参观等形式。

2. 在岗培训。

由员工所在部门负责人对员工已有的技能与岗位需求技能进行评估，找出差距，采用日常工作指导及“一对一”的辅导形式完成培训。

第 7 条　培训纪律。

1. 参训员工在培训期间不得随意请假，如有特殊原因须填写请假单，经所在部门经理审批后提交至培训部审批，审批通过后方可请假。

2. 课堂纪律。参训员工在上课前填写培训人员签到表（见表2），上课期间手机须调到振动或静音状态，不得吸烟，不得迟到、早退等，参训员工如有特殊情况需中途离场，须经培训讲师或培训组织者批准后方可离场。

**表2 培训人员签到表**

| 培训时间 | | 培训地点 | |
|---|---|---|---|
| 培训内容 | | 培训讲师 | |
| 序号 | 签到 | | 签退 |
| | | | |
| | | | |
| | | | |
| | | | |
| | | | |

**第3章 培训考核及效果评估**

第8条 培训考核。

1. 书面考核。脱岗培训以书面考核为主，考核试题由各位培训讲师提供，培训部统一印制考卷。

2. 应用考核。在岗培训以应用考核为主，通过观察测试等手段考察参训员工对培训知识或技巧的应用能力、解决问题的能力、承担责任的能力等，由员工所在部门的领导、同事及培训部共同鉴定。

3. 书面考核和应用考核各占考核总成绩的____%。

第9条 培训效果评估。

培训部通过问卷调查法、座谈法、访谈法等方式了解员工培训效果的相关情况，并将其作为培训工作后续改进的参考依据，从而进一步完善岗前培训的效果。

**第4章 附则**

第10条 本制度由公司培训部负责制定、修改、解释，财务部协助制定、审核。

第11条 本制度经总经理审批后生效，自发布之日起实施。

| 编制日期 | | 审核日期 | | 批准日期 | |
|---|---|---|---|---|---|
| 修改标记 | | 修改处数 | | 修改日期 | |

# 7.3 在职培训实施与控制

## 7.3.1 培训前期准备

在职培训是指在不脱离工作岗位的前提下，为提高在职人员的技术技能水平，由用人单位直接或委托其他培训机构结合实际工作对在职人员实施的提升其工作能力的培训。由于岗位各不相同，培训内容也因岗而异，因此对在职人员实施培训之前需要先进行一定的准备，基本的培训事项与岗前培训相似，下面主要就培训时间的确定、培训人员的确定、培训内容的确定加以简单说明。

（1）培训时间的确定

在职人员一般利用业余时间和部分工作时间进行培训，如对于生产企业或制造业而言，由于企业员工的工作与企业业务量有关，工作存在淡旺季之分。因此，在进行培训之前，应进行合理协调，使培训时间尽量避开生产旺季，以免影响在职人员正常工作的开展。

（2）培训人员的确定

一般情况下，培训管理者应先向各相关部门说明培训项目的对象和相关事宜，再请相关部门协助在规定的时间内提供参训员工名单。此外，参训员工名单除由相关部门协助提供外，针对一些重要的培训项目，参训员工名单需要经部门负责人或分管领导，甚至总经理批准。

（3）培训内容的确定

由于在职培训主要针对有一定岗位经验的员工，因此，培训内容主要针对具体岗位出现的问题进行设置，不涉及企业文化、规章制度及一些基础入门级知识，着重岗位知识的深化和应用。

## 7.3.2 培训计划实施

在职人员的培训过程与岗前培训的过程相似，主要包括确定培训时间，选择培训场地、培训讲师和培训方法，制订培训计划，以及培训实施与监控等步骤。下面主要就培训需求注意事项、培训课程的设置、培训方式的选择进行简单说明。

（1）培训需求注意事项

根据在职人员的特点，其培训需求的确定有三点要特别注意，具体内容如图 7-8 所示。

1 员工的绩效目标与绩效现状之间的差距描述必须具体，尽量使用定量指标和数据

2 每位员工具体的培训需求不同，应注意差别对待

3 可以通过问卷调查、访谈等方式，参考员工自己、员工直接上级、同事等的建议，进行综合分析后确认在职人员具体的培训需求

**图 7-8　在职人员培训需求注意事项**

（2）培训课程的设置

培训课程的设置过程是一个全员参与的过程。培训课程要求精练、层次分明、通俗易懂，并且能充分利用语音、动画等工具，做到图文并茂、生动有趣。具体实施时要做到明确培训目标、明确培训课程要求、设计课程大纲、培训课程完善等。

结合在职人员的特点，在职培训主要包括技能提升、岗位培训、工作过程培训及新型技术类培训等内容。表 7-3、表 7-4 展示了技能培训课程设计和新型技术类培训课程设计的示例，仅供参考。

**表 7-3　技能培训课程体系设计维度与课程大纲**

| 设计维度 | 课程大纲 |
| --- | --- |
| 技工技师 | （1）电工、焊工、铣工技师基础知识<br>（2）合格电工的素质<br>（3）焊工实训实练 |
| 工程机械 | （1）机械使用的五大误区<br>（2）参训员工已知机械制造知识 |

续表

| 设计维度 | 课程大纲 |
|---|---|
| 电脑应用 | （1）办公应用软件如何使用十五讲<br>（2）统计软件应用——提高数据收集、分析的效率<br>（3）Excel 软件在办公中的应用 100 例 |
| 财务管理 | （1）新手会计如何蜕变<br>（2）新手会计能力提升五步骤<br>（3）企业财务管理者的成长宝典 |

**表 7-4　企业新型技术类培训课程体系**

| 课程模块 | 课程名称 | 课程时长 | 培训对象 |
|---|---|---|---|
| 互联网思维 | 互联网思维及其内涵 | ____小时 | 全体员工 |
| | 互联网思维的特征 | ____小时 | |
| | 互联网思维给我们工作的启示 | ____小时 | |
| 大数据营销 | 认识大数据时代 | ____小时 | 全体员工 |
| | 大数据与互联网 | ____小时 | |
| | 大数据带来的机遇与挑战 | ____小时 | |
| 云计算 | 认识云计算 | ____小时 | 技术类员工 |
| | 云计算的特点 | ____小时 | |
| | 云计算对企业活动的影响 | ____小时 | |
| 移动互联网 | 移动互联网的定义和发展 | ____小时 | 市场类员工 |
| | 移动互联网产业链 | ____小时 | |
| | 移动互联网营销 | ____小时 | |

（3）培训方式的选择

一般来说，在职培训可以采用多种方式，比较适合的主要有普通授课、工作辅导、录像和多媒体教学、认证培训、互联网教学等，各种培训方式的具体操作和运用见表 7-5。

**表 7-5 培训方式的选择**

| 培训方式 | 操作介绍 | 适用范围 |
| --- | --- | --- |
| 普通授课 | （1）由企业骨干人员或部门经理讲解相关知识<br>（2）应用广泛，能增加参训员工的实用知识<br>（3）单向沟通，参训员工参加讨论的机会较少 | 岗位技能、心态及职业素养培训 |
| 工作辅导 | （1）由人力资源部经理指定指导专员对参训员工进行一对一辅导<br>（2）参训员工在工作过程中学习技术，运用技术<br>（3）有利于参训员工较快熟悉业务，促进参训员工能力的提升 | 操作流程、专业技术技能培训 |
| 录像和多媒体教学 | （1）对生产或销售过程进行录像，供参训员工学习和研究<br>（2）间接的现场式教学，节省了指导专员的时间 | 操作标准及工作流程培训 |
| 认证培训 | （1）参训员工以业余进修方式，参加函授班的学习<br>（2）培训结束后参加考试，合格者会获得证书<br>（3）避免步入误区——仅仅为了获得证书而参加培训 | 专业技能培训 |
| 互联网教学 | （1）利用网络资源，参训员工在企业内部平台、App 或网页上进行专业技术、工作技巧方面的学习<br>（2）可以随时随地进行学习，从而避免影响员工的工作时间 | 专业技能、工作技巧培训 |

### 7.3.3 培训过程控制

培训过程控制包括时间调整、需求纠正、预算内增减项目、员工培训记录等。

（1）时间调整

时间调整是指因培训讲师临时有事需要对培训时间进行调整，或企业内部培训计划整体进行的时间调整。不管什么原因引起的时间调整，相关负责人必须填写时间调整表（见表 7-6），提交培训总监进行审核。

表 7-6　时间调整表

<table>
<tr><td>培训内容</td><td colspan="3"></td></tr>
<tr><td>原计划时间</td><td></td><td>调整时间</td><td></td></tr>
<tr><td>时间调整原因</td><td colspan="3"><br><br>部门负责人签字：　　　　　　　　日期：　年　月　日</td></tr>
<tr><td>培训部意见</td><td colspan="3"><br><br>培训总监签字：　　　　　　　　日期：　年　月　日</td></tr>
</table>

（2）需求纠正

1）培训需求纠正的重点

尽管已经形成培训需求分析的结果，确定了谁需要培训、需要接受什么方面的培训、培训的次数和时间等问题，但是在培训实施过程中仍然可能出现偏差，主要原因是没有进行纠正控制。培训需求纠正关注的重点体现在如图 7-9 所示的三方面。

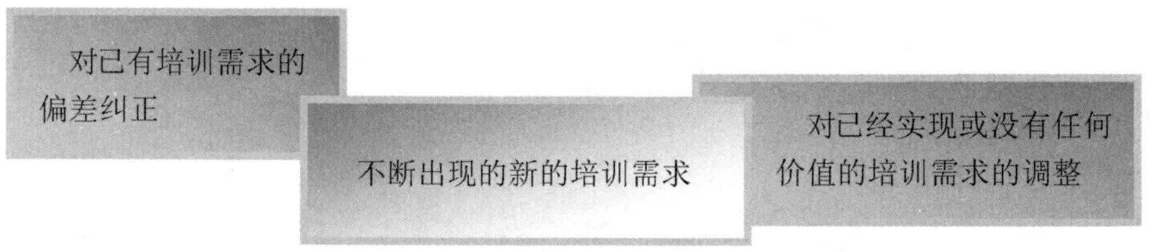


图 7-9　培训需求纠正关注的三个重点

2）产生培训需求偏差的原因

进行需求纠正之前应了解产生培训需求偏差的原因，以便对症下药。产生培训需求偏差的原因主要包括四个方面，如图 7-10 所示。

3）培训需求纠正表

培训需求纠正表（见表 7-7）是进行培训需求纠正的工具。培训实施过程中发现原定的培训需求存在偏差，就要及时采取措施，不要等到培训实施结束后再采取措施。

| 个人原因 | 由于个人的实际工作需要或工作变动等原因产生新的培训需求 |
|---|---|
| 组织原因 | 组织发展战略和市场策略调整，导致部分培训需求失去意义 |
| 外部原因 | 因国内外市场环境发生变化，导致部分培训课程延缓进行或不再进行 |
| 培训机构原因 | 培训机构无法履行培训合同或培训讲师因个人原因无法正常进行的培训 |

图7-10　产生培训需求偏差的原因

表7-7　培训需求纠正表

| 原定的培训需求 | |
|---|---|
| 目前的实际情况 | |
| 采取的纠正措施 | |
| 培训对象 | 签字：　　　　日期：　年　月　日 |
| 培训部门 | 签字：　　　　日期：　年　月　日 |

（3）预算内增减项目

预算内增减项目必须经过严格的审核审批程序，说明培训项目变更的原因。各部门负责人在预算内增减项目时，应填写培训计划变更（增减）项目报告单（见表7-8），并提交给培训部经理审核，再提交给培训总监审批。

表 7-8　培训计划变更（增减）项目报告单

<table>
<tr><td>培训项目</td><td></td><td>变更类型</td><td>□增加培训项目　□减少培训项目</td></tr>
<tr><td>培训项目变更原因</td><td colspan="3">部门负责人签字：　　　　日期：　年　月　日</td></tr>
<tr><td>培训部意见</td><td colspan="3">培训总监签字：　　　　日期：　年　月　日</td></tr>
</table>

（4）员工培训记录

1）员工培训记录内容

员工培训记录是控制培训计划实施的重要工具，也是员工晋升的参考资料之一。员工培训记录的内容如图 7-11 所示。

图 7-11　员工培训记录的内容

2）员工培训记录表

员工培训记录表一般包括员工的培训时间、培训内容、培训课时及培训成绩等内容。表 7-9 和表 7-10 是员工培训记录表的样例，仅供参考。

**表 7-9 员工培训记录表样例一**

（按每个人进行记录）

| 姓名 | | 工号 | | 岗位 | | 所在部门 | |
|---|---|---|---|---|---|---|---|

| 序号 | 培训内容 | 培训课时 | 培训成绩 | 备注 |
|---|---|---|---|---|
| | | | | |
| | | | | |
| | | | | |

**表 7-10 员工培训记录表样例二**

（按部门年度培训记录汇总）

| 培训项目 | | 时间安排 | 自____至____共____小时 |
|---|---|---|---|

| 培训课程、课时数及负责人 | | | | | |
|---|---|---|---|---|---|
| 课程 | 培训时间 | 讲师 | 课程 | 培训时间 | 讲师 |
| | | | | | |
| | | | | | |

| 参加人员共____人，名单及考核成绩 | | | | | | | | | | | |
|---|---|---|---|---|---|---|---|---|---|---|---|
| 部门 | 姓名 | 成绩 | 部门 | 姓名 | 成绩 | 部门 | 姓名 | 成绩 | 部门 | 姓名 | 成绩 |
| | | | | | | | | | | | |
| | | | | | | | | | | | |
| | | | | | | | | | | | |

| 培训合格率 | |
|---|---|
| 备注 | |

# 7.4 脱岗与外派培训实施与控制

## 7.4.1 脱岗培训实施与控制

（1）脱岗培训的前期准备

脱岗培训，即脱产培训，是指企业各职能部门、各层级参训员工离开现工作岗位，由企业内、外部专家对其进行集中教育培训。

脱岗培训实施前，需要做一定的准备工作，主要包括如下内容：

1）确定脱岗培训的目标

对员工进行集中培训，参训员工能够系统地掌握相关知识和技能，并在最短时间内将其应用到实际工作中，改善工作质量，提高工作效率。

2）制订脱岗培训实施计划

相对于在职培训而言，脱岗培训是一项花费较大的项目，时间较长，而且还会占用工作时间。因此，需要制订好详细的培训实施计划表（见表 7-11）。

**表 7-11 脱岗培训实施计划表**

| 培训项目名称 | | 培训对象 | | 职位及部门 | |
|---|---|---|---|---|---|
| 培训时间安排 | 年　月　日至　年　月　日 | | | | |
| 培训目标 | | | | | |
| 培训内容 | | | | | |
| 希望获得的效果 | | | | | |
| 联系培训机构 | | | | | |
| 确定培训讲师 | | | | | |
| 对参训员工的要求 | | | | | |
| 培训期间工作安排 | | | | | |
| 经费支出计划 | 交通费 | 元 | | | |
| | 餐费 | 元 | | | |

续表

| 培训项目名称 | | 培训对象 | | 职位及部门 | |
|---|---|---|---|---|---|
| 经费支出计划 | 住宿费 | | 元 | | |
| | 课程费用 | | 元 | | |
| | 合计 | | 元 | | |
| 其他注意事项 | | | | | |
| 上级领导意见 | | | 签字日期：　　年　　月　　日 | | |
| 人力资源经理意见 | | | 签字日期：　　年　　月　　日 | | |
| 财务经理审核 | | | 签字日期：　　年　　月　　日 | | |
| 主管副总经理审批 | | | 签字日期：　　年　　月　　日 | | |

3）确定脱岗培训的内容

脱岗培训的内容需要由专业人士根据培训需求与参训员工一同来确定，企业内部培训组织者对他们的工作应给予配合。

总的来说，脱岗培训的内容包括以下三个方面：

第一，现任工作岗位所需要的技术、知识提升培训；

第二，现任工作岗位所需要的技能技巧培训，如沟通技巧、人际关系技巧等；

第三，工作态度培训，如工作积极性、职业素养等。

4）联系培训机构，筛选培训讲师

脱岗培训的培训机构主要有高等院校、科研单位、专业培训机构、顾问公司等。通过询价和比较各培训方案的优势，最终确定合适的培训机构和培训讲师。

一般来说，技术或业务类培训讲师由技术或业务部门和培训部门进行资格审查，管理类培训讲师由培训部门和人力资源部进行资格审查。审查的内容包括培训讲师的专业背景、职务职位、教学内容、教学水平等。

5）选择脱岗培训的方法

对于不同的培训内容，脱岗培训采用的方法有所不同。脱岗培训具体包括以下三种情形：

①知识性培训。对于知识性培训，可采用普通授课、多媒体教学、电子课件投影展示、游戏训练等传统方法。

②技术技能性培训。对于技术技能性培训，可采用普通授课、情景模拟、角色扮演、实地考察参观等多种方法相结合。

③态度培训。对于态度培训，可采用普通授课、角色扮演、游戏训练等方法。

（2）脱岗培训的实施

在完成前期准备工作之后，需要进行脱岗培训的具体实施。在脱岗培训实施的过程中，培训部门应做好以下三方面的工作。

1）协助培训讲师

培训部门应做好相关的组织保障工作，如明确培训纪律，规范参加培训的技术人员在受训期间的行为，维护与保管培训工具、器材，协调参训员工与培训讲师的沟通等。

2）做好培训记录

在培训实施过程中，企业对参训员工的培训情况应该有所了解，因此，培训部门应对员工培训的相关情况进行记录，如员工培训考勤记录、学习成绩记录等。企业培训考勤记录表的示例见表 7-13。

**表 7-13　培训考勤记录表**

培训课程：　　　　　　　　培训讲师：　　　　　　　　日期：

| 所属部门 | 参训员工姓名 | 签到时间 | 签退时间 |
| --- | --- | --- | --- |
| | | | |
| | | | |
| | | | |
| | | | |
| 出勤人数： | 应参加人数： | 缺席人数： | 出勤率： |
| 迟到时间： | | 姓名： | |
| 早退时间： | | 姓名： | |
| 记录者（签字）： | | | |
| 备注： | | | |

（3）脱岗培训的控制

1）签订培训协议

在实践中，有些企业会让参训员工在参加脱岗培训前与其签订培训协议，用以保障企业和员工双方的利益。下文是一则示例，仅供参考。

| 文本名称 | 培训协议 | 编号 | |
|---|---|---|---|
| 文件编号：<br>甲方（企业）：××××××××××<br>乙方（参训员工）：×××<br>经乙方本人申请，甲方审核同意，由甲方出资，选派乙方到×××（本市、非本市）参加××××培训，自××××年××月××日始，至××××年××月××日止，学习期限一共为____天。<br>培训性质为：脱产学习□ 半脱产学习□ 非学历培训□ 学历培训□<br>甲乙双方协商一致、平等自愿签订本协议，内容如下。<br>一、培训缴费类型（两项只选其一）<br>1. 培训费由乙方先行支付，培训结束后，按甲方的培训管理制度和本协议约定，凭相关证书或证件及发票按比例报销培训费，乙方应按约定为甲方服务满规定期限。<br>2. 培训费由甲方统一支付，培训结束后，按甲方的培训管理制度和本协议约定，乙方应为甲方服务满规定期限。<br>二、培训期间工作安排、工资及福利待遇按培训管理制度相关规定执行。<br>三、乙方在培训学习期间，应严格保守企业机密，遵纪守法，虚心学习先进经验和技术，圆满完成培训学习任务。<br>四、乙方在培训学习期间，除应遵守培训单位的各项规章制度外，还应遵守甲方的所有规定。<br>五、由乙方先行支付培训费的，培训期间无论因何原因致使双方解除劳动合同，甲方不再有报销乙方培训费的义务。<br>六、乙方培训学习结束，返回工作岗位后两周内，需向甲方人力资源部提交一份培训报告，作为企业内部培训材料，同时乙方有义务对本部门相关岗位的其他员工进行培训。<br>七、乙方完成培训后<br>1. 应取得××××××证书。<br>2. 若乙方未能取得证书，由乙方先行支付培训费的，甲方不予报销培训费；由甲方统一支付培训费的，甲方有权从乙方工资中扣除该培训费。乙方因参加培训所占工作时间按培训管理制度的相关规定执行。<br>八、服务期限约定<br>1. 由甲方统一支付非学历培训费的，乙方应为甲方服务满××月，即自××××年××月××日至××××年××月××日。<br>2. 乙方完成学历培训后由甲方报销培训费的，按学位证书记录的乙方取得学位之日起计算应为甲方服务年限。按培训管理制度约定，乙方应为甲方服务满××年，即自××××年××月××日至××××年××月××日。<br>九、培训费报销、费用递减约定<br>1. 非学历培训。 | | | |

由甲方统一支付培训费的，培训费按服务期限的月数分摊，服务期限每满 1 个月递减相应数额的费用。

2. 学历培训。

（1）乙方完成学业后凭××××××学位证书、毕业论文、学费发票及本协议到甲方人力资源部备案，甲方一次性为乙方报销学费。

（2）报销比例为学费的：60%□　80%□　××%□

（3）报销金额××××元，大写××××××××。

（4）服务期限满 1 年，递减所报销学费的××%；服务期限满 2 年，递减所报销学费的××%；服务期限满 3 年，递减所报销学费的××%。

3. 其他需要双方约定的相关事项。

十、违约责任

甲方为乙方支付或报销培训费后，无论因何原因乙方未能为甲方工作达到本协议约定期限的，按下列标准执行：

1. 因乙方原因提前解除劳动合同的，从乙方离职之日起，计算乙方未满服务期限应支付的违约金。

2. 因违反甲方管理规章制度被辞退、除名或开除的，或在合同期内擅自离职的，乙方除应支付未满服务期限的违约金外，还应赔偿因未满服务期限给甲方造成的经济损失，即每月×××元。

3. 除上述两条所列原因外，由其他原因造成乙方未能为甲方工作达到约定服务期限而提前与甲方解除劳动合同的，从解除劳动合同之日起，计算乙方未满服务期限应支付的违约金。

注：培训费指报销凭证所列的与培训、学费相关的金额。

十一、本协议为劳动合同的附件。本协议未尽事宜，双方应友好协商解决；若不能达成共识，可报××市劳动争议仲裁委员会申请仲裁。

本协议自双方签字之日起生效。本协议一式两份，甲乙双方各执一份，具同等法律效力。

甲方：　　　　　　　　　　乙方：
签章：　　　　　　　　　　签章：
时间：　　年　　月　　日　　　　时间：　　年　　月　　日

2）建立表彰和通报制度

对表现好的参训员工予以嘉奖，并将其列为优秀学员的候选人；对表现差的参训员工予以通报批评，并对其所在的讨论组一并进行处罚。

3）撰写培训心得

培训结束后，参训员工要撰写培训心得体会，以报告的形式总结本次培训的认识和收获。培训心得逾期未交或写得不认真、敷衍了事的，该参训员工将被取消年底评优资格，并受到相应的处罚。脱岗培训心得报告示例见表 7-14。

表 7-14　脱岗培训心得报告

尊敬的领导：

现将此次参加脱岗培训的情况及收获向您做一下汇报！

<table>
<tr><td>姓名</td><td></td><td>部门</td><td></td><td>职位</td><td></td></tr>
<tr><td>培训项目名称</td><td></td><td>培训机构</td><td></td><td>培训地点</td><td></td></tr>
<tr><td>培训日期</td><td colspan="3">从____年____月____日至____年____月____日</td><td>填表日期</td><td>____年____月____日</td></tr>
<tr><td rowspan="3">培训课程概况</td><td>课程名称</td><td colspan="2">具体内容</td><td>课时数</td><td>培训讲师简介</td></tr>
<tr><td></td><td colspan="2"></td><td></td><td></td></tr>
<tr><td></td><td colspan="2"></td><td></td><td></td></tr>
<tr><td>培训心得与建议</td><td colspan="5"></td></tr>
<tr><td>自我提升计划</td><td colspan="5"></td></tr>
<tr><td>培训对工作的指导性</td><td colspan="5"></td></tr>
<tr><td>对培训课程的建议</td><td colspan="5"></td></tr>
<tr><td>引入企业实施内部培训是否有价值</td><td colspan="5">是□　否□<br>（若有价值，请详细说明原因及引入的益处）</td></tr>
<tr><td>部门经理审核</td><td colspan="5"></td></tr>
<tr><td>人力资源部经理审核</td><td colspan="5"></td></tr>
</table>

## 7.4.2　外派培训实施与控制

外派培训是企业人才培养的一种方式，图 7-12 清晰地展示了这一培训方式的实施流程。

（1）外派培训的前期准备

外派培训的前期准备工作包括确定外派培训的目标、审核外派培训申请或推荐表、甄选外派培训候选人、确定培训内容、联系培训机构筛选培训讲师、选择培训方法等。其中，培训机构和培训讲师的筛选可按脱岗培训来开展。

| | 总经理 | 人力资源部 | 各职能部门 | 外部培训机构 |
| --- | --- | --- | --- | --- |
| 确定培训内容 | | 开始 | | |
| | 审批 | 拟定参训员工 | 参与 | |
| | | 确定参训员工 | | |
| | | 确定培训目标 | 参与 | |
| 选择培训机构 | | 联系外部培训机构 | | 联系 |
| | | 审核培训方案 | | 提供培训方案 |
| | | 选定培训机构 | | 培训实施 |
| 培训监控 | | 培训实施监控 | | |
| | | 结束 | | |

图 7-12　外派培训实施流程

1）确定外派培训的目标

根据培训计划、员工个人发展需求及企业的实际需要，将有发展空间的管理人员、业务精英、技术骨干外派，培训其在不同文化环境下的适应能力，以便使其在将来的某个时间到海外子公司或分支机构任职。

2）外派培训的申请与推荐

①外派培训的个人申请。有外派培训需求的员工可以通过填写外派培训个人申请表（见表 7-15），将个人资料及所申请的培训项目向企业相关部门汇报，以便领导审批。

表 7-15　外派培训个人申请表

<table>
<tr><td>申请人</td><td></td><td>部门及职位</td><td></td><td>申请日期</td><td></td></tr>
<tr><td>外派培训申请理由</td><td colspan="5"></td></tr>
<tr><td>外派培训项目名称</td><td colspan="5"></td></tr>
<tr><td>外派培训目标<br>及要求</td><td colspan="5"></td></tr>
<tr><td>外派培训起止时间</td><td colspan="2">从　　至</td><td colspan="2">总时间</td><td>天</td></tr>
<tr><td>外派培训地点</td><td colspan="2"></td><td colspan="2">外派培训机构名称</td><td></td></tr>
<tr><td rowspan="3">外派培训课程内容</td><td>课程名称</td><td>具体内容</td><td colspan="2">安排的课时</td><td>培训讲师简介</td></tr>
<tr><td></td><td></td><td colspan="2"></td><td></td></tr>
<tr><td></td><td></td><td colspan="2"></td><td></td></tr>
<tr><td>培训期间工作任务<br>安排</td><td colspan="5"></td></tr>
<tr><td rowspan="5">经费支出计划</td><td colspan="2">差旅费</td><td colspan="3">元</td></tr>
<tr><td colspan="2">餐费</td><td colspan="3">元</td></tr>
<tr><td colspan="2">住宿费</td><td colspan="3">元</td></tr>
<tr><td colspan="2">课程费用</td><td colspan="3">元</td></tr>
<tr><td colspan="2">合计</td><td colspan="3">元</td></tr>
<tr><td>部门主管审核签字</td><td colspan="2"></td><td colspan="3">日期：　　年　　月　　日</td></tr>
<tr><td>人力资源部经理<br>审核签字</td><td colspan="2"></td><td colspan="3">日期：　　年　　月　　日</td></tr>
<tr><td>财务经理审核签字</td><td colspan="2"></td><td colspan="3">日期：　　年　　月　　日</td></tr>
<tr><td>总经理审核签字</td><td colspan="2"></td><td colspan="3">日期：　　年　　月　　日</td></tr>
</table>

②外派培训的推荐。对于企业在某项专业技能方面需要培养的人才或表现出色的人才，部门主管可以推荐其参加合适的外派培训项目，并填写相关的资料，如外派培训推荐表（见表 7-16）。

**表 7-16　外派培训推荐表**

<table>
<tr><td>推荐部门/推荐人</td><td></td><td>推荐人选</td><td></td><td>职位</td><td></td></tr>
<tr><td rowspan="4">推荐人选简介</td><td>教育背景</td><td colspan="4"></td></tr>
<tr><td>工作经验</td><td colspan="4"></td></tr>
<tr><td>技术或业务水平</td><td colspan="4"></td></tr>
<tr><td>在职期间表现</td><td colspan="4"></td></tr>
<tr><td>外派培训推荐理由</td><td colspan="5"></td></tr>
<tr><td>外派培训项目名称</td><td colspan="5"></td></tr>
<tr><td>外派培训目标</td><td colspan="5"></td></tr>
<tr><td>外派培训时间</td><td colspan="2">从　　至</td><td>总时间</td><td colspan="2">天</td></tr>
<tr><td>外派培训地点</td><td colspan="2"></td><td>外派培训机构</td><td colspan="2"></td></tr>
<tr><td rowspan="3">外派培训课程内容</td><td>课程名称</td><td>具体内容</td><td>安排的课时</td><td colspan="2">培训讲师简介</td></tr>
<tr><td></td><td></td><td></td><td colspan="2"></td></tr>
<tr><td></td><td></td><td></td><td colspan="2"></td></tr>
<tr><td>培训期间工作任务安排</td><td colspan="5"></td></tr>
<tr><td>部门主管审核签字</td><td colspan="2"></td><td colspan="3">日期：　年　月　日</td></tr>
<tr><td>人力资源部经理审核签字</td><td colspan="2"></td><td colspan="3">日期：　年　月　日</td></tr>
<tr><td>财务经理审核签字</td><td colspan="2"></td><td colspan="3">日期：　年　月　日</td></tr>
<tr><td>总经理审核签字</td><td colspan="2"></td><td colspan="3">日期：　年　月　日</td></tr>
</table>

3）外派培训候选人的甄选

结合企业的经营战略和人才需求，对外派培训候选人进行甄选时需要考虑以下五个方面的因素。

①个人资历。例如，与企业建立 5 年及以上劳动合同的正式员工；在企业服务一年以上，无重大过错者；培训学习的课程内容与其本职工作相关或符合企业对其未来的培养发展方向。

②个人品质与动机。主要包括对企业具有很高的忠诚度，具有高度的责任心。

③工作能力。主要包括人际交往能力、在新环境中取得他人信任的能力、行政管理能力、专业技术能力，并熟悉东道国企业的经营方式和经营理念等。

④语言能力。参加外派培训的人员应具备学习新语言的能力，理解和熟悉东道国的语言文化、非言语交流。

⑤环境适应能力。主要包括参加外派培训的人员对人际关系、异国文化的敏感程度，对环境差异的理解与接受的程度。

表7-17是企业常用于甄选外派培训候选人的标准参考表。

**表7-17　企业常用甄选标准参考表**

| 甄选项目 | 因素 | 标准 | 是 | 否 |
|---|---|---|---|---|
| 候选人个人资料 | 个人资历 | 相关资料是否真实可靠 | | |
| | | 服务是否满足规定的年限 | | |
| | | 有无重大过失、不良记录等 | | |
| | 个人品质 | 是否有很强的工作责任心，对企业是否忠诚 | | |
| | 语言能力 | 是否有很强的学习新语言、理解异国语言文化的能力 | | |
| | 环境适应能力 | 对新的人际关系、异国文化是否敏感 | | |
| | 特殊能力 | 是否有很强的人际交往能力 | | |
| | | 是否熟悉异国经营方式和经营理念 | | |
| 企业人才需求 | | 所申请的培训是否符合企业的培训原则 | | |
| | | 企业是否需要进一步开发此类人才 | | |
| 培训项目 | 项目名称 | 与候选人的培训需求是否相符 | | |
| | 培训内容 | 是否符合候选人自身条件 | | |
| | | 与候选人现有水平的差距是否很大 | | |
| 培训经费 | 实施此类培训所需费用之和 | 培训费总额是否在相应部门培训预算的范围内 | | |

（2）外派培训的实施

外派人员的培训实施流程与一般培训实施流程类似，其中由于涉及外部培训机构，因此，主要对外派培训费用及薪资发放管理、企业与培训机构的联系加以说明。

1）外派培训费用及薪资发放管理

在外派培训开始之前，外派参训员工会与企业签订培训协议，在协议中明确规定培训的费用承担问题和培训后的相关事宜。因此，外派培训费用及薪资发放标准可参考培训协议的相关内容。

2）企业与培训机构的联系

由于外派参训员工的培训在企业外部进行，为了对其培训态度、培训中的言行及实际培训效果有所了解，企业培训部门应加强与培训机构的联系，以了解参训员工在培训中的实际表现，并加以记录，作为培训情况考核的重要参考依据。

（3）外派培训的控制

1）签订培训协议

为了防止参训员工的流失，确保企业和员工双方的利益，人力资源部在外派培训实施前会安排员工与企业签订培训协议，明确规定培训期间的费用负担以及培训后的相关事宜。

2）培训过程的监控

企业无法直接监督参加脱岗培训或外派培训的员工在培训期间的表现，只能通过某些规定和方法来间接监控培训的过程，以保证培训的质量。一般来说，可以采取的方法主要有以下四种。

第一，要求参训员工在参训期间定期（每周、每月）完成培训课堂笔记和培训心得报告。

第二，委托培训机构约束参训员工的培训纪律并考评其学习效果。常用工具有培训签到表和外派培训考评表，分别见表 7-18 和表 7-19。

**表 7-18　培训签到表**

| 培训内容 | | | 主办者及时间 | | |
|---|---|---|---|---|---|
| 企业名称 | 签到（姓名） | 时间 | 企业名称 | 签到（姓名） | 时间 |
| | | | | | |
| | | | | | |
| | | | | | |

**表 7-19 外派培训考评表（由培训讲师填写）**

| 培训项目名称 | | 培训时间 | 年 月 日 |
|---|---|---|---|
| 参训员工姓名 | | 申请部门 | |
| 培训地点 | | 培训课程 | |
| 培训目标 | | | |
| 培训内容及方式（详细说明） | | | |
| 对参训员工的考评 | 参训员工是否迟到、早退、中途离场 | | 是□ 否□ |
| | 参训员工是否在课堂接听手机 | | 是□ 否□ |
| | 参训员工是否认真听讲、积极参与讨论 | | 是□ 否□ |
| | 参训员工培训笔记的抽查情况 | | |
| | 总体评价 | | |
| | 签字： 时间： 联系电话： | | |

第三，培训结束后，根据培训内容与企业的实际需要，参训员工需要配合人力资源部编制企业内部培训讲义。

第四，培训结束后，参训员工应在规定时间内向人力资源部提交培训总结报告、工作改善计划等相关文件。

3）撰写外派培训评估报告

培训结束后，培训组织人员应及时对培训效果进行评估，并撰写外派培训评估报告（见表 7-20）。

**表 7-20 外派培训评估报告**

| 培训项目名称 | | 参训时间 | 从 年 月 日至 年 月 日 | | | |
|---|---|---|---|---|---|---|
| 参加培训人员名单 | 姓名 | 部门 | 职位 | 姓名 | 部门 | 职位 |
| | | | | | | |
| 培训机构简介 | | | | | | |
| 外派培训目标 | | | | | | |
| 培训实施过程 | （相关资料可由培训机构提供） | | | | | |

续表

<table>
<tr><td>突发事件及应对方法</td><td colspan="5">（相关资料可由培训机构提供）</td></tr>
<tr><td>参训员工对培训的评价</td><td colspan="5"></td></tr>
<tr><td>参训员工的培训收获</td><td colspan="5">（附测试成绩表、获得证书统计表）</td></tr>
<tr><td>此项培训对参训员工工作的指导意义</td><td colspan="5">（可由参训员工撰写的培训总结报告分析得出结论）</td></tr>
<tr><td>此项培训是否有引入企业实施内部培训的必要</td><td colspan="5">（可由参训员工撰写的培训总结报告分析得出结论）</td></tr>
<tr><td>人力资源经理意见</td><td></td><td>培训经理意见</td><td></td><td>填表人</td><td></td></tr>
</table>

# 第8章

# 培训评估及转化

# 8.1 工作事项与风险管控

## 8.1.1 图解三大关键事项

企业在某一培训课程或培训项目结束后，需要根据培训目的和培训要求，运用一定的评估方法对培训效果进行评估和检查，以便了解培训为员工和企业的发展带来了哪些效益以及效益的大小。概括起来，培训评估及转化主要包括图 8-1 所示的三大关键事项。

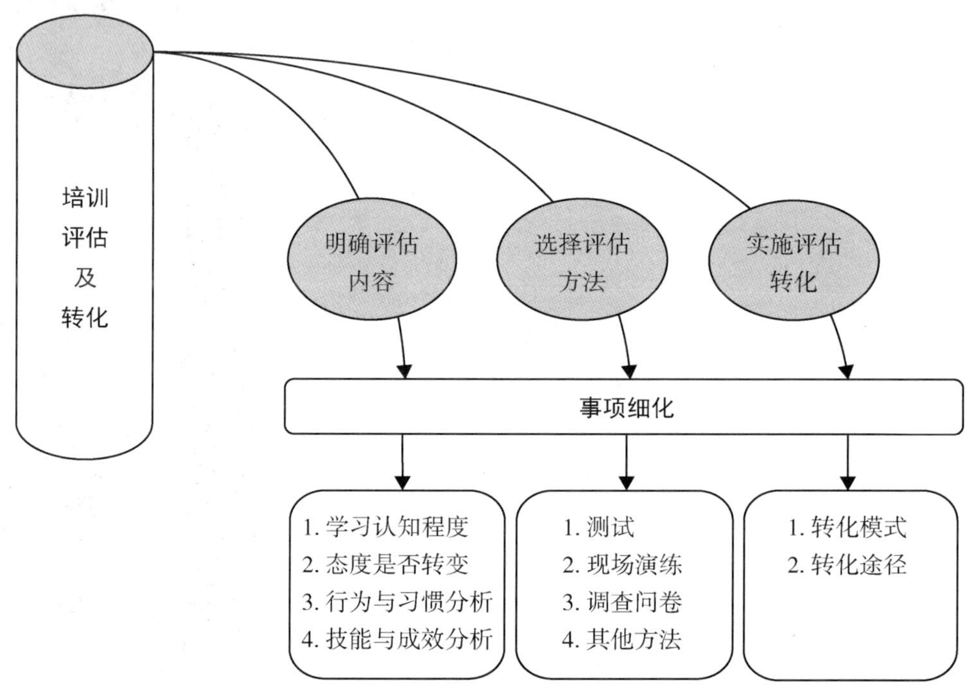


图 8-1 培训评估及转化三大关键事项

## 8.1.2 风险管控三个要点

培训评估是系统搜集描述性或者判断性信息，有助于对培训方法和课程进行选择、调整等决策的过程。具体来说，企业需做好如下三点的管控工作，具体内容如图 8-2 所示。

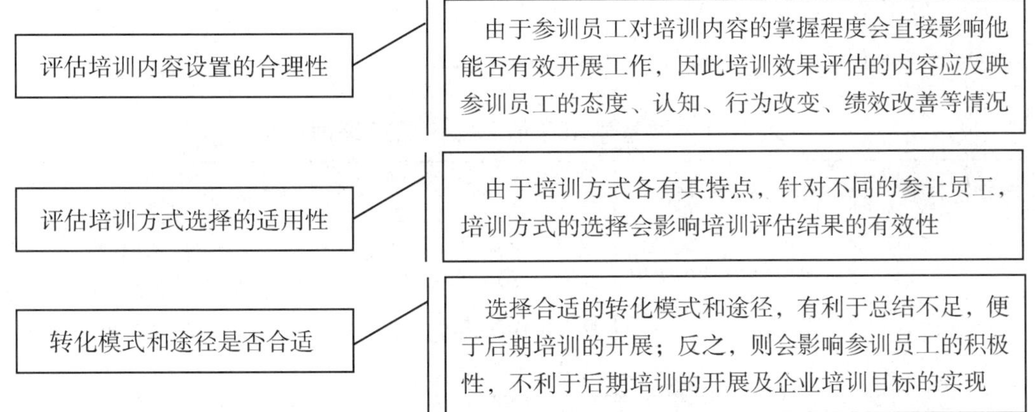


图 8-2 培训评估及转化工作中的风险管控

# 8.2 培训效果评估的内容

## 8.2.1 学习认知程度

学习认知程度评估，是指对参训员工对事件、观念、概念、理论等知识的认知和理解的程度进行衡量和评价。

学习认知程度评估是普遍用来评估员工学习效果的一种方法，一般在培训之前和培训结束以后进行，并对培训前后的评估分数进行比较。培训前后评估分数对于员工学习认知程度的解释具体如图 8-3 所示。

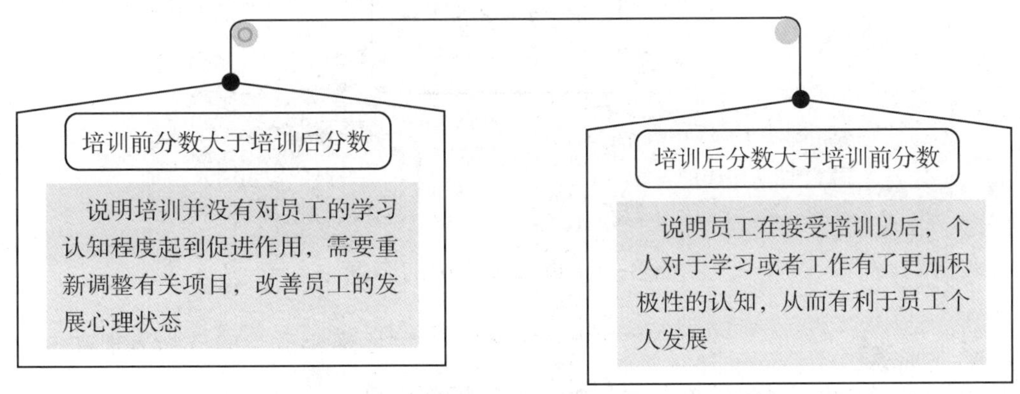


图 8-3 培训前后评估分数对于员工学习认知程度的解释

关于员工学习认知程度的评估，通常还包括课堂学习评估和知识原理培训评估等。以下是这两种类型评估的相关内容，具体见表 8-1。

**表 8-1　课堂学习评估和知识原理培训评估**

| 评估类型 | 评估内容或特点 | 评估方式 |
| --- | --- | --- |
| 课堂学习评估 | 了解参训员工对培训课程的学习和掌握程度 | 根据培训课程类型或内容不同，学习认知程度的评估方式也会不同，经常采用的方式有讨论、测试、提问、示范、操作演练等。课堂学习评估可以在培训结束时或培训结束后半个月内组织实施 |
| 知识原理培训评估 | 要求参训员工对知识、原理从无到有地进行掌握 | 现场考试是考察参训员工是否了解这些原理知识的最佳方式。考试前可以和培训讲师进行沟通，让其根据培训要求设计试题。在下达培训通知时，让参训员工知道培训需要考试，同时提前下发培训讲义，让参训员工了解本次的培训重点，这样他们可以提前预习，并带着压力和问题参加培训，学习认知程度和培训效果自然会有所提高 |

## 8.2.2　态度是否转变

评估参训员工态度是否转变，主要是在培训结束之后进行。员工工作中的态度主要包括以下四个方面，具体如图 8-4 所示。

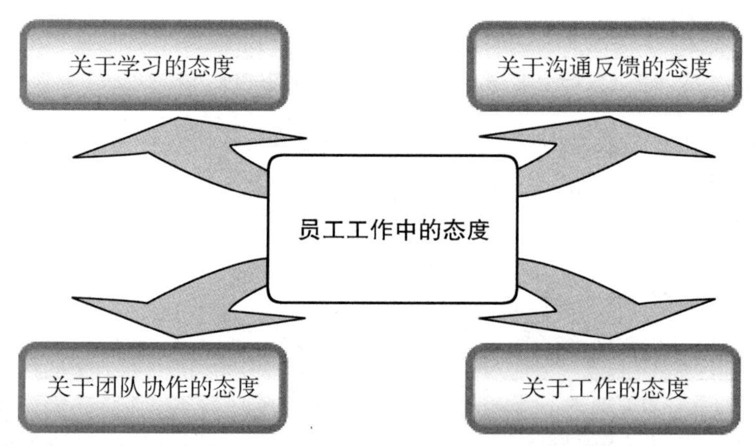


**图 8-4　员工工作中的态度**

员工态度是否转变，培训效果无法直接衡量，需要观察员工的行为表现和态度才能体现出来。因此，对于员工态度是否转变的评估就可以采取考察员工的认知程度来评估。其具体操作方法如图 8-5 所示。

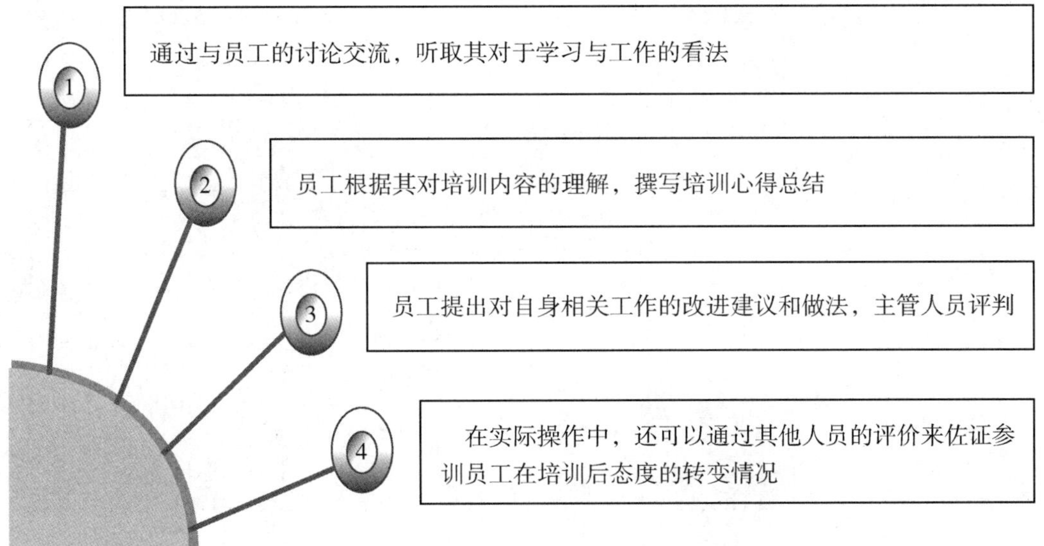


图 8-5 员工态度是否转变评估的操作方法

### 8.2.3 行为与习惯分析

行为与习惯分析属于培训后的跟进过程，是对员工培训后工作行为和日常习惯表现方面的变化进行分析。

企业在对员工的行为与习惯进行分析、评估时，针对不同员工，评估方法也有所侧重和不同。通常情况下，具体可用培训效果追踪表、考核记录等工具，把参训员工的行为与行为转变记录下来。

以下是针对企业内部的基层员工与管理人员进行行为与习惯分析、评估的主要内容和差别，具体内容如图 8-6 所示。

### 8.2.4 技能与成效分析

技能与成效分析，主要是指在培训结束以后对参训员工的技能掌握情况与其运用成效进行分析。

技能类培训评估主要包括对技能操作类培训和管理技术类培训等的评估，具体内容见表 8-2。

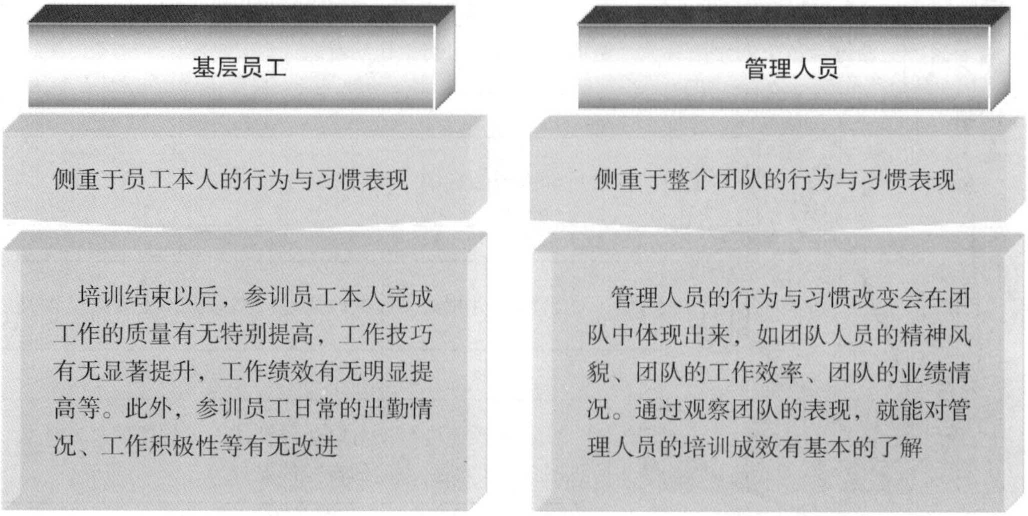

图 8-6 基层员工与管理人员行为与习惯分析的主要内容和差别

表 8-2 技能操作类培训和管理技术类培训的评估

| 培训类型 | 评估内容或特点 | 评估方法 |
| --- | --- | --- |
| 技能操作类培训 | 技能操作类培训通常要求以提高员工的实际技能来提高工作效率。培训评估的内容有动手、动脑操作技能评估之分，动手的技能包括机床设备操作、打字排版等，动脑的操作包括撰写调研报告、学会怎样谈判等 | 通常以现场操作或模拟为主，由员工操作、模拟，讲师指导打分，如在销售培训中，现场演练如何推销。通过这样的操作模拟，员工对培训内容就有了深刻体验，对自身不足也会更加了解。现场评估结束后，再辅以追踪观察的方式效果更佳。经过一段时间后，通过对员工工作业绩和现场技能操作熟练程度的考察来评估其对技能的进一步掌握情况 |
| 管理技术类培训 | 管理技术类培训评估的特点是培训评估的周期长、见效的周期也长，短时间内很难看出培训效果，如企业战略制定、核心技术掌握等 | 可以采取现场问卷和效果考察的方式进行评估。现场问卷主要是考察参训员工对基本内容的掌握，而效果考察则是在一段时间后通过知识运用、观察测试等手段来了解参训员工的具体掌握情况 |

同时，培训技能与成效分析也是对培训最终结果的考察和评估，主要是评估培训对个人绩效的影响，衡量培训是否有助于企业业绩的提高等。

对于技能与成效的分析与评估，可以在企业的季度、半年度或年度考核时，通过设立一些绩效考核指标来衡量，如事故率、生产率、员工流动率、质量优良率以及客户服务满意度等。通过对这样一些指标的分析，并与未开展培训前的数据进行对照，就能够了解培训为企业带来的成效。

# 8.3 培训效果评估的方法

## 8.3.1 访谈法

访谈法是指在参训员工结束培训后，访谈者通过与参训员工进行面对面的交流，获得其对培训的理解，并据此判断培训效果的一种方法。访谈法主要适用于如图8-7所示的七个方面。

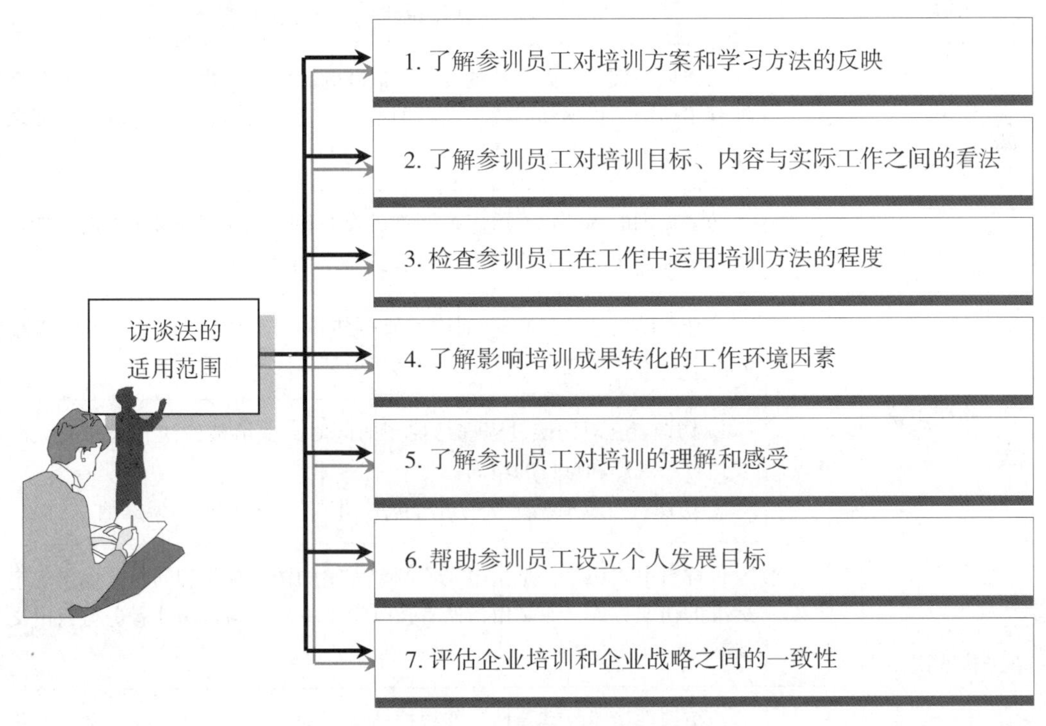


图8-7 访谈法的适用范围

访谈法的类型有很多种，根据不同的标准可以划分出不同的类型。图8-8中列出了三种常用的访谈法划分方法。

其中，最通用的一种划分方法是根据访谈过程可控程度，将其划分为结构性访谈、半结构性访谈和非结构性访谈，具体内容见表8-3。

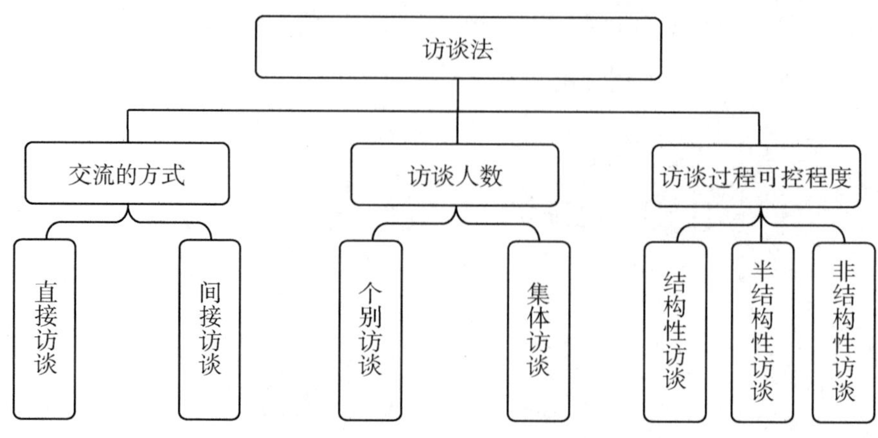


图 8-8　访谈法的类型划分

表 8-3　访谈法按照访谈过程可控程度的划分说明表

| 类型 | 具体说明 | |
|---|---|---|
| 结构性访谈 | 含义 | 由访谈者按照所需资料的要求，以较为固定的方式或固定的标准程序编制出访谈的提纲和问卷，向参训员工依次提出问题，并让其按照要求作答的一种访谈方式 |
| | 特点 | 访谈提纲的标准化，可以把调查过程的随意性控制到最小限度，能比较完整地收集到评估所需的资料 |
| 半结构性访谈 | 含义 | 是介于结构性访谈和非结构性访谈之间的一种访谈方式，由访谈者事先准备好各类问题，但又不完全拘泥于某种固定的方式和顺序 |
| | 特点 | 1. 访谈者在对访谈过程进行控制的同时，也给被访谈者留有较大的表达自己观点和意见的空间<br>2. 访谈者可以根据访谈的进程随时调整事先拟定的访谈提纲 |
| 非结构性访谈 | 含义 | 也称自由式访谈，是指事先不制定完整的访谈提纲和问卷，也不规定标准的访谈方式，而是由访谈者按某一个主题，与被访谈者进行自由交谈 |
| | 特点 | 非结构性访谈较有弹性，能根据访谈者的需要灵活地转换话题，变化提问方式和顺序，追问参训员工对课程培训的深层次理解 |

访谈法作为一种培训效果评估工具，具有自身的优点和缺点，具体内容如图 8-9 所示。

（1）访谈法的运用程序

访谈法在企业培训效果评估中的运用应严格按照一定的程序进行，以确保访谈结

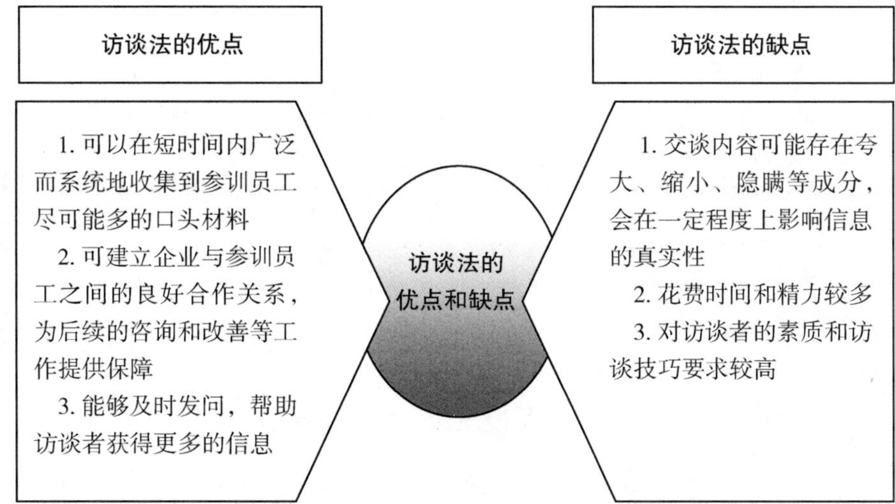


**图 8–9　访谈法的优点和缺点**

果的真实性和有效性，访谈法运用的具体程序以及程序各环节的要点如图 8–10 所示。

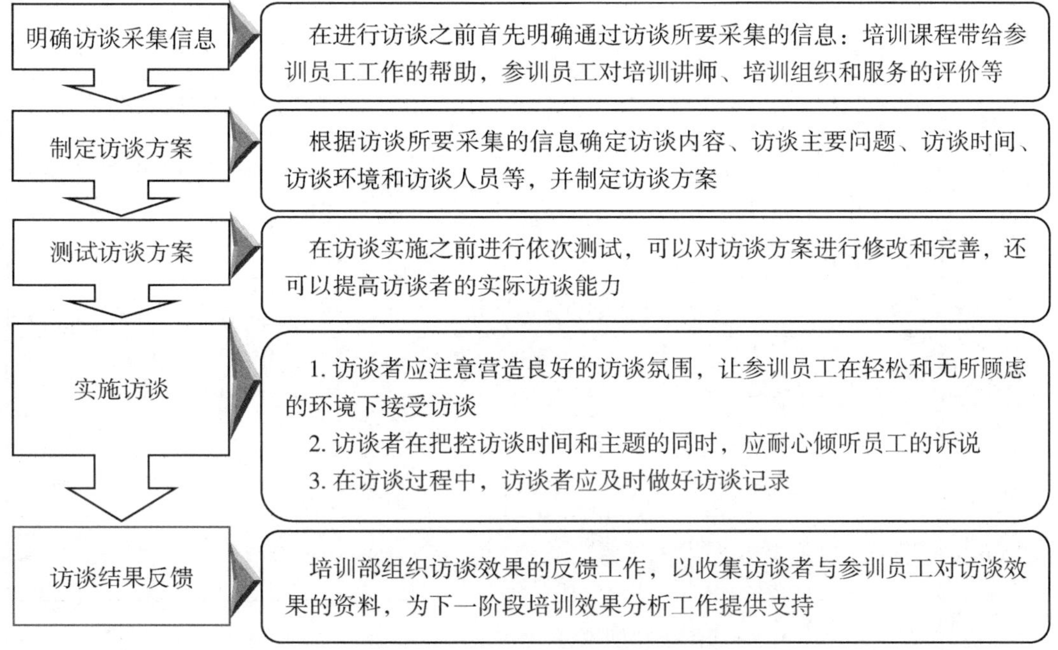


**图 8–10　访谈法的运用程序**

（2）访谈法运用的注意事项

访谈法是通过访谈者与参训员工面对面的谈话来收集培训效果信息资料的一种方法，为确保其实施的信度和效度，在运用这一方法时应注意如图 8–11 所示的三个方面的内容。

访谈法运用的注意事项

1. 访谈者在与参训员工进行访谈时，应有明确的访谈目标，切忌漫无目的地访谈，以免浪费正常的工作时间

2. 设计一份具有指导性的访谈提纲，以便取得有效的培训效果信息

3. 注意营造相互信任的访谈氛围

图 8-11 访谈法运用的注意事项

（3）访谈法的配套工具

访谈法最常用的配套工具之一是访谈记录表，访谈者通过填写访谈记录表，可以及时并详尽地记录参训员工所提供的信息，并为培训效果评估提供支持。表 8-4 是某企业培训部制定的访谈记录表，仅供参考。

表 8-4 某企业访谈记录表

| **访谈主题** | | | |
|---|---|---|---|
| **访谈时间** | | **访谈地点** | |
| **访谈者** | | **联系方式** | |
| 受访学员信息 | | | |
| 姓名 | | 职位 | |
| 部门 | | 联系方式 | |
| 访谈信息 | | | |
| 访谈情况概要 | | | |
| 反映哪些问题 | | | |
| 问题处理意见 | | | |
| 辅助说明 | | | |
| 访谈总时间 | | 记录时间 | |

## 8.3.2 观察法

观察法是指企业在培训结束后，到参训员工所在工作岗位上，通过仔细观察、记录参训员工在工作中的业绩表现，并与其以往的业绩进行比较，以此来衡量培训对参训员工所起效果的一种方法。

企业运用观察法对培训效果进行评估所需花费的时间较多，并不能大范围使用，一般只用于评估那些投资大且对企业发展影响较大的培训项目。

企业了解参训员工培训后工作表现的最佳方式之一就是跟踪观察，通过仔细观察可以发现参训员工工作方式和态度等的转变，进而判断培训效果。企业运用观察法进行培训效果评估的优点和缺点具体如图 8-12 所示。

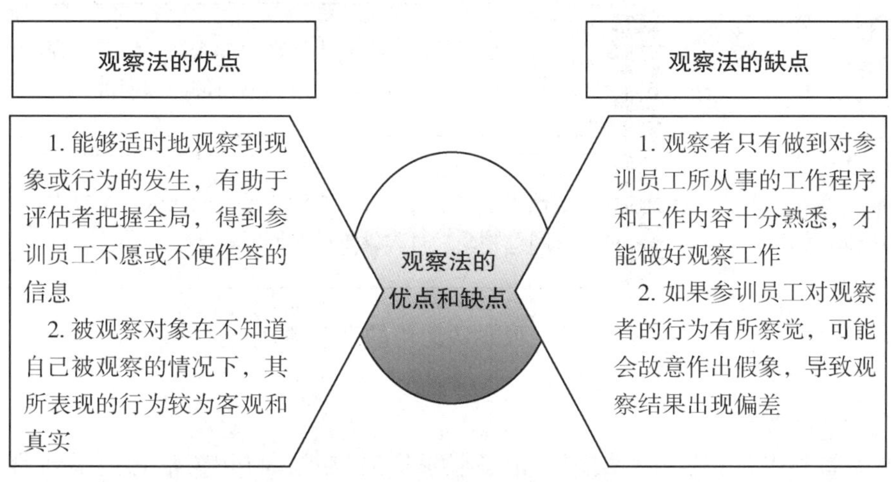


图 8-12　观察法的优点和缺点

鉴于观察法存在的缺点，企业在运用观察法把握培训效果时，可以采取如图 8-13 所示的两种改进方法。

尽量使用隐蔽的方式进行跟踪观察，并进行多次、重复的跟踪观察，以提高观察结果的准确性

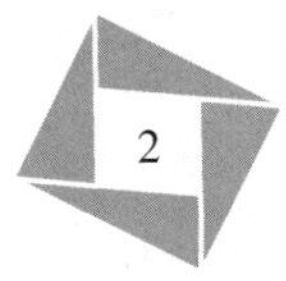


采用摄像或录像技术记录参训员工的表现，再观看录像，进而分析参训员工在培训后的工作效果

图 8-13　观察法的两种改进方法

（1）观察法运用的注意事项

运用观察法的关键在于将跟踪观察到的现象和内容进行完整、准确的记录。一般来说，观察和记录同时进行，以便观察者能够及时地将所观察到的内容详尽地记录下来。在进行跟踪观察记录时，观察者应注意如图 8-14 所示的四个方面的内容。

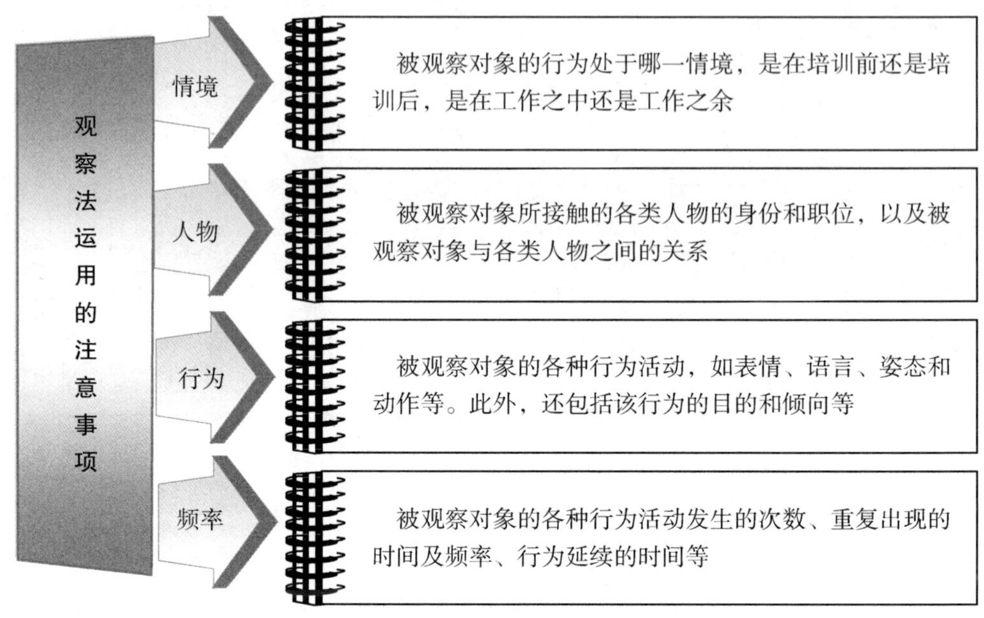


图 8-14　观察法运用的注意事项

（2）观察法的配套工具

在观察过程中，观察者利用观察记录或录像的方式，将相关信息记录到参训员工工作观察记录表中，以通过比较参训员工在培训前后的工作业绩，来衡量培训所达到的效果。本书列举了三个培训效果观察记录表见表 8-5、表 8-6、表 8-7，仅供参考。

表 8-5　培训效果观察记录表（一）

| 培训课程 | | | 培训日期 | 20____年____月____日 |
|---|---|---|---|---|
| 观察对象 | | | 观察记录人员 | |
| 培训前所观察到的现象 | 序号 | 现象表述 | | |
| | 1 | | | |
| | 2 | | | |
| | 3 | | | |
| | …… | | | |

续表

<table>
<tr><td rowspan="5">培训后所观察到的现象</td><td>序号</td><td>现象表述</td></tr>
<tr><td>1</td><td></td></tr>
<tr><td>2</td><td></td></tr>
<tr><td>3</td><td></td></tr>
<tr><td>……</td><td></td></tr>
<tr><td>观察结论</td><td colspan="2"></td></tr>
<tr><td rowspan="5">其他特殊情况</td><td>序号</td><td>情况表述</td></tr>
<tr><td>1</td><td></td></tr>
<tr><td>2</td><td></td></tr>
<tr><td>3</td><td></td></tr>
<tr><td>……</td><td></td></tr>
<tr><td>备注</td><td colspan="2"></td></tr>
</table>

**表 8-6 培训效果观察记录表（二）**

<table>
<tr><td>**员工姓名**</td><td></td><td>**所在岗位**</td><td></td></tr>
<tr><td>**所属部门**</td><td></td><td>**观察日期**</td><td>20____年____月____日</td></tr>
<tr><td>**培训项目**</td><td></td><td></td><td></td></tr>
<tr><td colspan="2">培训内容</td><td colspan="2">培训后的工作表现</td></tr>
<tr><td colspan="2"></td><td colspan="2"></td></tr>
<tr><td colspan="4">部门主管意见</td></tr>
<tr><td colspan="4">签字：　　　　日期：20____年____月____日</td></tr>
</table>

表 8-7　培训效果观察记录表（三）

| 观察对象 | | 职务 | | 培训课程 | |
|---|---|---|---|---|---|
| 观察地点 | | 观察时间 | | 记录人员 | |
| 观察结果<br>观察内容 | 评价标准 | | | | |
| | 优秀 | 良好 | 好 | 一般 | 差 |
| 遵守工作纪律 | | | | | |
| 按照工作流程工作 | | | | | |
| 工作中使用工作技巧 | | | | | |
| 工作中的成本意识 | | | | | |
| 工作中的安全意识 | | | | | |
| 工作中的沟通 | | | | | |
| 团队合作 | | | | | |
| 工作成果的质量 | | | | | |
| 整体工作状态 | | | | | |
| …… | | | | | |
| 需要改善的内容 | 1. | | | | |
| | 2. | | | | |
| | 3. | | | | |
| | …… | | | | |

## 8.3.3　测试法

测试法包括操作性测验、笔试法等方法。

（1）操作性测验

操作性测验是指企业对参训员工技能和技术的熟练程度进行评估的一种方法。

操作性测验通过对参训员工实际操作过程的测验来评估培训效果，其应用的关键在于须事先对参训员工在操作中所要表现的动作进行规定，规定的内容包括动作标准、时间间隔和生产定额等。

操作性测验应用于培训效果评估之中，具有较高的表面效度。通过操作性测验参训员工的学习效果能够得到加强，体现了企业鼓励参训员工在自身的工作中应用培训内容。为了使培训讲师和参训员工能够更好地了解培训效果，企业在进行操作性测验时，应注意达到如图8-15所示的要求。

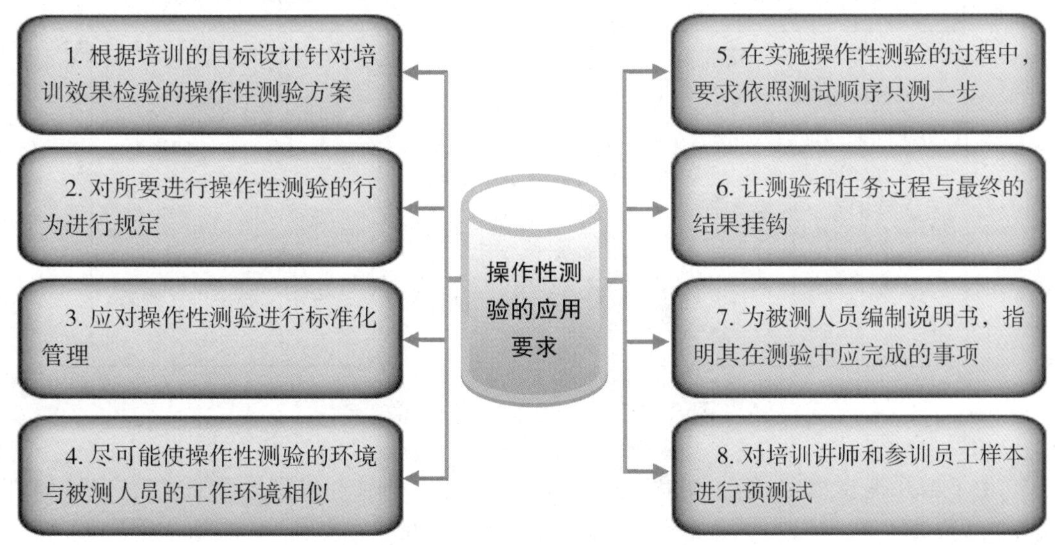


图8-15 操作性测验的应用要求

（2）笔试法

笔试法是企业对参训员工的知识掌握状况进行评估的一种方法。其中，参训员工的知识掌握包括对企业规章制度、行业知识和产品知识的掌握等。

企业在运用笔试法对培训效果进行评估时，应注意遵循如图8-16所示的五个环节。

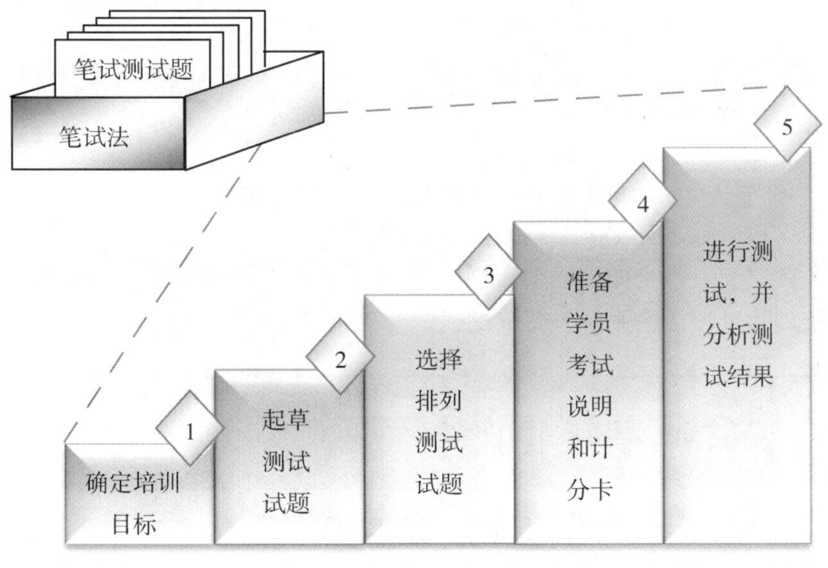


图8-16 笔试法的运用环节

笔试法是一种与面谈法相对应的评估方法，其优点和缺点具体如图 8-17 所示。

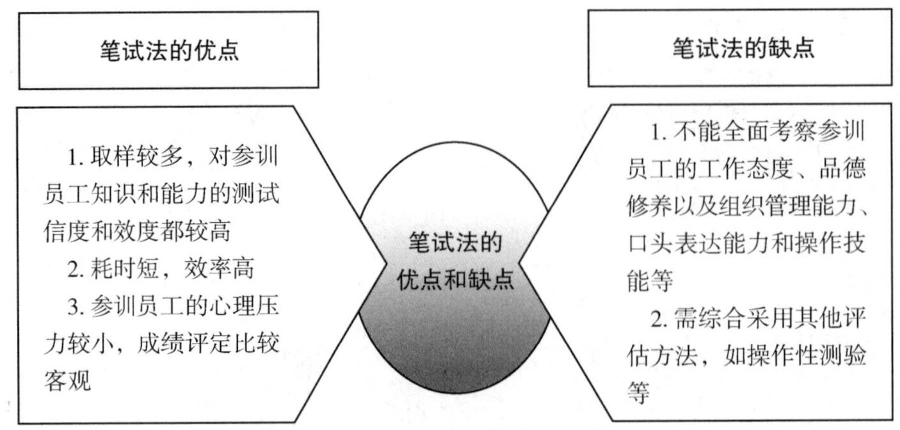


图 8-17　笔试法的优点和缺点

为了增强笔试法实施的效果，企业应加强对以下四个关键事项的控制，具体如图 8-18 所示。

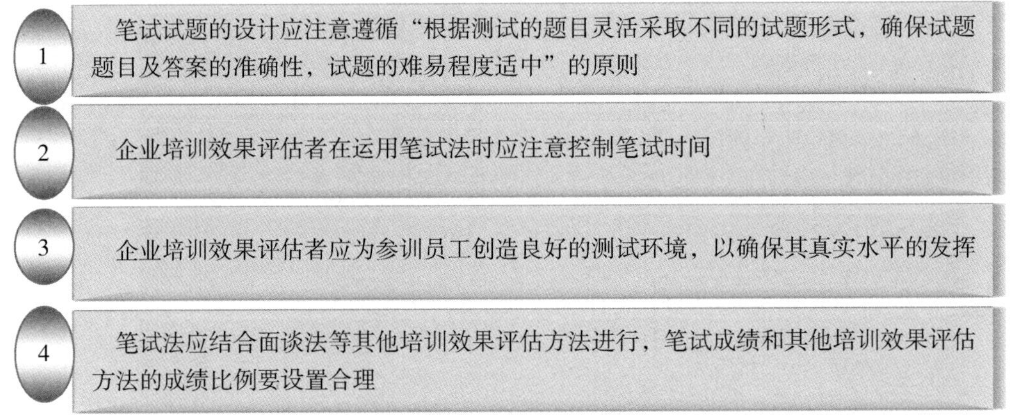


图 8-18　笔试法运用的关键事项

企业安排参训员工参加笔试时，通常会自行编制笔试试题。以下是某企业针对新员工入职培训效果评估编制的一套笔试试题，仅供参考。

<table>
<tr><td rowspan="2">试题名称</td><td rowspan="2">企业新员工入职培训效果评估笔试题</td><td>执行部门</td><td></td></tr>
<tr><td>成绩合计</td><td></td></tr>
<tr><td colspan="4">个人基本信息填写<br>姓名：__________　所在职位：__________　所属部门：__________<br>工号：__________　入职日期：__________</td></tr>
</table>

此次笔试测试的目的是为了检验此次入职培训的效果，本次测试的时间为____分钟，请您在规定的时间内认真完成本测试的所有题目。感谢您的参与与配合！

**一、填空题**

1. 企业成立于____年，是一家以____为主导产品的企业，目前设有____家分公司，分公司的设立地点分别在____________________。

2. 企业的经营理念是注重品质，____________，创新进取，____________。

3. 企业的董事长是____________，总经理是____________。

4. 企业共有____个部门，部门名称分别是____________________。

5. 您所在部门的负责人是____________，您是直接上级是____________，与您共同工作的同事主要有____________（至少填写6个）。

6. 您所在部门的电话号码是____________，企业人力资源部门的电话号码是____________。

7. 企业新员工一般实行____个月试用期。试用期满须进行入职培训考核，考核分数在____分以上者方可申请转正。

8. 企业的定时工作时间为____________________，中午休息时间为____________________，企业实行每周五天工作制。

9. 企业员工的工牌均应佩戴在____________________。

10. 企业实行________考勤制，不允许员工不打卡或请人、代人打卡。员工上班迟到或早退一次，30分钟以内，罚款____元；30分钟至2小时，罚款____元；2小时至4小时，以本日工资的____计算。

11. 凡在企业工作满一年的员工，可享受____天带薪休假，工龄每增加一年，带薪年假增加____天。

12. 企业办公区域内严禁吸烟，每违反一次罚款____元。

13. 发生安全事故或工伤事故，不论是企业财产受到损害或是职工受到意外伤害时，都必须在____小时内向本部门相关领导报告。

14. 员工离职应提前____天向企业提出____________，否则应承担相应的后果。

**二、简答题**

1. 企业未来五年内的发展规划是什么？

________________________________________________

2. 请写出本企业竞争对手的名称（至少3个）。

________________________________________________

3. 请描述您所在部门的组织结构以及您所在岗位的具体职责。

________________________________________________

4. 结合聘用岗位，请谈谈您将如何做好工作。

________________________________________________

## 8.3.4 问卷调查法

问卷调查法是指借助预先设计好的培训效果调查表或调查问卷，在培训课程结束后向参训员工了解与培训效果相关信息的一种方法。

（1）调查问卷的类型划分

按照不同的标准，可以设计出不同类型的调查问卷。其中，最常见的是按照问题的表达方式将调查问卷划分为开放式调查问卷和封闭式调查问卷，具体如图 8-19 所示。

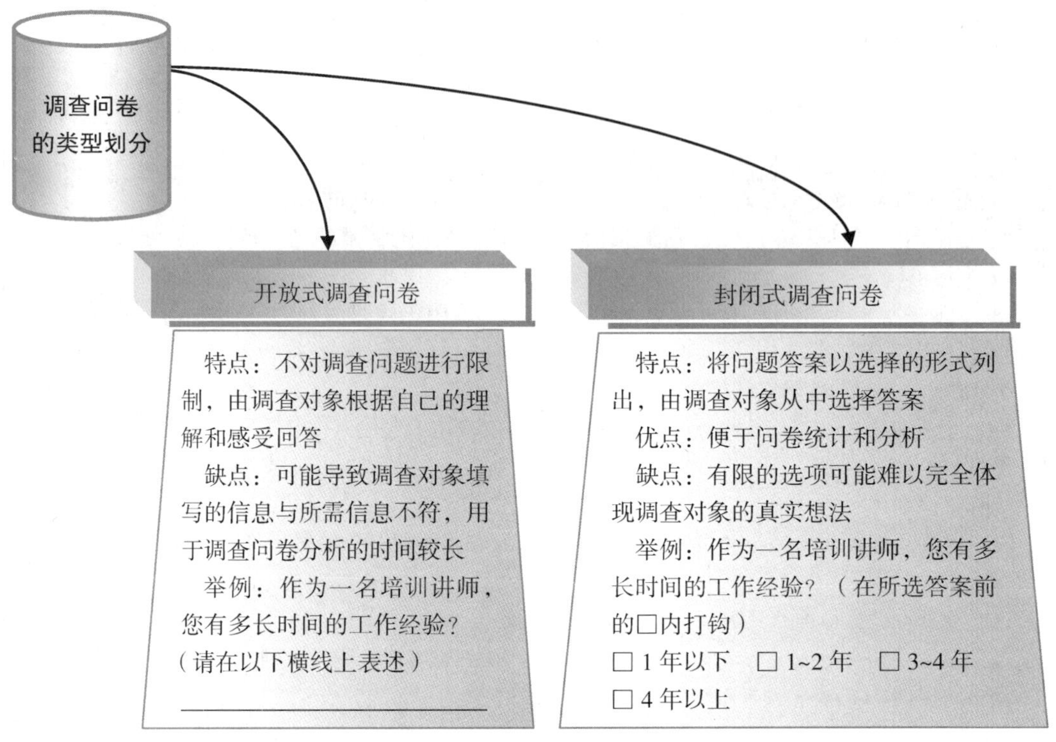


**图 8-19　调查问卷的类型划分**

（2）调查问卷的设计原则及要求

问卷调查法实施的关键在于设计出一份高质量的问卷。一份完整的调查问卷应包含问卷名称、填写说明、致谢等内容。

为了便于调查对象回答问题和整理、分析调查问卷的资料，企业在设计调查问卷时应遵循相应的原则，设计出符合一定要求的调查问卷，具体如图 8-20 所示。

（3）调查问卷的设计流程

问卷调查能否取得成功，关键在于调查问卷的质量。因此，调查问卷的设计必须严格遵守设计流程，以确保调查问卷具有较高的信度和效度。调查问卷设计的流程具体如图 8-21 所示。

在运用问卷调查法对培训效果进行定性评估时不仅要关注到这种方法的优点，更

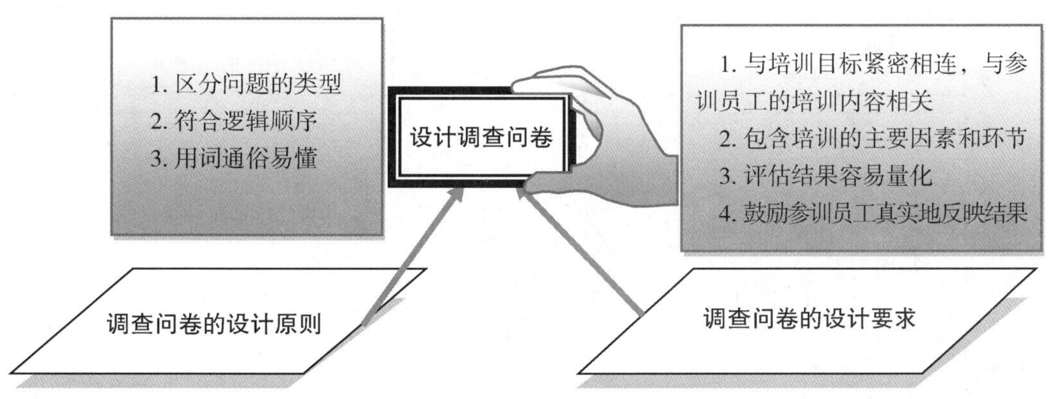


图 8-20 调查问卷的设计原则及要求

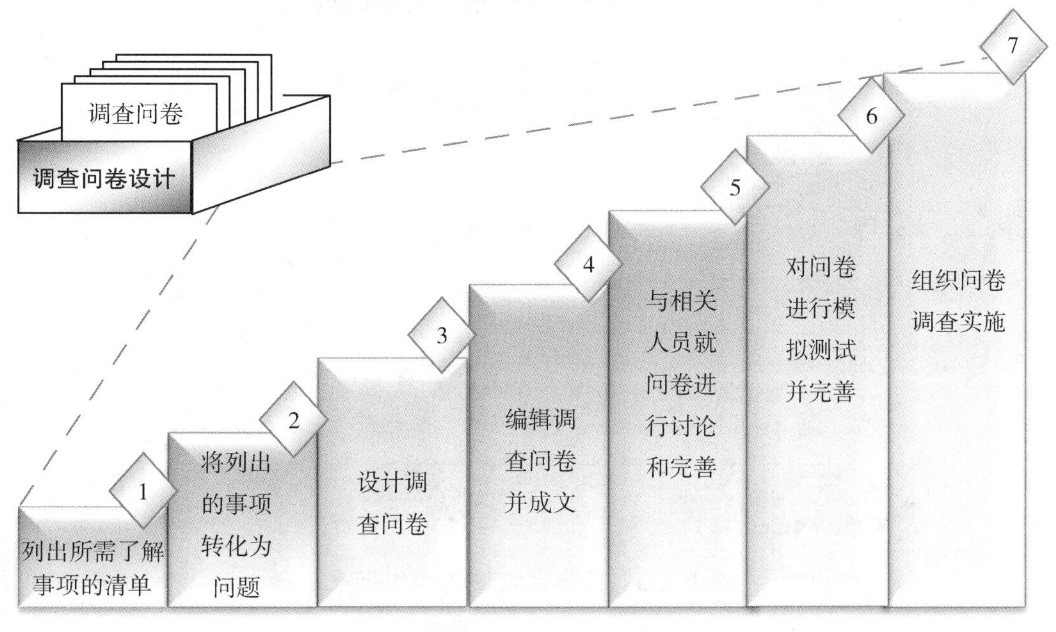


图 8-21 调查问卷设计的流程

要注意规避其带来的风险。问卷调查法的优点和缺点具体如图 8-22 所示。

(4) 问卷调查法的操作步骤

要做好问卷调查工作，应该分步骤进行，并且严格按照问卷调查的流程，注意明确调查目的，并根据调查目的设计出符合评估要求的问卷，以确保问卷调查工作的顺利开展，进而确保调查问卷测试的效果。问卷调查法的操作步骤具体如图 8-23 所示。

(5) 问卷调查法的配套工具

问卷调查法的测试范围较广，涉及培训课程、培训讲师、培训组织人员和参训员

问卷调查法的优点

1. 成本低
2. 匿名的情况下可提高可信度
3. 调查对象可以自己把控填写速度
4. 有相对多的答案选项

问卷调查法的优点和缺点

问卷调查法的缺点

1. 数据的准确性相对较低
2. 很难控制在工作中填写问卷的过程
3. 调查对象填写问卷的速度不同
4. 调查问卷的回收无法得到保障

图 8-22　问卷调查法的优点和缺点

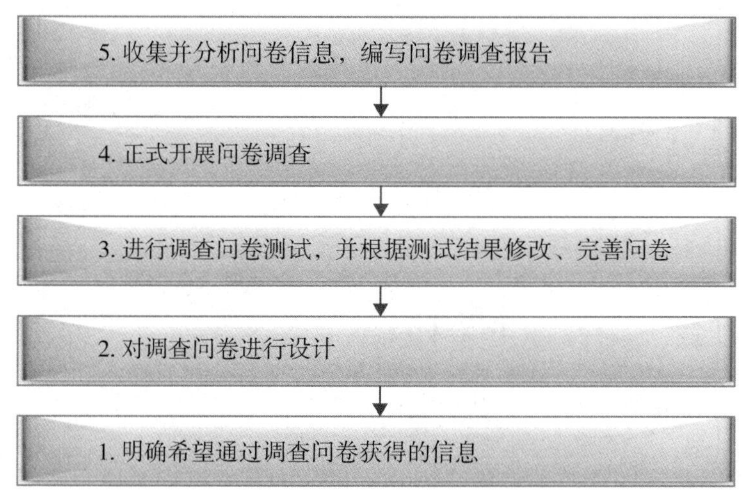


图 8-23　问卷调查法的操作步骤

工参与程度等多个方面的内容，以下是某企业根据调查问卷测试内容所设计的五个培训效果调查配套工具（见表 8-8、表 8-9、表 8-10、表 8-11、表 8-12），即学员表现调查表、培训效果调查表和培训效果调查问卷，仅供参考。

表 8-8　学员表现调查表

<table>
<tr><td colspan="2">培训课程</td><td></td><td>参训人数</td><td></td></tr>
<tr><td colspan="2">参训日期</td><td></td><td>填表日期</td><td></td></tr>
<tr><td>序号</td><td>调查项目</td><td colspan="3"></td></tr>
<tr><td>1</td><td>学员参与情况</td><td colspan="3"></td></tr>
</table>

续表

| 序号 | 调查项目 | | |
|---|---|---|---|
| 2 | 对培训内容的理解情况 | | |
| 3 | 回答问题的积极性 | | |
| 4 | 回答问题的准确性 | | |
| 5 | 参与课程游戏情况 | | |
| 6 | 培训结束后学员的测试结果 | 成绩统计表 | |
| | | 存在的问题说明 | 1 |
| | | | 2 |
| | | | 3 |
| | | | …… |

**表 8-9 培训效果调查表（一）**

| **培训课程** | | **培训讲师** | | | | |
|---|---|---|---|---|---|---|
| **参训员工** | | **所属部门** | | | | |
| 评估项目 | 评估内容 | 评估得分 | | | | |
| | | 1分 | 2分 | 3分 | 4分 | 5分 |
| 培训组织 | 1. 对本次培训的整体评价 | | | | | |
| | 2. 本次培训组织工作的整体安排和配合是否到位 | | | | | |
| 培训课程 | 1. 培训的目的和意义是否了解并能够阐释 | | | | | |
| | 2. 课程内容是否清晰明确 | | | | | |
| | 3. 课程所用的教材是否合适 | | | | | |
| | 4. 课程的难易程度是否合适 | | | | | |
| | 5. 课程是否得到了有效总结 | | | | | |

续表

| 评估项目 | 评估内容 | 评估得分 | | | | |
|---|---|---|---|---|---|---|
| | | 1分 | 2分 | 3分 | 4分 | 5分 |
| 培训讲师 | 1. 讲师的仪表仪态是否得当 | | | | | |
| | 2. 讲师的语言表达是否顺畅 | | | | | |
| | 3. 所采用的授课方法是否合适 | | | | | |
| | 4. 讲师把控授课进程是否合适 | | | | | |
| | 5. 是否留有时间回答问题 | | | | | |
| | 6. 问题问答的准确性 | | | | | |
| | 7. 授课技巧的运用程度 | | | | | |
| | 8. 培训工具的使用是否娴熟 | | | | | |
| 备注 | 1. 为了掌握您对本次培训效果的意见和建议，不断改进我们的培训工作，请您客观评价本次培训的课程 | | | | | |
| | 2. 评分说明：5分表示优秀，4分表示良好，3分表示中等，2分表示一般，1分表示不合格。请您在接近您认可的分值对应栏里打“√” | | | | | |
| | 3. 请您在20____年____月____日____点之前将您填写完毕的调查表交还培训部 | | | | | |

**表8-10　培训效果调查表（二）**

| 基本信息 | | | | | |
|---|---|---|---|---|---|
| 参训员工 | | 岗位 | | 部门 | |
| 培训课程 | | 培训讲师 | | 调查日期 | |
| **调查说明** | | | | | |
| 1 | 本调查表是一份反映培训课程和素材、培训讲师、培训环境以及培训组织的调查问卷 | | | | |
| 2 | 请详细认真地填写，并按时上交培训部门 | | | | |
| 3 | 请在您所选择的答案前打“√” | | | | |
| 4 | 希望您给予真实的回答和批评，以便我们工作的改进。感谢您的支持与配合 | | | | |

续表

| 调查内容 | | | | |
|---|---|---|---|---|
| 评价项目 | 评价维度 | 评价标准 | | |
| 培训课程、素材 | 针对性 | □好 | □一般 | □差 |
| | 信息量 | □好 | □一般 | □差 |
| | 案例运用 | □好 | □一般 | □差 |
| | 现场演练 | □好 | □一般 | □差 |
| | 课程设置 | □好 | □一般 | □差 |
| | 培训素材适应程度 | □好 | □一般 | □差 |
| 培训讲师 | 语言表达能力 | □好 | □一般 | □差 |
| | 对教材理解能力 | □好 | □一般 | □差 |
| | 解答问题能力 | □好 | □一般 | □差 |
| | 时间把控能力 | □好 | □一般 | □差 |
| | 专业知识水平 | □好 | □一般 | □差 |
| | 实践经验 | □好 | □一般 | □差 |
| 培训环境 | 培训场地设施 | □好 | □一般 | □差 |
| | 培训场地卫生 | □好 | □一般 | □差 |
| 培训组织 | 现场服务 | □好 | □一般 | □差 |
| | 座位安排 | □好 | □一般 | □差 |
| | 设施设备准备 | □好 | □一般 | □差 |
| 总体评价 | 培训管理 | □好 | □一般 | □差 |

### 表 8-11 培训效果调查表（三）

| 工具名称 | 培训效果调查表 |
|---|---|
| 调查说明：<br>1. 请在接近您的看法的分值之前的“□”内打“√”，并认真填写您的意见。<br>2. 填写完成后请及时以部门为单位提交培训部。<br>为及时、准确地评估本次培训效果，请各参训员工对本次参与的培训进行评估，并将您的意见和建议如实填入下表中，以帮助我们改进和完善今后的培训工作。感谢您的合作！ | |

续表

| 姓名 | | 性别 | | | |
|---|---|---|---|---|---|
| 岗位 | | 学历 | | | |
| 参训课程 | | | | | |
| 评估项目 | 评估内容 | 评估标准 | | | |
| 培训目标 | 培训是否达到了目标 | □达到 | □部分达到 | □未达到 | |
| 培训方式 | 对培训方式是否满意 | □满意 | □一般 | □不满意 | |
| 培训内容 | 对支持和改进您的工作是否有利 | □非常有利 | □一般 | □没用 | |
| 培训教材 | 教材是否适用 | □非常实用 | □一般 | □不实用 | |
| 培训环境 | 对培训场所和设施的评价 | □好 | □一般 | □差 | |

1. 请列出本次培训课程实用性较强的两个方面。

______________________________

2. 请列出本次培训课程实用性较差的两个方面。

______________________________

3. 您对本次培训课程是否还有其他改进意见，请详细说明。

______________________________

## 表 8-12　培训效果调查问卷

| 工具名称 | 培训效果调查问卷 | 执行部门 | |
|---|---|---|---|
| | | 监督部门 | |

问卷调查的目的是为了了解本次参训员工的满意度，调查结果作为评价及改善公司培训工作的依据。公司对问卷调查的信息只做统计使用并严格保密。感谢您的积极参与！

**一、调查说明**

1. 请详细、如实地填写，并在 20____年____月____日____点之前将问卷提交到培训部门相关人员处。

2. 本问卷采用开放式和封闭式问题相结合的形式，请您在封闭式问题中所选择的答案前打“√”，并在“____”上填写您对问题的理解和感受。

3. 希望您给予真实的回答和评价，这会大大有利于我们工作的改进。

**二、基本信息**

姓名：____________　所在岗位：____________　所属部门：____________

培训课程：__________　培训讲师：____________　培训时间：____________

□管理技能　□销售技巧　□营销策略　□时间管理　□职业生涯规划与指导

续表

**三、关于培训课程**

1. 您认为本次课程对您的工作是否有所帮助？

□帮助很大 □帮助较大 □帮助一般 □没有帮助

2. 您认为本次课程是否解决了您工作上的实际需要？

□很好解决 □部分得到解决 □丝毫没有得到解决

3. 通过参加本次培训，您觉得有哪些收益？

□接触到了一些实用的新知识 □获得一些在工作上的技巧和技术

□帮助我印证了某些观点 □帮助我改变自身的工作态度

□给了我一个客观认识自己及所从事工作的机会

4. 本次培训课程对您工作最有帮助的内容有哪些？

________________________________________

5. 对您来说，本次培训课程最不适用的内容有哪些？

________________________________________

**四、关于培训讲师**

1. 本次培训的讲师有哪些优点和缺点？

优点：____________________________________

缺点：____________________________________

2. 培训讲师对培训目标和教学内容的阐述效果（是否具体、明确和完整）如何？

□优秀 □良好 □中等 □较差 □差

3. 您对本次培训所采取的教学方式是否满意？

□很满意 □满意 □一般 □不满意

若不满意，您认为本次培训应采用何种教学方式？（可多选）

□普通讲座 □小组讨论 □讲师演示和学员实际操作 □提问和回答

□多媒体教学 □角色扮演 □游戏训练 □其他____________

**五、关于培训组织**

1. 您认为本次培训的后勤协助工作（包括场地的选择、培训资料和辅助设备的配备等）做得如何？

□很好 □好 □一般 □不好

2. 在培训前，您收到了哪些有关本次培训的详细资料？

________________________________________

**六、其他**

1. 您对本次培训的整体满意度如何？

□很满意 □满意 □一般 □不满意 □很不满意

2. 下次若有类似的培训，您是否愿意参加？

□愿意 □不愿意 □不确定

3. 您对本次培训是否还有其他改进意见，请详细说明。

________________________________________

4. 您在未来的一段时间内将如何运用您在本次培训中所学习到的内容？

________________________________________

5. 您认为公司还需要组织哪些方面的培训？

________________________________________

### 8.3.5 关键事件评估法

关键事件评估法是指企业相关培训负责人观察、记录反映培训成败的关键事项，并据此对培训效果进行评估的一种方法。

企业在运用关键事件评估法进行关键事件信息收集时，为提高关键事件相关信息的有效性和准确性，完善培训效果评估，通常采用如图 8-24 所示的四种方法对关键事件信息进行收集。

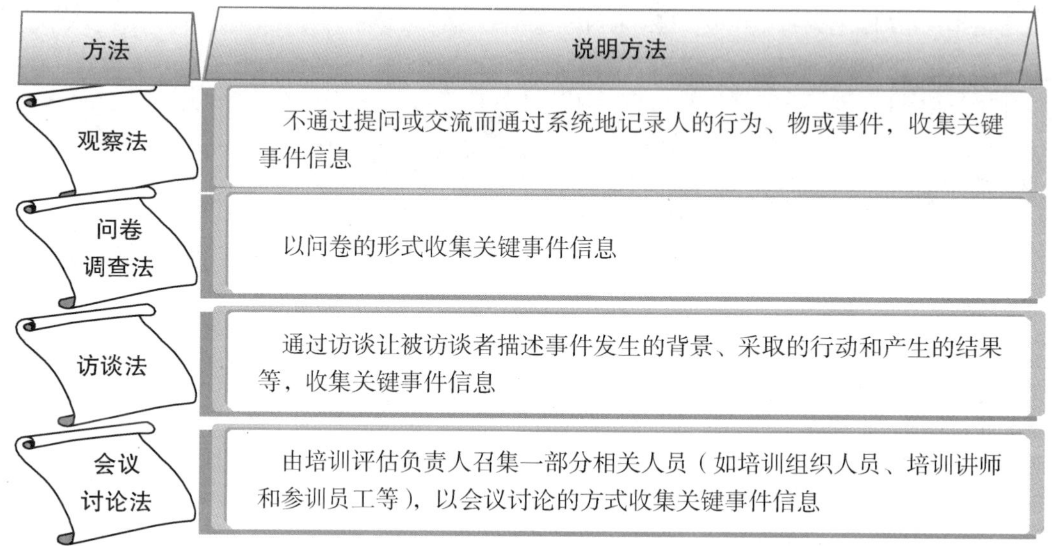


图 8-24　收集关键事件信息的方法

关键事件评估法的主要优点是研究的焦点集中在培训行为上，且记录的行为是可观察、可衡量的。但关键事件评估法也有难以克服的缺点，主要是费时费力，具体内容如图 8-25 所示。

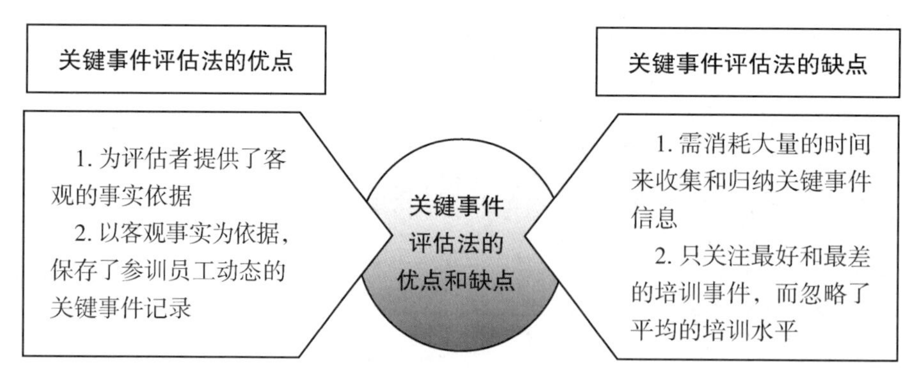


图 8-25　关键事件评估法的优点和缺点

（1）关键事件评估法运用程序

关键事件评估法主要是由调查人员将培训过程中的关键事件加以记录，在收集大量信息之后对培训效果进行的评估。为了确保关键事件评估法的预期效果，其运用需遵循一定的程序，具体内容如图8-26所示。

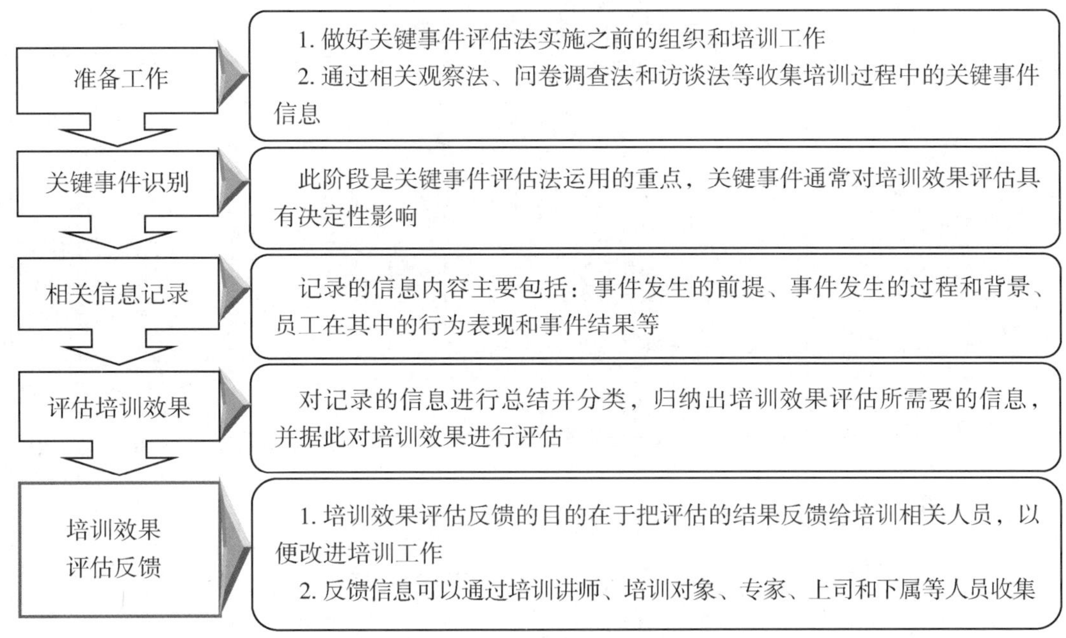


**图8-26 关键事件评估法的运用程序**

（2）关键事件评估法运用的注意事项

采用关键事件评估法进行培训效果评估时应注意以下四个关键事项，具体内容如图8-27所示。

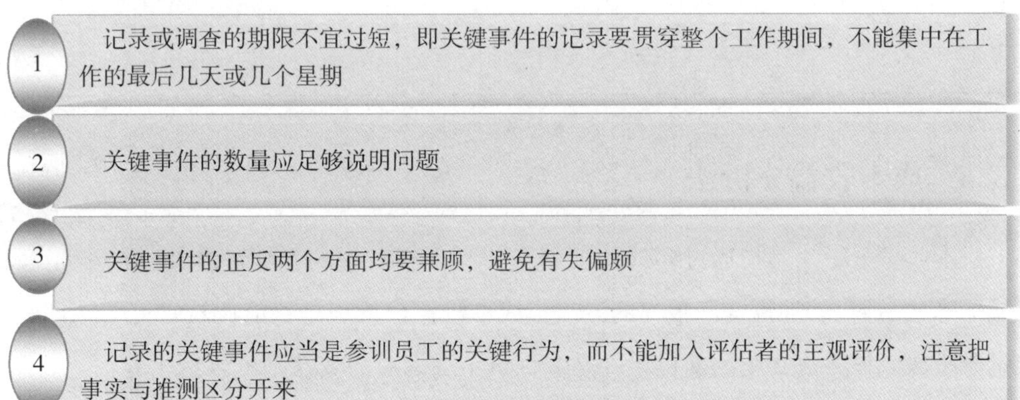


**图8-27 关键事件评估法运用的注意事项**

（3）关键事件评估法的配套工具

关键事件评估法要求观察人员、分析人员或其他相关人员将培训过程中的关键事件详细记录下来，企业通常采用填写关键事件记录表的方式为关键事件记录提供支持。表 8-13 是关键事件记录表的一个示例，仅供参考。

表 8-13　关键事件记录表

| 培训课程 | | | |
|---|---|---|---|
| 记录人员 | | 事件名称 | |
| 记录时间 | | 记录地点 | |
| 事件记录项目 | 事件记录内容 | | |
| 事件发生过程描述 | | | |
| 事件发生的情景 | | | |
| 事件发生的原因 | | | |
| 采取的行动 | | | |
| 行动结果 | | | |

## 8.3.6　成本收益分析法

成本收益分析法是指通过参加培训后企业日常经营中的各项硬性指标的变化（提高或下降），计算培训投资回报率的方法。成本收益分析法是目前比较常见的培训效果定量分析法。该方法实施的前提条件是参训员工受训后的效益是可以量化的。

成本收益分析法通过以下两个公式来量化分析培训成果：

$$R = (E_2 - E_1) \times N \times T - C$$

其中，$R$ 表示培训收益，$E_1$ 表示培训前每个参训员工的年效益，$E_2$ 表示培训后每个参训员工的年效益，$N$ 表示参加培训的总人数，$T$ 表示培训收益可以持续的年限，$C$ 表示培训成本。

$$\text{ROI} = (R/C) \times 100\%$$

其中，ROI 表示培训的投资回报率，$R$ 表示培训收益，$C$ 表示培训成本。

如果计算出来的 ROI 值是小于 1 的，表明本次培训的收益小于培训成本，说明从投资回报率的角度来说，本次培训没有达到预期效果，或是企业存在的问题通过本次培训没有得到解决。

如果计算出来的 ROI 值是大于或等于 1 的，则表明本次培训的收益大于或等于培训成本，说明从投资回报率的角度来说，本次培训达到了预期效果，在一定程度上解决了企业存在的问题。下面以 A 企业为例，试用成本收益分析法的公式计算培训的投资回报率。

现状描述：A 企业是一家电子仪器制造公司，现有车间工人 100 人，月产量 8 300 台，产品单价为 600 元/台。A 企业在生产经营活动中存在着诸多问题。第一，每月生产的产品中有 2%由于质量不合格而被退货；第二，车间管理不到位，生产现场一片混乱，屡出质量事故。

培训情况综述：A 企业的技能人才培训项目在 7 月底完成，直接培训成本为 40 000 元，间接成本为 16 000 元。经过 1 个月的实践，到 8 月底，该企业的产品质量得到了明显改善，当月生产产品的不合格率降为 1%，月产量增加 100 台。

计算：A 企业的技能人才培训项目的投资回报率是多少？

技能人才培训项目的收益 = [8 300×(2%−1%)+100]×600 = 109 800 （元）

技能人才培训项目的投资回报率 = 109 800÷(40 000+16 000) ≈196. 1%

即 A 企业的技能人才培训项目每投入 1 元的培训成本就会带来大约 1. 96 元的收益。

## 8. 3. 7 工作标准对照法

工作标准对照法是指培训组织者通过了解参训员工在工作数量、工作质量、工作实效和工作态度等方面能否达到工作标准来判断培训是否有效的一种方法。

工作标准对照法是最为科学的评估方法之一。为了发挥工作标准对照法评估正确性较高且有说服力的作用，企业在运用该方法时应遵循如图 8-28 所示五个步骤。

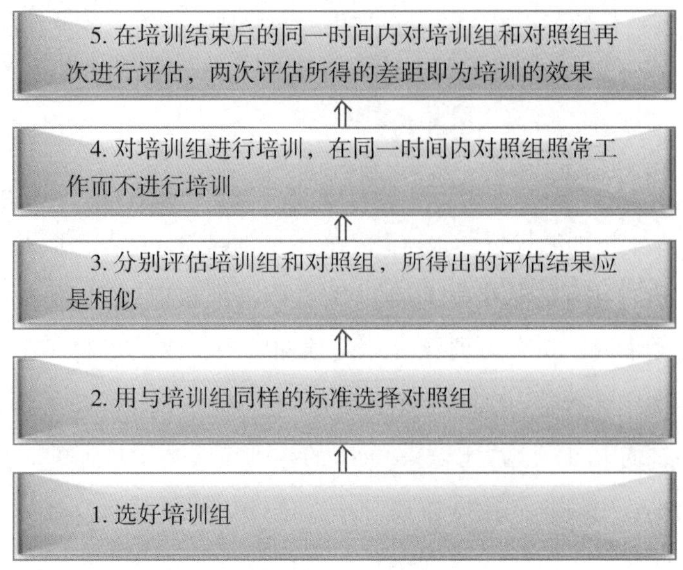


图 8-28　工作标准对照法的实施步骤

# 8.4　培训效果转化

## 8.4.1　培训效果转化的模式

（1）内部主导模式

内部主导模式是指通过内部力量进行培训效果转化的一种模式。内部主导模式需要一系列的制度和机制等配套支持促成培训效果的转化，包括沟通机制，导师选聘机制，培训监督、控制和反馈机制等。其中，良好的沟通机制是培训效果转化的前提，健全的导师选聘机制是培训效果转化的关键，完善的培训监督、控制和反馈机制是培训效果转化的保证。

1）注重培训讲师的选聘

在实施培训之前，企业应建立健全培训讲师选聘机制。培训能否给企业和员工个人带来收益，选聘培训讲师是关键。一次培训课程，无论组织人员多么精心地安排、布置和宣传，都无法取代培训讲师的选择在整个培训中的核心地位和作用。因此，不论是企业内部培训或是外部培训，要想取得预期的成效，对培训讲师的选择是培训成功的关键所在。

企业在选聘培训讲师时，需要根据培训课程要求、培训对象、培训需求等制定培训讲师选聘标准，进行严谨的培训讲师评估分析。不仅要从培训讲师的从业经历、教育背景、知名度等方面进行考察，更要关注培训讲师的讲课风格、内容的适用性。选择符合培训课程要求的培训讲师，是培训成功的关键，也是培训效果转化的最重要保证。

2）建立高效的沟通机制

在培训实施与效果转化过程中，畅通的沟通渠道以及良好的信息反馈渠道会大大提高培训效果的转化效率。例如，培训组织者如果能够使参训员工的部门负责人在培训实施前就了解培训的目的、主要内容、预期的效果，那么参训员工的部门负责人就会对培训活动有一个全面的认识，并将此次培训与自己的日常管理结合起来，从而使得部门负责人对培训的认同度提高。

在培训结束后，培训组织者同样应该与参训员工的部门负责人进行沟通，告知其部门员工在什么时间参加了一个什么样的培训，员工有什么样的收获，并承诺作出什么样的改变，制订了什么样的行动计划，请部门负责人与员工进行沟通，协助员工做好培训效果跟踪转化和绩效反馈工作。

（2）外部牵引模式

外部牵引模式是指主要依靠外部力量进行培训效果转化的一种模式。通过引入培训实施的战略合作者，例如培训机构、高校或科研院所，来负责企业的员工培训工作，促成培训效果的转化，而企业则退居次要地位。这种做法类似于培训项目外包。

外部牵引模式具有一些内部主导模式不具备的优势，主要体现在以下三个方面：

首先，外部培训机构具有较强的专业优势。企业在选定培训的合作方时，需要对合作伙伴的专攻领域或优势领域、从业资历背景、人员构成、培训项目经验等方面进行较深入细致的分析调查和比较，选择合适的合作机构。此外，企业还需要与合作机构进行充分的沟通洽谈，明确培训需求，使合作机构能够针对企业的专业领域提供有针对性的服务。

其次，外部培训机构的培训系统完善。专业的培训机构能够提供完善的培训效果评估服务和培训效果转化跟踪服务，拥有一整套相关培训效果转化的过程控制体系，能够在培训结束后提供科学的评估和跟踪服务，促进培训效果的转化。

再次，外部培训机构的经验丰富。专业培训机构通常具有丰富的培训经验和应对培训问题的处理经验，在处理培训效果转化问题和提升培训绩效方面能够驾轻就熟，游刃有余。

（3）内外结合模式

内外结合模式是通过企业内部与外部相关机构共同主导，形成的一种持久稳定的培训效果转化模式。内外结合模式依靠内外部力量的共同作用，主导企业的培训效果转化，促进员工知识技能与行为方式的改善，提升培训绩效。

内外结合模式与外部牵引模式在合作方式、服务的内容形式上具有很多相似之处，两者的主要区别在于，内外结合模式的主导方是企业而不是外部合作机构，外部合作机构充当的是一种顾问和辅导者的角色，而外部牵引模式的主导方是外部合作机构。内外结合模式也是目前一些企业正在积极尝试的培训效果转化模式之一。

上述三种培训效果转化模式各有其优势和不足，企业具体采取哪种培训效果转化模式来实现企业的培训效果转化和改进绩效，需要具体结合企业的实际需要，最终选择最适合企业发展情况和培训效果转化需要的模式。

### 8.4.2 培训效果转化的途径

为了促进培训效果的顺利转化，企业还应当开展培训课程知识展示、参训员工比赛、效果转化展示等多种活动。转化途径概括起来主要有以下三种：

（1）培训效果在本岗位的转化

培训效果在本岗位的转化，即参训员工将培训中所学到的内容在其所在工作岗位中应用。

（2）培训效果在企业内的转化

培训效果在企业内的转化，即参训员工将培训内容在企业内部分享，使更多员工受益于培训。

（3）培训内容的衍生转化

培训内容的衍生转化，即通过将培训内容写成总结报告或以工作改善计划表等形式，让不同层级的员工一起参与讨论，激发员工的创新意识。

# 8.5 培训效果评估报告的撰写

## 8.5.1 培训效果评估报告的内容

（1）报告提要

报告提要，即报告概述，是对报告要点的概括。培训效果评估报告的撰写人需要在评估报告的开头简要地写出培训效果评估工作的背景和实施概况，阐明培训效果评估的时间、目的、任务和要求，培训效果评估工作的完成情况等。

报告提要的内容应包含的要素分为以下四个方面，具体如图 8-29 所示。

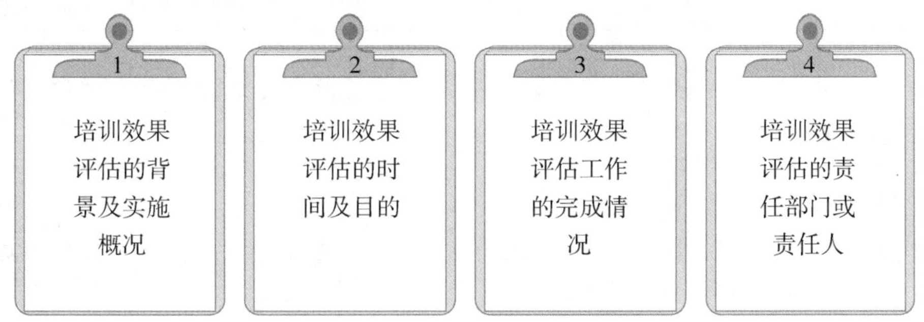


图 8-29　报告提要包含的要素

撰写培训效果评估报告时可以根据报告的具体事项及报告的篇幅情况，选择详细叙述或简要撰写的方式完成报告提要，使报告提要的内容起到对评估报告全文的统领和概括作用。

（2）培训目的

为了更清楚地说明培训效果评估的重要性，培训效果评估报告的撰写人在培训效果评估报告中应明确阐述培训项目开展的目的、培训工作的任务和要求，以及所需要达到的培训效果和最终目标。

（3）培训对象和培训内容

企业在培训开始前应进行充分的培训需求调研分析，根据培训需求调研分析结果并结合企业发展战略，选择和确定需要接受培训的人员及培训内容。

企业内不同层次、不同部门的员工需要接受的培训内容各不相同。即使是同一层次、同一部门的同一员工因在不同时间从事不同的工作，其所需接受的培训也不相同，因此需要针对企业的实际情况及员工的具体需求设计培训内容。

下面给出一些企业中常见的针对培训类别及培训对象设置其培训内容的示例，具体见表 8-14。

表 8-14　不同培训对象的培训内容举例

| 培训类别 | 培训对象 | 培训内容 |
| --- | --- | --- |
| 入职培训 | 新入职人员 | 企业文化培训、企业发展状况与相关制度培训，以及岗位技能培训 |
| 专业技能提升培训 | 在职人员 | 生产、制造、研发、营销等专业知识技能培训 |
| 管理能力培训 | 管理人员 | 领导能力提升培训、团队建设能力培训、管理技能培训 |
| 外派培训 | 外派人员 | 语言培训、异国文化培训、适应能力培训 |

培训效果评估报告的撰写人在培训效果评估报告中应详细说明培训对象及培训内容，使读者清楚地了解培训工作的实施是否具有必要性及针对性。

（4）培训方法

在培训效果评估报告中，需要对培训实施的过程进行评估，其中重要的一项是对培训方法进行描述与分析。

（5）培训的综合分析与评估

在培训效果评估报告中，对培训的综合分析与评估的概括应包括评估方法、评估内容、评估结果等方面内容。

首先，在培训效果评估报告中应阐明培训效果评估所选用的评估方法。

其次，培训效果评估报告的撰写人应明确评估的内容。一般来说，在衡量培训是否有效的过程中，培训效果评估的内容主要包括以下四方面，具体如图 8-30 所示。

最后，在培训效果评估报告中应详细说明评估实施情况并分析结果，从而得出培训效果评估的最终结论并提出相关建议。

（6）结论和建议

在培训效果评估报告中，对于培训工作的总结和建议部分，应指出培训工作中做得比较好的方面，总结工作经验。同时，也要明确需要改进的地方，提出改进措施。

（7）附件

附件是随同培训效果评估报告一同制定的相关文件，添加附件的主要目的在于保

对参训员工的学习效果进行评估。具体评估项目包括两个：一是培训后的测试，二是培训后参训员工的工作态度、工作方法和工作业绩的改善程度

对培训组织的管理工作进行评估。具体评估项目有培训时间安排、培训场地环境、培训设备器材等

对培训讲师进行评估。具体评估项目有课程内容、授课形式、培训方法、讲师语言表达等

对培训效果、收益进行评估。具体评估项目有预算执行情况、投入产出比、因培训取得的经济效益或收入等

**图 8-30　培训效果评估的内容**

证研究者收集和分析资料的科学性以及证明结论的合理性。

一般来说，附件的内容应包括收集和分析培训效果信息时所用到的相关图表、问卷和部分原始资料，与培训效果评估报告相关的培训体系内的其他报告，以及与培训效果评估工作相关但更新频繁且无须列入培训需求分析报告的文件。

## 8.5.2　培训效果评估报告的示例

（1）新员工培训评估报告

<table>
<tr><td rowspan="2">文书名称</td><td rowspan="2">新员工培训评估报告</td><td>编号</td><td></td></tr>
<tr><td>受控状态</td><td></td></tr>
<tr><td colspan="4">一、报告提要<br>（一）评估时间及责任部门<br>在新员工培训项目结束后，培训部组建了培训效果评估小组，于____月____日至____月____日开展了新员工培训效果评估工作。<br>（二）评估目的<br>此次评估是针对公司新员工入职培训效果的评估，评估的目的是为了确定新员工培训的效果是否达到预期目标，评估企业文化培训、职业技能培训以及岗位培训等对新员工起到的作用和影响。</td></tr>
</table>

（三）完成情况

此次新员工培训效果评估工作采用问卷调查法、考核法以及加权分析法等，对培训的组织实施工作以及员工的培训效果进行评估，并对下一步培训的开展提出意见和建议，从而促进培训工作的改进与完善。

**二、培训目的**

（一）企业概况与文化

1. 使新员工在正式工作前对公司有一个全方位的了解，熟悉并认同企业文化以及发展战略。

2. 使新员工理解并接受公司的文化理念和行为规范。

3. 为新员工提供公司概况介绍。

（二）技能与沟通

1. 提供工作岗位信息的指导，并明确公司对其岗位的期望。

2. 提高新员工解决问题的能力，使其掌握可寻求帮助的方法。

3. 加强新、老员工之间以及新员工与新员工之间的沟通。

**三、培训对象及内容**

（一）培训对象

本次培训的主要对象是在____月____日后入职的新员工。

（二）培训内容

培训内容主要有以下三方面：

1. 与工作环境有关的内容，如企业宏观环境、工作环境与设施等。

2. 与工作岗位有关的内容，如岗位职责、岗位技能、行为规范等。

3. 与工作制度有关的内容，如企业各项人力资源管理制度、财务管理制度、行政办公管理制度等。

**四、培训方法**

本次新员工培训主要采取讲授法、模拟法、实地观摩法、现场实操法等多种培训方法。

**五、培训的综合分析与评估**

（一）培训效果评估方法

本次培训效果评估运用的方法主要有问卷调查法、考核法以及加权分析法等。

（二）调查问卷设计与反馈情况

1. 培训结束之后，培训部设计并发放了培训效果评估调查问卷，调查问卷主要从培训讲师授课效果、培训内容设计、培训组织服务工作三个方面进行问题设计。

2. 共发放调查问卷____份，收回____份，其中有效问卷____份，对培训效果的整体满意度为____%。

（三）参训员工考核情况

1. 公司培训部根据课程内容设计了笔试和实践操作两种考核方式。在此次考试中，____%的参训员工达到及格水平，其中有____%的参训员工达到良好（85分以上）水平。

2. 其中，只有____%的参训员工没有达到60分的及格标准，根据培训制度，没有及格的参训员工在一周后重新进行了学习和补考，并且全部通过考试。

（四）加权分析评价结果

1. 在新员工培训结束一周内，参训员工所在部门负责人应按照要求填写新员工培训效果跟踪表，对新员工在此期间的培训效果和工作表现作出考核与评估，并提交培训部审核。

2. 培训部有关人员按照相应的培训效果跟踪表单确立评估指标，按照指标的重要程度确定权重，运用等级加权法对新员工培训的效果进行评估。经过统计评分，加权分析评价的结果见表1。

**表1 加权分析评价结果**

| 指标 | 优 | 良 | 较好 | 一般 | 差 | 单项得分 |
| --- | --- | --- | --- | --- | --- | --- |
| 企业概况的了解 | 30% | 20% | 25% | 15% | 10% | 3.45 |
| 专业技能的掌握 | 10% | 60% | 20% | 8% | 2% | 3.68 |
| 工作方法的运用 | 40% | 25% | 20% | 10% | 5% | 3.85 |

最终评价结果＝Σ（权重×单项指标得分）＝0.3×3.45+0.4×3.68+0.3×3.85＝3.662。

**六、结论和建议**

（一）评估结论

此次新员工培训针对性较强，对提高个人的专业技能，使新员工快速适应工作岗位起到了很好的促进作用，参训员工整体满意度较高，培训较为成功。培训工作存在的不足之处有以下两点：

1. 培训时间较短，培训课程安排紧张。
2. 岗位培训内容系统性稍差，影响了培训效果。

（二）改进建议

相应的培训工作改进建议有如下两点：

1. 下次进行同类型培训项目计划时，可根据培训内容酌情延长培训时间。
2. 应尽快建立和完善岗位培训体系，增强培训效果。

七、附件

（一）新员工培训评估调查问卷（略）

（二）新员工培训效果跟踪表（略）

| 编制人员 | | 审核人员 | | 审批人员 | |
| --- | --- | --- | --- | --- | --- |
| 编制时间 | | 审核时间 | | 审批时间 | |

（2）外派培训评估报告

| 文书名称 | 外派培训评估报告 | 编号 | |
| --- | --- | --- | --- |
| | | 受控状态 | |

**一、报告提要**

（一）评估时间及责任部门

外派培训项目结束后，由培训部组织成立培训效果评估小组，并于____月____日至____月____日期间开展外派培训效果评估工作。

（二）评估目的

此次评估是对公司外派培训实施效果的评估，评估的目的是为了确认外派培训的效果是否达到了预期目标，评价外派培训的实施能否增强参训员工在异地文化环境下的适应能力，培训是否能降低外派人员在异地任职失败的风险。

（三）完成情况

此次外派培训效果评估工作在公司领导的大力支持，以及全体员工的积极配合与培训评估小组的努力之下圆满完成，培训效果评估工作的结论是对此次培训的组织实施工作作出的合理评价，培训评估小组对下一步培训工作的开展提出了意见和建议，促进了培训工作的改进与完善。

**二、培训目的**

此次外派培训项目开展的目的有如下五点：

1. 对不同文化情境与行为，能有效且敏感地感觉与观察。
2. 提升员工被外派工作时的跨文化处理技能及沟通技能。
3. 减少外派人员在海外工作时的文化冲突。
4. 通过训练了解如何管理文化差异，进而提升工作绩效。
5. 使外派人员了解东道国文化的重要特征，并将这些知识应用在人际关系与组织文化的改善上。

**三、培训对象及内容**

（一）培训对象

此次外派培训的主要对象是参与此次外派工作计划的相关管理人员、业务人员及技术骨干等外派人员，参训员工共计____人。

（二）培训内容

本次培训时间为____月____日—____月____日，培训的主要内容有以下五方面：

1. 基本语言训练。掌握东道国的基本语言，实现无障碍沟通，通过基本的东道国口语训练，了解当地居民的语言表达习惯、行为方式及其原因，有助于参训员工更好地融入异国工作和生活。

2. 异国文化理解训练。通过东道国的信息简报、文化简报、影片、书籍或网络了解当地的人文地理、政治经济、历史文化、风土人情、文化习俗等。

3. 情景分析训练。通过播放几十部描述外派员工和东道国当地居民因文化差异造成的跨文化摩擦的短片，使参训员工熟悉并适应异国文化的行为习惯，学会异国文化思维方式。

4. 行为模拟训练。对跨文化沟通产生的文化冲突情景进行模拟，并对模拟情景进行讨论分析，提出积极的应对策略和改进方法。

5. 行为调整训练。通过对东道国文化习俗、礼仪的学习，以角色扮演、模拟训练等方法调整参训员工的行为习惯，使其行为方式符合异国的文化背景。

**四、培训方法**

此次外派培训的课程主要采取了情景分析法、行为模拟法、文化同化法及敏感性训练法等多种培训方法。

**五、培训的综合分析与评估**

（一）培训效果评估方法

本次外派培训效果评估运用的方法主要有考核法、行为观察法等。

（二）考核项目及标准

本次外派培训效果评估实施的考核项目及评估标准见表1。

表1 外派培训效果评估

| 评估项目 | 评估标准 | 评分（每项25分） |
|---|---|---|
| 对异地语言的掌握程度 | 外派人员应熟练掌握被派往的东道国的语言，应掌握该国家的官方语言，派往国内其他地区的人员应尽量能听懂当地的方言 | |
| 对异地情况的了解程度 | 外派人员对东道国的政治法律、历史文化、风土人情、文化习俗等方面要有一定的了解，能敏感意识到本地与东道国之间的各种差异 | |
| 对跨地域文化的适应程度 | 外派人员能够对东道国的文化背景、文化本质及其有别于其他文化的主要特点有一定的理性认识，并对东道国文化在知识和感情上具备一定的反应能力 | |
| 跨地域管理能力 | 根据管理的职能分类评估，如营销管理人员是否具备总营销、分销、广告和市场调查的管理技能，财会管理人员是否掌握本国和东道国会计准则差异、会计电算化、财务报表分析和外汇风险分析等方法 | |

（三）考核结果反馈

考核结果显示，平均得分在91~100分之间的参训员工占总数的____%，平均得分在81~90分之间的参训员工占总数的____%，平均得分在71~80分之间的参训员工占总数的____%，平均得分在61~70分之间的参训员工占总数的____%，平均得分为60分及以下的参训员工占总数的____%。

**六、结论和建议**

（一）评估结论

1. 通过笔试考核，外派培训考核试卷人均得分的优秀率为____，证明此次培训对外派人员在语言、文化掌握等方面培训效果____。

2. 通过行为观察法进行评估的结果表明，外派人员能够对东道国的文化形成多样性的认识，能够更有效地调整在异国文化下生活的压力，建立了良好的人际关系，同时工作能力得到了提高。

综合以上评估结果证明此次外派培训项目工作取得了预期的培训效果。

（二）改善建议

对于此次外派培训工作的改善建议有如下两点：

1. 可以增加地域模拟、模拟游戏法等多种培训方法，模拟异地环境，使外派人员提早适应外派工作。

2. 应建立外派培训成果考核体系，细化、量化考核指标，提高外派培训效果。

**七、附件**

1. 外派培训考核评估试卷（略）

2. 外派人员行为观察记录表（略）

| 编制人员 | | 审核人员 | | 审批人员 | |
|---|---|---|---|---|---|
| 编制时间 | | 审核时间 | | 审批时间 | |

# 8.6 企业培训评估管理制度

## 8.6.1 内部培训评估管理办法

<table>
<tr><td rowspan="2">制度名称</td><td rowspan="2">××公司内部培训评估管理办法</td><td>编号</td><td></td></tr>
<tr><td>受控状态</td><td></td></tr>
<tr><td colspan="4">

**第1章 总则**

第1条 目的

为规范公司培训评估管理工作，制定科学有效的培训评估办法，选择合适的培训评估工具、方法，帮助公司及时发现培训工作的不足之处，推动公司培训绩效的改善。

第2条 适用范围

本办法适用于公司内所有与培训评估与改进相关的活动。

第3条 责任划分

1. 培训部经理全面负责公司的培训评估监督和指导工作。

2. 培训部经理负责公司培训评估的组织和实施工作。

3. 其他各职能业务部门负责配合培训部执行培训涉及的具体工作内容。

第4条 术语解释

1. 反应评估，是指培训结束时通过问卷调查等方式了解参训员工对培训项目的看法，包括对培训资料、培训讲师、培训设施、培训方法和内容的看法等。

2. 学习评估，是指培训结束后通过笔试、技能操作、工作模拟等方式对参训员工的知识掌握程度进行评估，评估参训员工对原理、事实、技术和技能的掌握程度。

3. 行为评估，是指培训结束一段时间后，由上级、同事或者客户观察参训员工能否在工作中运用培训中学到的知识以及行为，确定其在培训前后是否存在差别。

4. 成果评估，是指观察培训对员工流失率、销售业绩、员工士气、客户满意度等指标的影响，并进行有效评价，确定培训对公司的影响是否积极，公司是否因为培训而经营得更加顺畅，业绩有所提高。

**第2章 培训评估类型及方法**

第5条 培训评估的类型

公司培训评估包括反应评估、学习评估、行为评估和成果评估。各种培训评估类型的详细说明见表1。

</td></tr>
</table>

**表1　培训评估类型说明表**

| 评估类型 | 评估内容 | 问题类型 | 衡量方法 |
|---|---|---|---|
| 反应评估 | 观察参训员工的反应 | 1. 参训员工是否喜欢该培训课程<br>2. 课程对参训员工是否有作用<br>3. 参训员工对培训讲师及培训设施等有何意见<br>4. 参训员工的课堂反应是否积极 | 问卷调查法、评估访谈法 |
| 学习评估 | 检查参训员工的学习成果 | 1. 参训员工在培训项目中学到了什么<br>2. 培训前后参训员工的知识、理论、技能有多大程度的提高 | 填写评估调查表、笔试、绩效考核、案例研究 |
| 行为评估 | 衡量参训员工在培训前后的变化 | 1. 参训员工在学习上是否有改善行为<br>2. 参训员工在工作中是否用到培训内容 | 由上级、同事、下级进行绩效评价、观察绩效记录 |
| 成果评估 | 衡量公司在培训前后的经营业绩变化 | 1. 参训员工行为的改变对公司是否有积极影响<br>2. 公司是否因培训而经营得更加顺畅<br>3. 考察质量、事故、生产率、工作动力、市场发展、客户关系维护等各方面是否有改善 | 通过事故率、生产率、员工离职率、次品率等指标衡量 |

第6条　评估类型选择

公司培训评估人员可根据培训的实际情况，综合考虑各种因素，针对不同的培训项目采取相应的培训类型，具体做法如下：

1. 针对新员工入职培训及部门内部培训，常采用学习评估的方式。
2. 针对公司级别内训，常采用二级评估及三级评估相结合的方式。
3. 针对内部讲师培训，常采用一级培训、二级培训及三级培训相结合的方式。

具体的培训评估类型选择在具体实施时，培训部还要根据实际需要有所调整。

第7条　培训评估的方法

培训评估的常用方法有问卷调查法、直接观察法、笔试测试法、操作测试法、成本收益法等。

1. 问卷调查法

该方法是培训评估的常用方法，借助于事先设计好的调查问卷，在培训结束后向培训主体或受训对象了解培训效果相关信息的方法。此方法执行的关键点是针对调查对象和调查目的设计有效的调查问卷。调查问卷包括参训员工调查问卷和培训讲师调查问卷。

2. 直接观察法

直接观察法是评估者通过观察参训员工在培训中的表现，以及其在培训后工作中的具体表现来进行评估的一种方法。通过对比参训员工在培训前后的业绩来发现培训效果。此方法执行的关键点在于对观察对象的表现进行完整、准确的记录，最好边观察边记录来进行。

3. 笔试测试法

笔试测试法是对参训员工的知识掌握情况进行评估的一种方法，一般在培训结束后实施，笔试结果将被作为参训员工考核是否通过的依据。

4. 操作测试法

操作测试法是指对参训员工掌握的技能技术的熟练程度进行评估的一种方法，一般应用于整个培训过程，通过参训员工对实际操作过程的掌握程度来测试其培训效果。

此方法适用于技能方面的培训，执行的关键点在于对参训员工在操作测试中要作出的动作进行事先规定，包括动作标准、时间间隔等，需要随时记录被测试员工在测试过程中具体表现的指标数据。

5. 成本收益法

成本收益法是通过分析培训成本及培训所带来的各项硬性指标的提高，计算出培训的投资回报率，从而对培训效果进行评估，这是一种比较常见的定量分析方法。运用成本收益法对培训进行评估涉及两个公式。

公式一：$R = (E_2 - E_1) \times N \times T$

其中，$R$ 代表培训收益，$E_1$、$E_2$ 分别代表培训前和培训后每个参训员工的年收益，$N$ 代表参加培训的总人数，$T$ 代表培训收益可持续的年限。

公式二：投资回报率 =（培训收益 / 培训成本）× 100%

如果计算出来的投资回报率数值小于 1，则培训收益低于培训成本，表明此次培训没有收到预期的效果，或者企业存在的问题不能通过培训解决。

使用此方法的前提条件是每个参训员工的年收益可量化。使用此方法的关键点在于准确计算出培训成本，包括培训相关资源成本、培训相关人员成本等。

## 第 3 章　内部培训评估的实施

第 8 条　内部培训评估的实施步骤

1. 公司各部门根据要求对培训计划中需要进行评估的课程进行效果评估，并做好相关评估记录，包括考试试卷、考试成绩表、实际操作评定表等。

2. 对需要进行行为评估的课程，各部门负责人应按照公司相关制度和要求进行评估工作。

3. 各部门应在培训检查工作中对培训评估的执行情况进行评定。

第 9 条　内部培训评估工作执行

相关部门与培训部领导应定期对培训评估工作进行检查，具体检查内容包括以下三个方面：

1. 需要进行评估的课程记录是否齐全。

2. 学习层面的评估记录是否齐全。

3. 行为改善计划执行中的各项记录是否齐全。

第 10 条　培训效果检查

培训效果检查主要包括以下两个层面（见表 2）。

表2 培训效果检查的内容一览表

| 培训效果检查层面 | 评估办法具体内容 |
| --- | --- |
| 对参训员工知识和技能的掌握情况进行检查评估 | 1. 每次培训完成后，培训讲师对授课内容进行整理，与培训记录一并存档<br>2. 培训部根据培训内容对参训员工的知识、技能掌握情况进行抽查，专业知识可由培训讲师与管理人员共同抽查<br>3. 对参训员工的知识掌握情况进行分级评定，并根据抽查的总人数计算各部门的培训效果<br>4. 将检查结果作为评定各部门培训工作效果的依据<br>5. 将培训结果和记录及时归档 |
| 参训员工行为改善期间或改善期结束后一至四周内，培训部对参训员工的培训效果进行检查评估 | 1. 根据改善内容对参训员工在工作中是否实施改善行为进行抽查对比，抽查人数应不少于参训员工总数的20%<br>2. 根据对参训员工行为改善的观察结果按照“无改善”“略微改善”“基本改善”和“改善较好”四个级别进行评定<br>3. 培训部在对培训效果进行评定时，应根据参训员工上级的评价、同事的建议进行综合评定<br>4. 评定完成后，培训部需根据抽查参训员工的评定情况计算各部门培训行为改善的执行效果 |

第11条 培训评估结果应用

各部门员工的培训评估结果将应用在员工人事变动和评选优秀部门等方面。

第4章 附则

第12条 本办法由培训部组织制定，并负责解释。

第13条 本办法经总经理审批确认后实施。

| 编制日期 | | 审核日期 | | 批准日期 | |
| --- | --- | --- | --- | --- | --- |
| 修改标记 | | 修改处数 | | 修改日期 | |

## 8.6.2 员工外派培训评估细则

| 制度名称 | ××公司员工外派培训评估细则 | 编号 | |
| --- | --- | --- | --- |
| | | 受控状态 | |

第1章 总则

第1条 目的

为规范公司员工外派培训评估管理，提高员工外派培训效果，保证公司外派员工培训的质量，特编制本评估细则。

第 2 条　适用范围

本细则适用于公司所有外派员工培训效果评估。

第 3 条　术语解释

员工外派培训，是指公司将有发展空间的管理人员、业务精英、技术骨干外派到异地工作，培训其在异地文化环境下的适应能力，降低其在异地任职失败的风险。

## 第 2 章　员工外派培训评估的内容及方法

第 4 条　对培训机构的评估

对培训机构的评估主要从以下四个方面进行：

1. 培训机构的场地选择是否存在问题，培训设备的准备是否齐全。
2. 培训讲师的配备是否符合课程要求。
3. 培训实施过程中的各项服务工作是否热情周到。
4. 培训过程中突发事件的处理情况。

第 5 条　对培训效果的评估

对培训效果的评估可采用多种方法，如撰写研究论文、培训内容内化、外派员工异地化程度考核等。

1. 撰写研究论文，即通过外派员工根据培训所学及工作实际撰写一篇研究论文、报告或培训总结、学习心得等，公司根据论文的水平和质量来研究、分析、评估、衡量培训效果。

2. 培训内容内化，即对于那些培训效果无法立刻显现的外派培训项目，培训部可通过监督、考核参训员工的培训内容内化情况，从而对培训效果进行评估。在此过程中，执行时间距离培训结束时间较为漫长。

3. 外派员工异地化程度，即通过对外派员工的异地化程度评估来判断培训效果。外派员工的异地化程度评估一般从以下四个方面进行（见表 1）。

**表 1　外派员工异地化程度评估表**

| 评估项目 | 评估标准 |
|---|---|
| 对异地情况的了解程度 | 外派员工对东道国政治法律、历史文化、风土人情、民俗习惯等方面有一定的了解，能敏感意识到母公司所在地与东道国之间的各种差异 |
| 对异地语言的掌握程度 | 外派员工应熟练掌握外派地的语言，派往国外的人员应掌握该国家的官方语言，派往国内其他地区的人员应尽量能听懂当地的方言 |
| 对跨地域文化的适应程度 | 外派员工能够对东道国的文化背景、文化本质和有别于其他文化的主要特点有一定的理性认识，并对外派地文化在知识和感情上具备一定的反应能力 |
| 跨地域管理能力 | 根据管理的职能分类评估，如营销管理人员是否具备总营销、分销、广告和市场调查的管理技能，财会管理人员是否掌握母公司所在国和东道国会计准则差异、会计电算化、财务报表分析和外汇风险分析等方法 |

## 第 3 章　外派培训评估的实施及结果应用

第 6 条　确定评估方法

针对以上评估内容分析其特点，并根据评估内容的特点确定是选用撰写研究论文法，还是培训内容内化法。

第 7 条　确定执行工具

根据确定的评估方法编制相应的表单或设置相应的指标标准，以作为培训效果评估时的执行工具。

第 8 条　实施培训评估

这一环节涉及很多的数据，需要搜集，除了参与评估人员填报的一些数据之外，评估组织人员需要对数据的来源及真实性、可靠性进行认真核实，以确保评估结果的有效性。

第 9 条　撰写培训评估报告

培训评估结束后，应根据评估结果及时进行分析总结，记录评估实施过程、数据来源、发现的问题等并将其撰写成评估报告，上报领导。

第 10 条　外派培训评估结果的应用

外派培训评估结束以后，应及时撰写员工外派培训评估报告，并将评估的结果用于培训前期双方签订的培训协议内容兑现，也可作为今后人事决策的参考依据及公司今后培训途径选择的参考依据。

**第 4 章　附则**

第 11 条　本细则由人力资源部组织编制，其解释权亦同。

第 12 条　本细则经总经理批准后实施。

| 编制日期 | | 审核日期 | | 批准日期 | |
|---|---|---|---|---|---|
| 修改标记 | | 修改处数 | | 修改日期 | |

## 8.6.3　外包培训项目评估细则

| 制度名称 | ××公司外包培训项目评估细则 | 编号 | |
|---|---|---|---|
| | | 受控状态 | |

**第 1 章　总则**

第 1 条　目的

为规范公司外包培训管理工作，增强培训效果，根据公司培训相关制度，结合外包培训工作的特点，特制定本评估细则。

第 2 条　适用范围

本细则适用于公司的培训外包相关业务。

第 3 条　职责分配

公司培训部组织成立培训评估小组，评估小组成员包括培训部经理、参训员工代表、各部门负责人等，培训评估小组的主要职责包括以下内容：

1. 确定外包培训的目标。
2. 选择评估方法，设计外包培训调查问卷，收集评估信息。
3. 组织开展外包培训评估工作。
4. 与外包培训机构进行沟通、协调，提出外包工作具体改进建议。
5. 撰写外包培训评估报告。

**第 2 章　培训过程评估**

第 4 条　培训方案评估

培训评估小组对外包培训机构提供的培训方案从以下四个方面进行评估：

1. 培训目标、培训内容等是否合理。

2. 培训的方式、方法选择是否科学、恰当。

3. 培训讲师安排是否符合培训外包项目的需要。

4. 培训项目的预测效果是否达到公司的要求，是否符合公司的发展规划。

第 5 条　培训课程评估

评估内容包括课程内容设计的难易程度、实用性与适用性、对参训员工培训需求的满足程度、能否为参训员工解决实际工作中遇到的困难、是否提供可以使用的方法和工具等。在参训员工培训结束后进行评估，评估小组负责收集、整理、分析反馈信息，并撰写培训课程评估报告。

第 6 条　培训讲师评估

参训员工上完培训课程之后需填写培训讲师评估调查表，并对培训讲师进行评估。对培训讲师的评估依据主要从参训员工满意度和培训部门评价两个方面进行，具体内容如下：

（1）参训员工满意度，是指培训讲师授课结束后，参训员工通过问卷调查的方式对培训讲师进行评价。

（2）培训部门评价，主要包括教学质量、教学效果、工作态度、授课技巧、课程内容熟练程度等。

**第 3 章　培训项目效果评估方法、程序及评估结果应用**

第 7 条　外包培训项目效果评估的方法

常用的外包培训项目效果评估方法有问卷调查法、小组讨论法、访谈评估法及加权分析法等，一般应将定量分析法与定性分析法相结合，力求全面、系统地分析公司外包培训效果。

1. 问卷调查法

问卷调查法的调查内容主要包括公司从业人员对所接受的外包培训的频度、培训内容、培训方法、培训效果的意见和从业人员对培训现状的看法及其对未来的期望。

问卷调查兼顾职位层级、教育背景、年龄结构与性别特征不同的人员对公司培训的看法与期望。在进行问卷收集时，培训部应该多了解被调查者的信息，以利于分层次统计分析。

2. 小组讨论法

小组讨论法是将所有参训员工集中到一起开座谈会。在座谈会上，每个员工陈述自己通过培训学到了什么，以及如何将所学应用到实际工作中去。该方法一般在培训结束后马上进行。

小组讨论法的执行关键点在于编制好座谈提纲，营造畅所欲言的氛围，尽量给每个参训员工陈述自己所学、所得、所感的机会。同时，要严格按计划执行，目的明确，中心议题集中。

3. 访谈评估法

访谈评估法是访谈者与一个或多个受访对象直接进行交谈，以了解受访对象对培训的态度和看法的方法。访谈评估法包括正式访谈和非正式访谈、个别访谈、团体访谈、电话访谈、面对面访谈等。该方法灵活性强，适应性强，方便执行。

访谈评估法执行的关键点在于事先设计好一套完善的访谈清单，将需要访谈的问题一一列明，准备好访谈记录。

4. 加权分析法

加权分析法是对效果进行定量分析的方法之一，培训部首先就培训评估内容建立指标体系，确定其相应的权重并划分不同的等级，然后对结果进行统计分析。

第 8 条　外包培训项目效果评估的程序

外包培训项目效果评估一般遵循以下程序：

1. 确定评估的目标。
2. 确定评估所要收集的信息、资料。
3. 确定评估信息、资料收集的途径方法。
4. 收集资料并汇总。
5. 设计评估方案。
6. 组织实施评估。
7. 评估结果检查验证。
8. 评估结果统计分析并撰写评估报告。

第 9 条　评估结果的应用

外包培训项目评估结束后，培训部应建立外包培训机构档案，将外包培训项目评估结果作为下一次外包培训机构选择的重要参考依据。

**第 4 章　附则**

第 10 条　本细则由培训部组织编制，并负责解释。

第 11 条　本细则自总经理审批同意后实施。

| 编制日期 | | 审核日期 | | 批准日期 | |
|---|---|---|---|---|---|
| 修改标记 | | 修改处数 | | 修改日期 | |